Lars Amend

IT'S All GOOD

Ändere deine Perspektive
und du änderst deine Welt

kailash

MIX
Papier aus verantwor-
tungsvollen Quellen
FSC
www.fsc.org
FSC® C083411

Verlagsgruppe Random House FSC® N001967

4. Auflage
Deutsche Erstausgabe
© 2019 Kailash Verlag, München
in der Verlagsgruppe Random House GmbH
Neumarkter Str. 28, 81673 München
Lektorat: Dr. Diane Zilliges
Umschlaggestaltung: ki 36, Sabine Krohberger
Editorial Design, München
Satz: Satzwerk Huber, Germering
Druck und Bindung: CPI books GmbH, Leck
Printed in Germany
ISBN 978-3-424-63183-8
www.kailash-verlag.de

Besuchen Sie den Kailash Verlag im Netz
MOMENTS of Happiness   LitLounge.tv   SINN SUCHER

Inhalt

Falls du auf ein Zeichen wartest,
du hältst es in deinen Händen.

Lars

I wouldn't change a thing
Even if I could
You know what they say?
It's all good!

Bob Dylan

Wo sich Dunkelheit befindet, sei das Licht.
Wo sich Leiden befindet, bringe Frieden.
Wo sich Einsamkeit befindet, sei die Liebe.
Millionen Menschen stehen heute vor gewaltigen Aufgaben:
Schule, Beruf, Familie, Erfolgsdruck, Gewichtsprobleme,
Schönheitsideale, Konkurrenzkämpfe, Zukunftsängste,
psychische Krankheiten, Abhängigkeiten in jeglichen Formen.
Ja, diese Welt kann manchmal ganz schön wehtun. Sie kann
einsam, dunkel und bitterböse sein. Dennoch tragen wir eine
Verantwortung dafür, eine Stimme der Hoffnung zu sein, ein
Krieger des Lichts.
Ich möchte dir mit diesem Buch helfen, wieder die Kontrolle
über dein Leben zu übernehmen, damit auch du in deiner Welt
Leichtigkeit, Sicherheit und Freude verbreiten kannst. Es ist
nicht einfach, alles andere als das. Jeder Tag bringt neue
Herausforderungen mit sich, weswegen wir uns mit Wissen,
Weisheit und einer großen Portion Gelassenheit ausstatten
müssen, um gute Gewohnheiten zu etablieren und uns mit
jenen Menschen zu umgeben, die das Meisterstück in uns
sehen, das wir schon jetzt sind.

In Liebe,
dein Lars

Der Weg der köstlichen Ungewissheit

Stell dir vor, du könntest nachts wieder schlafen – tief und fest und entspannt. Stell dir vor, du würdest dich abends wieder auf den nächsten Morgen freuen und die Aufgaben, die dort auf dich warten, voller Euphorie angehen. Stell dir vor, du würdest wieder in einer erfüllten Partnerschaft sein und richtig guten Sex haben. Stell dir vor, du würdest dir nicht mehr so einsam und verloren vorkommen. Stell dir vor, du würdest dich wieder wohl in deinem Körper fühlen. Stell dir vor, du würdest ab sofort in kritischen Situationen die Ruhe bewahren und cool und besonnen handeln. Stell dir vor, deine Ängste würden dich nicht mehr lähmen, sondern antreiben. Stell dir vor, die Meinung anderer, Ablehnung und Zurückweisung hätten keinen zerstörerischen Einfluss mehr auf deine Seele. Stell dir vor, du hättest Zugang zu einem geheimen Ort, an dem völlige Stille herrscht, fern von Vergangenheit und Zukunft, und du dürftest diesen Ort jeden Tag besuchen, um Frieden zu finden. Stell dir vor, du hättest mehr Energie, um die großen Aufgaben deines Lebens zu meistern. Stell dir vor, du würdest die Person, die du jeden Tag im Spiegel siehst, wieder so richtig gern haben. Stell dir vor, du könntest diesen Augenblick, während du diese Zeilen liest, voll und ganz genießen. Stell dir vor, du könntest glücklich sein, ohne dass etwas außergewöhnlich Schönes passieren muss.

Wie fühlt sich diese Vorstellung an?

Dieses Leben, von dem wir alle träumen, ist gar nicht so weit weg. Tatsächlich liegt es in diesem Augenblick direkt vor unseren Füßen. Auch wenn wir durch den Lärm unserer Gedanken zu oft abgelenkt sind, um diesen Schatz wahrzunehmen, er ist da. Es ist nicht einfach, ihn in der Hektik des Alltages zu sehen, aber es ist möglich. Ich weiß, dass du das für unmöglich hältst, weil du schon alles ausprobiert hast und immerzu gescheitert bist. Deswegen verrate ich dir jetzt etwas, in der Hoffnung, dich damit zu beruhigen: Auch ich schaffe das nicht immer. Ja, du hast richtig gelesen: Auch ich schaffe das nicht immer. Es gibt Tage, an denen ich keine Antworten finde. Nicht für meine liebsten Freunde, nicht für meine Klienten, nicht für mich. Es gibt Tage, an denen ich nichts weiß, völlig ratlos, lustlos und müde bin, an denen die Dunkelheit vollständig Besitz von mir ergreift. Und es ist okay. Ich habe gelernt, dass diese Phasen ein Teil des Lebens sind und nie ganz verschwinden werden. Die Dunkelheit wurde erfunden, damit wir nachts das Strahlen der Sterne sehen können. Jedenfalls ist das meine Interpretation.

Von Eminem habe ich gelernt, dass sich alles ändert, sobald du deine Schwächen laut aussprichst, vollkommen zu dir stehst, einen Scheiß darauf gibst, was irgendwer darüber denken könnte, und die Perspektive auf dein Leben wechselst.

Warum, glaubst du, mache ich das alles? Warum helfe ich Menschen, ein besseres Leben zu führen? Ich verrate es dir: Ich rette mich damit selbst. Wenn ich meine Klienten coache, coache ich immer auch mich selbst. Wenn ich Bücher schreibe oder Motivationssprüche auf Instagram poste und das Wort »Du« verwende, meine ich immer auch mich damit. All das tue ich für mich, weil ich weiß, dass es keinen Unterschied gibt zwischen dir und mir. Meine Ängste sind deine Ängste, meine Träume sind deine Träume, meine Fragen sind deine Fragen. Die Luft, die ich ausatme, ist die Luft, die du einatmest. Wir sind alle miteinander verbunden, und wir sind eine Armee von Millionen. Gib auf Instagram den Hashtag *#motivation* ein, und du bekommst mehr als 174 Millionen Beiträge angezeigt, und es werden jeden Tag mehr.

Wir müssen aufhören, Krieg gegen uns selbst zu führen!

So viele Menschen leiden, um eine Fassade aufrechtzuerhalten. Es wird ein Bild voller Lügen und Selbstbetrug gezeichnet, nur um es anderen recht zu machen, um zu gefallen, um einen Hauch von Bestätigung und falscher Liebe abzubekommen. Jeder macht es, und jeder glaubt, er sei damit der Einzige. Als Demi Lovato wegen Depressionen und einer Überdosis Heroin fast gestorben wäre, habe ich mir ihre letzten dreißig Instagram-Posts angesehen: schöne heile Welt. Alles Schwindel, alles

Fake, um ein Leben zu erzählen, das es gar nicht gibt. Mit diesem Buch möchte ich ein Zeichen setzen. Mut, Freundlichkeit, Ehrlichkeit, Selbstbewusstsein, Geduld, Dankbarkeit, Hilfsbereitschaft, Einfühlungsvermögen – all diese Werte müssen wieder cool werden. Es muss wieder cool werden, für seinen Traum einzustehen, auch wenn das Umfeld ihn nicht versteht. Es muss wieder cool werden, weite Wege zu gehen und sich mit all seinen Schwächen zu lieben. Es ist so wichtig, deswegen kämpfe ich dafür.

Ich weiß, dass viele Menschen zu mir aufsehen. Meine Biografie klingt für Außenstehende auch ziemlich spannend: Frankfurt, London, Rio de Janeiro, Berlin. Platz 1 Spiegel-Bestseller. Bücher mit Bushido, den Scorpions, Paulo Coelho. Mein erster Versuch als Schriftsteller wurde sofort von Bernd Eichinger mit Starbesetzung verfilmt. Über einen Teil meines Lebens wurde ein Kinofilm gedreht, und Elyas M'Barek spielt darin die Hauptrolle: mich! Als er 2017 kurz vor Weihnachten in die Kinos kam, gab es nur einen Film, der erfolgreicher war: »Star Wars«! Allein in Deutschland haben über zwei Millionen Zuschauer »Dieses bescheuerte Herz« gesehen. Unsere Geschichte lief weltweit im Kino. Im Januar 2019 waren wir für den Bayerischen Filmpreis nominiert, und wir haben internationale Festivalpreise gewonnen. Ich werde ins Fernsehen eingeladen, gebe Interviews und treffe mich mit prominenten Menschen, von denen mich manche sogar dafür bezahlen, dass ich sie auf ihrem Lebensweg begleite. *It's all good!* ist mein elftes Buch in elf Jahren. Was für ein Tempo! Für die »Men's Health« bin ich sogar »einer der Top-Motivatoren Deutschlands«.

Und jetzt?

Bitte lass dich davon weder blenden noch beeindrucken. All das bedeutet gar nichts. Ich bin nicht besser als du. Ich weiß nicht mehr als du. Ich habe es auch nicht »geschafft«, wie man so schön sagt. Und erst recht bin ich kein Guru. Ich bin einfach nur ein normaler Dude, der immer neugierig geblieben ist und durch jede Tür geht, die er auf seinem Weg findet. Nicht mehr und nicht weniger. Warum ich das schreibe? Warum ich mich derart verwundbar zeige? Weil die anderen es nicht tun. Ich möchte dir damit die Angst nehmen und sagen: Du bist nicht allein! Brenn das Podest ab, auf das du mich oder andere Menschen stellst, die du bewunderst. Oder stell dich selbst darauf. Werde zu deinem eigenen Vorbild! Weißt du, warum ich so erfolgreich bin? Weil ich mache, worauf ich Lust habe, weil ich *meinen Weg* gehe, weil ich nichts persönlich nehme und alles, was mir passiert, was ich fühle und erlebe, aus der Position eines Beobachters wahrnehme. Manchmal geht es mir dabei gut, manchmal nicht so sehr, aber eines weiß ich gewiss: It's all good!

Dieses Buch ist eine Hommage ans Leben, eine Liebeserklärung an die Schönheit des Augenblicks. Das Zauberwort und der Schlüssel zu diesem Glück lautet Ehrlichkeit. Frag dich selbst: Bist du zu 100 Prozent ehrlich zu dir? Lebst du wirklich *dein* Leben? Diese Ehrlichkeit wird dich, wenn du den Klang ihrer Stimme zulässt, wieder frei atmen lassen. Sie wird dir Seelenfrieden bringen. Du wirst die Magie des Lebens wieder in all seinen Facetten sehen, genießen und lieben. Es ist ein Leben, in dem du nichts brauchst, außer dich selbst. In dem du nichts sein musst, außer du selbst. Wie gesagt, es ist alles schon da. Es ist nur eine Frage der Perspektive.

Ich möchte dir davon erzählen, wie sich meine Perspektive auf das Leben grundlegend verändert hat, und dir dann vor allem in der zweiten Hälfte des Buches viele Beispiele und Ideen, Listen und Challenges an die Hand geben, damit dieses Licht in deinem Leben ebenso strahlen wird.

Du bist nicht verloren,
du stehst lediglich am Anfang deiner Reise

Auch wenn du dich gerade etwas verloren fühlst, du bist es nicht. Vielleicht weißt du noch nicht genau, wohin du gehen sollst, was deine Bestimmung im Leben ist. Vielleicht hasst du deinen Job. Vielleicht gehst du immer noch zur Schule oder hast gerade zum dritten Mal an der Uni deine Studienfächer gewechselt. Vielleicht herrscht in deinem Kopf so viel Durcheinander, dass du wegen all dem Lärm nicht hören kannst, was du wirklich willst. Oder vielleicht hast du schon eine genaue Vorstellung von dem, was du willst, weißt aber nicht, wie du es umsetzen sollst. Oder du hast Angst davor, was die Menschen in deinem Umfeld davon halten könnten. Weißt du was? Du wirst es herausfinden. Du bist noch nicht tot. Du lebst. Du atmest. Du lächelst. Du wirst deinen Weg finden. Du wirst dich finden. Wie oft habe ich den letzten Satz schon gehört: Du wirst dich finden. Ich habe ihn gerade selbst unbewusst verwendet. Doch dieser Satz funktioniert so nicht, weil er falsch ist. Ich hätte ihn einfach löschen können, aber ich möchte ihn stehen lassen, um gemeinsam mit dir für einen kurzen Moment darüber nachzudenken.

Es ist doch so: Du kannst dich nicht wie einen vergessenen Zehn-Euro-Schein in einer alten Winterjacke wiederfinden. Du bist nämlich nie verloren gegangen, selbst wenn es sich manchmal genau so anfühlt. Dein wahres Selbst ist genau da, wo es jetzt sein soll. Es wurde nur unter einem riesigen Berg von äußeren Einflüssen begraben: unter all den Erwartungen an dich, deiner kulturellen Prägung, der Meinung anderer Menschen, die dir wichtiger ist als deine eigene, unter den ungenauen und teilweise falschen Schlüssen, die du als Kind gezogen hast und die zu jenem Selbstbild geführt haben, das du heute von dir hast. »Finde dich selbst«, bedeutet in Wahrheit: »Kehre zu dir zurück.« Es lohnt sich sehr, über diesen feinen Unterschied nachzudenken. Schaffe Raum für Neues und glaube nicht alles, was deine innere Stimme zu dir sagt. Setz dich in einen großen Bagger und schaufle all die giftigen Lügen aus deinem Kopf, damit sie dort nicht länger ihr Unwesen treiben. Und dann, wenn du wieder frei durchatmen kannst, erinnere dich an den Menschen, der du einmal warst, bevor die Welt Hand an dich gelegt hat.

Wann immer ich zweifle oder kurzfristig den Zugang zu mir verloren habe, hebe ich meinen Kopf und blicke in den Himmel. Auch wenn die Sonne an schlechten Tagen von dunklen Wolken verdeckt wird, weiß ich sicher, dass sie da ist, weil sie immer da ist. So viel Hoffnung steckt in diesem Bild, zu wissen, dass die Sonne immer da ist, auch wenn sie manchmal nicht zu sehen ist. Genauso verhält es sich mit den Dingen, von denen du glaubst, dass sie in deinem Leben fehlen. Sie sind schon längst da.

> *»Ich bin von zwei widersprüchlichen Gefühlen*
> *ergriffen: Es gibt so viel Schönheit auf der Welt, dass*
> *es unglaublich ist, dass wir auch nur für einen Moment*
> *unglücklich sind. Es gibt so viel Scheiße auf der Welt,*
> *dass es unglaublich ist, dass wir auch nur für einen*
> *Moment glücklich sind.«*
>
> ZADIE SMITH

Das Leben ist voller Gegensätze und Widersprüche. Und genau diese Tatsache macht das Leben, deine Zukunft, dieses Buch ja so spannend. Es handelt von Nichttun und Vollgasgeben, von entspannter Meditation und anstrengender Arbeit. Beide Seiten stimmen, beide haben ihre Berechtigung, und beide sollten ihren Platz auch in deinem Leben haben. Das Geheimnis für ein erfolgreiches Leben besteht darin, herauszufinden, wann der richtige Zeitpunkt zum Ausruhen und wann der richtige Zeitpunkt zum Handeln ist. Wenn ich morgens meine Augen öffne und feststelle, dass ich noch am Leben bin, erfüllt mich das mit Dankbarkeit. Dann schließe ich sie wieder, atme tief durch die Nase ein, warte einen kurzen Moment und atme durch den Mund wieder aus. Das mache ich sieben Mal (dazu kommen wir später noch), öffne meine Augen und stehe auf. Mit diesem kleinen Achtsamkeitsritual habe ich, noch bevor ich aufgestanden bin, bereits den ersten kleinen Sieg des Tages eingefahren. Mein Geist ist wach, und meine Zellen haben ihre erste Minidosis an Dopamin erhalten – Frühstück mit Glückshormonen. So starte ich als Champion in den Tag … jeden Tag.

Ich weiß genau, was dieses Leben ist: eine einmalige Chance. Jeder Tag ist ein Geschenk, ein Wunder. Wir leben nur einmal, aber die meisten Menschen verhalten sich nicht so. Sie schlafwandeln durch den Tag, als wäre dieser irre Zufall – am Leben zu sein – das Normalste der Welt. Demut und Dankbarkeit sind die beiden großen Konstanten in meinem Leben. Ich habe einen engen Bezug zu meinen Gefühlen. Ich liebe sie. Ernsthaft, ich liebe sie. Ich liebe mein Ego auf der einen Seite, und ich liebe meine Bescheidenheit auf der anderen Seite. Ich glaube, dass ich der Größte bin, glaube gleichzeitig aber auch, dass es kaum jemand bemerken würde, wenn ich morgen spurlos von der Bildfläche verschwinden würde. Diese Art zu denken ist entscheidend. Die Polaritäten des Lebens. Das Yin und das Yang. Greife nach den Sternen, aber lass dabei die Kirche im Dorf. Ich tue alles dafür, um eine Legende zu werden, wohlwissend, dass es bedeutungslos ist, eine zu sein. Es ist auch zweitrangig, ob ich dieses Vorhaben erreiche, es kommt einzig und allein darauf an, die Tage, an denen ich es versuche, voll und ganz zu genießen. Der Weg ist entscheidend, nicht das Ziel.

Lass uns herausfinden, was dich antreibt, was dich morgens aufstehen lässt. Die gute Nachricht lautet: Es gibt weder Richtig noch Falsch. Du musst nicht so werden wie ich oder sonst jemand auf der Welt. Wie langweilig wäre das bitte? Lebe dein Leben nach deinen Werten, nicht nach meinen. Kehre zu der Harmonie zurück, die gut für dich und dein Seelenwohl ist. Wenn du keine Lust hast, siebzig Stunden in der Woche für deinen Traum zu arbeiten, dann mach es nicht. Keine Rechtfertigungen. Niemals! Und wenn du glücklich mit deiner aktuellen Situation bist, dann reiche ich dir die Hand und rufe lautstark und voller Bewunderung, sodass es jeder deutlich hören kann: »Bravissimo und herzlichen Glückwunsch, ändere auf gar keinen Fall auch nur irgendwas!«

Falls du aber keiner dieser erleuchtenden Superhelden bist, möchte ich dir Mut zusprechen. Du musst nämlich nicht perfekt sein, um andere Menschen zu inspirieren. Ganz im Gegenteil: Inspiriere sie, indem du ihnen erzählst, wie du mit deinen eigenen Fehlern, Makeln und Schwächen umgehst. Während du offen über deine Ängste, deine Zweifel und Nöte sprichst und andere dazu ermutigst, es dir gleichzutun, startest du den Prozess deiner inneren Heilung. Du reparierst dich selbst. Ja, es funktioniert. Und weißt du was? Es ist okay. Du bist okay. It's all good.

Im Leben kann so schnell so viel passieren, wenn du deinen Fokus auf die richtigen Dinge lenkst und nach einem System vorgehst, das echte Resultate verspricht. Ich kann mich selbst noch gut an jene Tage erinnern (ich werde dir gleich von ihnen erzählen), an denen ich für all das gebetet habe, was heute Teil meines Lebens ist. Früher war ich schüchtern, voller Ängste und Unsicherheiten, habe mich selbst kleingemacht, mir vieles nicht zugetraut und es auf die Zukunft verschoben. Oft dachte ich:»Oh, Gott, niemals könnte ich diese Traumfrau ansprechen oder einen eigenen Bestseller schreiben oder Gast in einer Talkshow sein oder auf einer Bühne stehen und vor Hunderten von Menschen sprechen und dafür sogar noch Applaus entgegennehmen.«Nicht einmal in meinen kühnsten Träumen hätte ich mir vorstellen können, dass Dinge, die einmal zu den schmerzhaftesten Erfahrungen meines Lebens gehörten, mir heute am meisten Freude und Zufriedenheit bringen. Früher hatte ich Angst vor dem Leben, heute liebe ich jede einzelne Minute. Früher fand ich Ablehnung ganz furchtbar, heute spornt sie mich an. Du hast ja keine Vorstellung davon, was alles möglich ist, wenn man hinter dem Schmerz der Vergangenheit plötzlich einen Sinn erkennt.

»In einem Jahr wirst du dir wünschen,
heute angefangen zu haben.«

KAREN LAMB

Wenn du in einem Jahr an diesen Augenblick zurückblickst, wirst du hoffentlich ähnlich denken. Alles ist nur eine Momentaufnahme: Gefühle, Gedanken, Beziehungen, Begegnungen. Schon der nächste Augenblick kann dein ganzes Leben verändern. Dieses Gefühl der nie enden wollenden Hoffnung lässt mich durchhalten und stets an ein gutes Ende glauben. Ja, ich glaube an das, was ich schreibe, bin mir aber voll und ganz bewusst, dass das Gegenteil meiner Worte ebenso wahr sein kann.

Ich werde dir in diesem Buch erzählen, dass Erfolg in Form von Geld, Status und Anerkennung keine übergeordnete Rolle in deinem Leben spielen sollte, und werde dir wenig später prominente Beispiele nennen, die ebendiesen Erfolg erreicht haben, und was du von ihnen lernen kannst. Ich werde dir sagen, dass du jeden Tag in tiefer Dankbarkeit für deinen Traum kämpfen sollst, aber dass du diesen Kampf nicht unbedingt gewinnen musst. Das Leben ist wahnsinnig kompliziert und unfassbar einfach zugleich. Oscar Wilde bringt es noch präziser auf den Punkt:»Das Leben ist nicht kompliziert. Wir sind es. Das Leben ist einfach, und das Einfache ist stets das Richtige.«

Wir machen uns das Leben oft selbst schwer, stehen unseren eigenen Plänen im Weg, wollen zu viel und träumen zu wenig. Lass uns das ändern. Lass uns wieder träumen. Lass uns große Ziele anvisieren, ohne dass wir sie erreichen müssen. Lass uns in der Sonne liegen und all die schönen Dinge aufzählen, die wir sehen. Lass uns ganz im Sinne von Oscar Wilde das Richtige tun. Ich kann dir nicht versprechen, dass sich auf dieser Reise all deine Probleme lösen werden, aber ich kann dir felsenfest versprechen, dass du dabei nicht allein sein wirst. Lass uns ehrlich miteinander sein. Lass uns neue Routinen etablieren. Lass uns zusammen meditieren und kleine Challenges angehen. Lass uns das Leben zelebrieren und uns gegenseitig von unseren großen und kleinen Abenteuern erzählen. Ich fange auch gerne damit an.

Unmöglich?

Vorher möchte ich aber gerne noch ein Wort aus unserem Wortschatz streichen: unmöglich! Mir ist das wichtig, weil dieses Wort keinen Raum für Magie, Fantasie, Überraschungen und Kreativität zulässt. Was ist schon unmöglich? Ich habe drei Fragen an dich:

1. Glaubst du, dass man es schaffen kann, in nur vierzehn Tagen einen Roman zu schreiben, der alle Rekorde brechen und zu den meistgelesenen Büchern aller Zeiten gehören wird?
2. Glaubst du, dass es möglich ist, in nur einem Monat ein musikalisches Meisterwerk zu produzieren, das das meistverkaufte Album aller Zeiten wird?
3. Glaubst du, dass es möglich ist, mit nur fünf Worten eine Geschichte zu erzählen, die die ganze Welt zu Tränen rühren wird?

Auf den ersten Blick ziemlich unmöglich, oder? Und doch ist alles genau so passiert. Paulo Coelho hat seinen Roman *Der Alchimist*, das zu den meistgelesenen Büchern aller Zeiten gehört, in nur zwei Wochen geschrieben. Quincy Jones hat das legendäre »Thriller«-Album von Michael Jackson in nur vier Wochen produziert, und Ernest Hemingway hat tatsächlich darauf gewettet, mit nur fünf Worten eine Geschichte erzählen zu können, die die ganze Welt zu Tränen rühren würde. Niemand traute es ihm zu, also nahm der berühmteste Schriftsteller seiner Zeit einen Stift in die Hand und schrieb auf ein Blatt Papier: »Zu verkaufen: Babyschuhe. Nie getragen.«

Eins zu vierhundert Billiarden

Das Baby in Hemingways kleiner Fantasiegeschichte hat den Sprung in diese Welt nicht geschafft, du hingegen schon. Du bist hier. Du hältst dieses Buch in den Händen. Du pumpst Sauerstoff durch deine Lunge. Weißt du eigentlich, wie hoch die Wahrscheinlichkeit ist, als Mensch geboren zu werden? Die Zahl ist so gigantisch groß, dass man sie sich nicht einmal vorstellen kann:

eins zu vierhundert Billiarden. Im anglo-amerikanischen Sprachgebrauch gibt es dafür übrigens das Wort Quadrillion. Es macht wirklich Spaß, darüber nachzudenken: Die Wahrscheinlichkeit geboren zu werden ist in etwa so hoch, als würden zwei Millionen Menschen an einem langen Tisch sitzen, gleichzeitig Würfel werfen, die nicht sechs, sondern eine Billion Seiten haben, und jeder der zwei Millionen Würfel würde dabei auf der gleichen Seite landen, zum Beispiel auf der Zahl 1 983 762.

Es ist wahrscheinlicher, dass du zwanzigmal nacheinander sechs Richtige im Lotto tippst, als das Licht der Welt zu erblicken. Deine Mutter hätte in dem einen entscheidenden Moment, neun Monate vor deiner Geburt, auch einfach nur kurz aus dem Bett aufstehen können, um sich noch ein Glas Wein zu holen. Hat sie aber nicht. Deswegen bist du jetzt hier. Wenn du also deine Perspektive auf deine aktuelle Situation wechselst, von der du glaubst, sie sei so wahnsinnig schlimm, bedenke bitte, dass du den größten Jackpot des Universums schon längst geknackt hast. Du hast etwas geschafft, was mathematisch tatsächlich so gut wie unmöglich ist. Dennoch bist du hier. Laut dem Duden ist ein Wunder ein »außergewöhnliches, den Naturgesetzen oder aller Erfahrung widersprechendes und deshalb der unmittelbaren Einwirkung einer göttlichen Macht oder übernatürlichen Kräften zugeschriebenes Geschehen oder Ereignis, das Staunen erregt«. Auch wenn du es abstreitest, aber per Definition bist du ein echtes Wunder. Du hast den schwierigsten Kampf deines Lebens bereits gewonnen. Du hast die härteste Prüfung mit Bravour bestanden. Du hast es auf die Erde geschafft, und du bist nicht als Schimmelpilz oder Eintagsfliege oder Darmbakterium hergekommen. Du wurdest als menschliches Wesen geboren und bist durch einen weiteren riesigen Zufall in einem der reichsten, sichersten und schönsten Länder dieser Erde aufgewacht. Dieses Geschenk des

Universums ist so unbeschreiblich groß, dass noch kein Wort dafür erfunden wurde, um nur annähernd die Bedeutung widerzuspiegeln, die es verdient. Meine Frage an dich lautet nun: Was machst du ab sofort mit dieser Information?

Du bist ein Wunder!

Denk ruhig noch ein bisschen darüber nach. Ich nehme solange wieder die Vogelperspektive ein und betrachte uns von ganz weit oben: Wir fliegen auf einer Kugel aus Eisen, Sauerstoff, Silizium und Magnesium mit einer Geschwindigkeit von rund 107.000 Kilometern pro Stunde durch den Weltraum und sind mit unserer Erde in der Milchstraße, unserer Heimatgalaxie, nur ein winziges Objekt zwischen einhundert Milliarden Sternen. Unsere Spezies ist nur eine von mehr als einer halben Milliarde, die jemals existiert haben. Ich muss es noch einmal schreiben, weil mich diese Zahl wirklich beeindruckt: Die Chance, als Mensch geboren zu werden, liegt bei eins zu vierhundert Billiarden. Eine Billiarde sind übrigens eintausend Billionen. Anstatt also schlecht gelaunt in der S-Bahn zu sitzen, sollten wir uns jeden Tag freudestrahlend in den Armen liegen und ein großes Fest feiern. Genieße jede Sekunde dieses Lebens. Du wirst nämlich so schön, wie du jetzt bist, nie mehr wieder existieren. Wann immer du also etwas Motivation brauchst, um deinen hübschen Hintern vom Sofa zu schieben, lies dir diesen Abschnitt noch einmal durch und wirf endlich deinen Glücksmotor an.

Das kleine Glück

Vielleicht denkst du jetzt: Was bringt mir mein toller Erfolg aus der Vergangenheit, an den ich mich leider gar nicht mehr erinnern kann, so gigantisch er auch gewesen sein mag, wenn ich mich in der Gegenwart trotzdem nicht richtig glücklich fühle? Du weißt gar nicht, wie sehr ich deine Gedanken verstehe. Ich weiß, wie du dich fühlst. Voller Sehnsucht blicken wir auf diejenigen, die ihr Leben im Griff zu haben scheinen, deren Karriereplanung funktioniert, die verheiratet sind und eine glückliche Familie haben oder die im Rampenlicht stehen, die Großes vollbringen, die unsere Welt zu einem besseren Ort machen und für die das Licht stets etwas heller zu scheinen scheint – Beyoncé, Malala, der Dalai Lama und all die anderen inspirierenden Menschen, die in ihren Bereichen hervorstechen. Unser eigenes Leben und unsere eigenen Leistungen erscheinen im Vergleich so klein, so unwichtig, geradezu lächerlich. Wir träumen von diesem einen magischen Moment, der alles verändert, der uns ebenfalls eine bedeutungsvolle Zukunft verspricht, der uns nach ganz oben katapultiert an einen fast schon mystischen Ort, von dem wir glauben zu wissen, dass dort die große Erfüllung auf uns wartet. Doch wenn wir kurz darauf aus unserem Traum erwachen, warten lediglich die kleinen Aufgaben des Alltags: Miete zahlen, das Kind zur Kita bringen, Abendessen kochen. Weit davon entfernt, zu unserer wahren Größe emporzusteigen, über die man überall liest, scheinen wir doch bloß die Arschkarte gezogen zu haben und Gefangene des Gewöhnlichen zu sein, verdammt dazu, in einer langweiligen Welt der Bedeutungslosigkeit unterzugehen.

Mit dieser Art zu denken muss endlich Schluss sein! Wir müssen lernen, unsere Welt, aber vor allem uns selbst mit anderen Augen zu sehen. Es gibt so viele unterschiedliche Lebenswege, einige sind glorreich, golden und erhaben, andere erscheinen uns banal, grau und alltäglich. Es ist nicht unsere Aufgabe, den Wert unseres Weges zu beurteilen. Unsere Aufgabe ist es, unseren Weg mit Würde und Liebe im Herzen zu gehen. Feiere deine Helden, aber lass dich vom Rampenlicht, das sie umgibt und so schön erstrahlen lässt, nicht blenden. Wir müssen wieder lernen, dem kleinen Licht zu vertrauen, das uns den Weg leuchtet – unseren Weg. Wenn wir das schaffen, strahlt es automatisch auf all die Menschen um uns herum ab und macht auch ihren Weg ein bisschen heller. In diesen Momenten des Teilens liegt das kleine, vielleicht wahre Glück.

> *»Einige Geschichten haben keinen klaren Anfang, keine Mitte und kein Ende. Im Leben geht es darum, nicht alles wissen zu müssen, sich ändern zu können, den Augenblick zu leben und das Beste daraus zu machen, ohne zu wissen, was als Nächstes passieren wird. Was für eine köstliche Ungewissheit.«*
>
> GILDA RADNER

Ich gehe den Weg der köstlichen Ungewissheit nun seit vielen Jahren und merke, wie gut das meiner Seele tut. Das war nicht immer so. Es gab eine Phase in meinem Leben, in der ich die Freude verloren hatte. Ich war müde vom Leben, müde vom Dasein, müde von meinen eigenen absurden Erwartungen, müde von meinen Beziehungen, die mich nirgendwohin führten, müde von meiner Traurigkeit. Ich war vollkommen im Zustand der Schwere gefangen und im wahrsten Sinne des Wortes lebensmüde. Falls du mein Buch *Why not?* gelesen hast, erinnerst du dich vielleicht, denn ich beschreibe diese Zeit darin. Ich lief damals in die verkehrte Richtung, hatte keine Verbindung zu meinem wahren Ich, versuchte, den falschen Menschen zu gefallen, und suchte Liebe, Zuspruch und Bestätigung an den falschen Orten. Ich glaubte, dass ich Erfolg im Außen brauchte, um wieder Glück im Inneren zu spüren, und war völlig auf dem

Holzweg. Nicht umsonst heißt es, dass man auf der Suche nach dem Glück selten glücklich ist. Ich war derart unglücklich, dass ich in meiner Lebensversicherung den Namen des Begünstigten ändern ließ. Nur für den Fall der Fälle. Dann traf ich Paulo Coelho. Mein Mentor Rudolf Schenker, der Gründer und Gitarrist der Rockband The Scorpions, hatte dieses Treffen arrangiert. Es mag kitschig klingen, aber ich weiß nicht, wo ich heute stünde, hätte Rudolf mich damals nicht angerufen und überredet, ins Flugzeug zu steigen und nach Genf zu kommen, wo er mit seiner Band einen Auftritt hatte. Dass mein großes Idol auch dort sein würde, verschwieg er. Es sollte eine Überraschung werden. So befand ich mich kurz darauf mit Rudolf Schenker und Paulo Coelho in einem kleinen Backstageraum und philosophierte über das Leben. Im Vorwort, das Paulo Coelho für unser Buch Rock Your Life geschrieben hat, steht:

»*Als ich fünfzehn Jahre alt war, sagte ich zu meiner Mutter: ›Ich habe meine Berufung gefunden. Ich möchte Schriftsteller werden.‹*

›Mein Sohn‹, antwortete meine Mutter mit traurigem Blick, ›dein Vater ist Ingenieur. Er ist ein Mann der Logik, ein Mann der Vernunft, mit einem präzisen Blick für die Welt. Weißt du, was es bedeutet, ein Schriftsteller zu sein?‹

›Jemand, der Bücher schreibt‹, erwiderte ich.

›Dein Onkel Haroldo, der Arzt, schreibt auch Bücher. Und einige hat er sogar veröffentlicht. Studiere erst einmal Ingenieurwissenschaften. Dann wirst du die Möglichkeit haben, in deiner Freizeit zu schreiben.‹

›Nein, Mutter. Ich möchte nur Schriftsteller sein. Kein Ingenieur, der Bücher schreibt.‹

> ›Aber kennst du irgendeinen Schriftsteller? Hast du
> jemals einen Schriftsteller gesehen?‹
> ›Nein, nie. Nur auf Fotos.‹
> ›Und wie möchtest du ein Schriftsteller werden, wenn
> du nicht einmal genau weißt, was das ist?‹
> Nun, ich habe an das Unmögliche geglaubt.«

Paulo Coelho lebte meinen Traum. Ich wollte auch an das Unmögliche glauben und ein Schriftsteller werden. Streng genommen war ich es schon, aber es fühlte sich eben nicht so an. Denn wenn ich ehrlich sein soll, wollte ich nicht nur ein Schriftsteller sein, ich wollte ein berühmter und erfolgreicher und anerkannter Schriftsteller sein. Das war mein Traum. Davon machte ich mein Glück abhängig. Wie gesagt, ich suchte die Anerkennung im Außen, im Applaus, an den falschen Orten – und da sie nicht kam wie erhofft, kamen die Dämonen.

Ein Grund, warum ich Paulo Coelho so verehre, liegt in seiner Fähigkeit, mit einfachen Geschichten die Herzen von Millionen Menschen auf der ganzen Welt zu erobern. Er schreibt, was so viele Menschen fühlen, wovon sie träumen und was sie sich für sich selbst wünschen. Und ich bin einer von ihnen. Ein weiterer Grund, der mich fast noch mehr beeindruckt, ist seine persönliche Lebensgeschichte, seine Willenskraft und sein Durchhaltevermögen. Talent ist das eine, aber niemals seinen Traum aufzugeben und auch in scheinbar aussichtslosen Situationen stets an sich zu glauben, ist etwas völlig anderes. Als sein Buch *Der Alchimist* vor über dreißig Jahren in seinem Heimatland veröffentlicht wurde, hat das niemanden interessiert. Ein Buchhändler aus dem Nordosten Brasiliens erzählte Paulo Coelho, dass er in der ersten Woche, in der sein Buch erschien, exakt ein Exemplar verkauft habe und dass es ein weiteres halbes Jahr gedauert habe, bis das zweite Exemplar über den Tresen ging – und zwar an die gleiche Person, die schon das erste Buch erworben hatte. Am Ende des Jahres war allen Beteiligten klar, dass das Buch ein kommerzieller Flop war. Der Verlag entschied sich sogar zu einer ungewöhnlich drastischen Maßnahme: Sie beendeten die Zusammenarbeit und kündigten den Buchvertrag auf. Paulo Coelho stand mit seiner Geschichte wieder auf der Straße. Er war zu diesem Zeitpunkt bereits einundvierzig Jahre alt – und verzweifelt. »Aber ich habe nie den Glauben an das Buch verloren«, schreibt er im Vorwort der amerikanischen Jubiläumsausgabe. »Ich war auch nie unentschlossen, was meine Vision anging. Warum? Weil alles von mir in diesem Buch steckte, mein ganzes Herz, meine ganze Seele. Ich lebte meine eigene Metapher: Ein Mann bricht zu einem Abenteuer auf, von einem magischen Ort träumend, wo er einen unbekannten Schatz zu finden hofft. Und am Ende seiner Reise erkennt der Mann, dass er den Schatz, nach dem er so lange gesucht hatte, schon die ganze Zeit bei sich trug. Ich bin Santiago, der Hirtenjunge, der nach seinem Schatz sucht, genau wie du der Hirtenjunge bist, der nach seinem sucht.«

Paulo Coelho begann, sich nach einem neuen Verleger umzusehen, und klopfte an jede Tür, die er finden konnte. Nach unzähligen Absagen hörte er schließlich das eine Ja, auf das es ankommt, und war wieder im Spiel. *Der Alchimist* bekam seine zweite Chance. Langsam, aber stetig fand das Buch vor allem durch Mund-zu-Mund-Propaganda seine Leserschaft – zuerst dreitausend, dann sechstausend, dann zehntausend. Eines Tages entdeckte ein Tourist das Buch und nahm es mit nach Amerika, um dort nach einem Verlag für die englischsprachige Ausgabe zu suchen. Das Buch erschien tatsächlich in den USA und verkaufte sich, wie schon in Brasilien, hauptsächlich über persönliche Empfehlungen. Dann wurde Bill Clinton, als er noch Präsident war, dabei fotografiert, wie er mit einer Ausgabe des Buches unter dem Arm aus dem Weißen Haus kam, und Madonna schwärmte in einem Interview mit der »Vanity Fair« über ihr neues Lieblingsbuch. Na ja, der Rest ist Geschichte. *Der Alchimist* zählt zu den zehn besten Büchern des 20. Jahrhunderts, erschien in über achtzig Sprachen und ist das am häufigsten übersetzte Buch eines noch lebenden Schriftstellers. Insgesamt hat dieser Mann, der im Alter von einundvierzig Jahren noch vor dem Nichts stand, bis heute mehr als 215 Millionen Bücher verkauft.

»Gib jetzt nicht auf«, sagte Paulo Coelho zu mir in jener Nacht in Genf. »Ich sage dir, alles wird gut, wenn du dich auf den Weg begibst, auf deinen Weg, und den Glauben nicht verlierst. Sende Liebe in die Welt, und diese positive Energie wird den Weg zu dir zurückfinden.«

Wenn Paulo Coelho mit dir redet, dann hörst du zu, und wenn er dir einen Ratschlag erteilt, dann hörst du noch genauer zu. Seine Worte haben Wirkung hinterlassen, aber nicht sofort. Es dauerte. Entscheidend war, dass der Keim an jenem Abend in Genf in mir gesät wurde. Ich musste nur noch darauf warten, bis diese Information nicht nur in meinem Herzen, sondern auch in meinem Gehirn ankommen würde. Dort wohnte nämlich immer noch diese verdammte Stimme, die mir permanent einzureden versuchte, dass ich es erst gar nicht versuchen sollte, dass ich es nie schaffen würde und dass Paulo mit seinem Erfolg einfach nur wahnsinniges Glück gehabt hat. Wie Pumuckl in seinen wildesten Tagen hüpfte die Stimme durch meinen Kopf, trieb ihren Schabernack und hinterließ ein riesengroßes Durcheinander. Der *Brainfucker*, so hatte ich diese Stimme getauft, machte seinem Namen alle Ehre, und er war derartig mächtig, dass sogar Paulo Coelho erst einmal nicht gegen ihn ankam.

Deine innere Stimme

Ich wünsche mir an dieser Stelle nur eines: Bitte glaube mir, wenn ich sage, dass diese Stimme, die auch zu dir spricht, eine Lügnerin ist. Als du ein Baby warst, gab es diese Stimme noch nicht. Sie wurde dir von deinem Umfeld, deinen Lehrern, deinen Eltern, deinen Freunden, in den Kopf gepflanzt, sodass du nun glaubst, dass das wirklich du bist, der dort spricht. Nein, bist du nicht. Das ist nicht *deine* Stimme. Du bist so viel besser, so viel klüger, so viel schöner und so unendlich viel stärker, als du glaubst. Und weißt du was? Jeder hat eine solche Stimme. Es scheint sogar so, als hätte sich die Natur hier einen Spaß mit uns Menschen erlaubt, um uns das Leben auf der Erde mit voller Absicht etwas unterhaltsamer zu machen.

Noch einmal, weil es so wichtig ist: Jeder Mensch hat diese innere Stimme. Auch die Besten der Besten. Warum haben denn so viele Spitzensportler ihren persönlichen Mentaltrainer? Weil selbst Weltmeister diese Stimme hören und Wege finden müssen, um sie auszuschalten.

> *»Wenn du in dir eine Stimme hörst, die sagt ›Du kannst nicht malen‹, dann musst du unter allen Umständen malen, und die Stimme wird verstummen.«*

Vincent van Gogh hat das gesagt, einer der bedeutendsten Maler aller Zeiten. Seine ersten Ausstellungen in Antwerpen waren übrigens allesamt Flops. Er verkaufte kein einziges Bild. Seine innere Stimme sprach zu ihm: »Siehst du, ich sage es dir schon die ganze Zeit. Du bist ein Versager, niemand mag deine Bilder. Du kannst es einfach nicht. Du bist nicht mal ein richtiger Künstler.« Stell dir vor, Vincent van Gogh hätte auf diese innere Stimme gehört. Stell dir vor, Paulo Coelho hätte auf all die Stimmen gehört, die zu ihm sagten, er solle nicht an seinen Traum glauben und aufgeben.

In einer perfekten Welt würden wir bereits in der Schule lernen, wie wir mit dieser inneren Stimme umzugehen haben. Stell dir vor, ein Lehrer würde dir in aller Ruhe erklären, wo diese Stimme herkommt und dass du nicht diese Stimme bist, die pausenlos zu dir spricht und dir einzureden versucht, was du alles nicht kannst oder nicht bist. Stell dir vor, du hättest das Fach »Meine innere Stimme« von der ersten Klasse bis zum Ende deiner Schulzeit. Stell dir vor, du hättest im Alter von sechzehn Jahren bereits über zehn Jahre Training in dieser Königsdisziplin des Lebens.

Immerhin weißt du jetzt, was zu tun ist. Ich wusste es damals noch nicht, als ich aus Genf zurück nach Berlin flog.

Der verrückteste Sommer meines Lebens

Vor meiner Wohnungstür lag ein Päckchen. Ich stellte meine Einkaufstüten ab, hob es von der Fußmatte auf und nahm es mit hinein. Da ich keinen Absender darauf entdecken konnte, legte ich es achtlos neben den Kühlschrank auf einen Stapel alter Zeitschriften, die ich schon seit Langem entsorgen wollte, wozu ich aber nie die Muße fand. Ich stellte das kleine Küchenradio an, verstaute die Lebensmittel und ließ die Espressomühle ihren gewohnten Duft verströmen, der mir allerdings immer seltener ein Lächeln ins Gesicht zauberte. Seit Genf waren drei Monate vergangen, und die Motivation, mein Leben umzukrempeln, die ich an jenem Novembertag in der Schweiz noch deutlich spürte, hatte sich mit der Rückkehr in mein gewohntes Umfeld schleichend, aber stetig in Luft aufgelöst. Ich kam mir wie ein Junkie vor, der einen kurzen Hoffnungsschimmer verspürt hatte, aber schon bei der nächstbesten Gelegenheit rückfällig geworden war. Oder wie ein Besucher eines dieser Motivationsseminare, auf denen man barfuß über heiße Kohlen laufen muss. Vor Ort ist man von der Gruppendynamik ergriffen und fühlt tatsächlich eine Veränderung, aber schon auf der Zugfahrt nach Hause schleichen sich die alten Gewohnheiten und Denkmuster wieder ein und verströmen ihr zermürbendes Gift.

Eckhart Tolle

Ich musste an ein Erlebnis aus dem Jahr 2007 denken. Während ich an dem Buch mit Rudolf Schenker schrieb, saß ich in einem kleinen Surferdorf in Südfrankreich und las zum ersten Mal *Jetzt! Die Kraft der Gegenwart* von Eckhart Tolle. Ich konnte das Buch kaum aus den Händen legen, so sehr berührten mich seine Worte. Auch Eckhart Tolle hatte unter Angstzuständen und Phasen lebensmüder Depressionen gelitten. Auch in ihm war der Gedanke herangewachsen: »Ich kann mit mir selbst nicht weiterleben.« Was er über sein spirituelles Erwachen schrieb, hatte ich in dieser Klarheit noch nie gehört, und es erschuf in mir augenblicklich eine Form des inneren Friedens. Seine persönliche Geschichte war, wie schon bei Paulo Coelho, Balsam für meine Seele.

Anstatt an meinem Buch weiterzuarbeiten, suchte ich auf Eckhart Tolles Homepage nach einer Kontaktadresse und schrieb ihm einen Brief – keine E-Mail, sondern einen altmodischen, handgeschriebenen Brief. Ich hatte so etwas noch nie getan, aber in dem Augenblick fühlte es sich richtig an. Just do it! So lautete mein erster Gedanke, also tat ich es, bevor ich zu lange darüber nachdenken konnte und mir wieder tausend Gründe einfallen würden, warum das eine alberne Idee war. Fanpost nach Vancouver schicken? Wie alt bist du? Zwölf? Zum Glück schafften es Gedanken wie diese erst gar nicht in mein Bewusstsein. Ich schickte den Brief auf seine Reise ins entfernte Kanada und machte mich wieder an die Arbeit. Da Rudolf ebenfalls ein großer Fan von Eckhart Tolle war, erwähnte ich zwei seiner Bücher, *Jetzt! Die Kraft der Gegenwart* und *Eine neue Erde* als Literaturempfehlung am Ende unseres Buches und dachte nicht weiter darüber nach. Bis ich eine Mail von Joachim Kamphausen bekam, einem deutschen Verleger von Eckhart Tolle, der unsere versteckte Hommage gelesen hatte. Er plante in Hannover eine Veranstaltung mit ihm und lud uns dazu ein. Rudolf und ich waren ganz aus dem Häuschen und freuten uns wie kleine Kinder auf Weihnachten. Der Titel des Vortrags hieß »Leben im Jetzt, aber wie?«, und der Kuppelsaal war mit viertausend Besuchern restlos ausverkauft.

> *»Es ist nichts falsch daran, sich Ziele zu setzen*
> *und Dinge erreichen zu wollen. Falsch ist es, wenn*
> *du daraus einen Ersatz machst für das Fühlen des*
> *Lebens, des Seins, denn zu dem findest du nur über*
> *das Jetzt Zugang.«*
>
> ECKHART TOLLE

Als der Auftritt vorbei war, wurden Rudolf und ich hinter die Bühne geführt, wo Eckhart Tolle schon auf uns wartete. Mir wurde augenblicklich warm ums Herz, und Rudolf ging es ebenso. Ohne auch nur ein Wort zu verlieren, umarmten wir uns zur Begrüßung. Dann sagte Eckhart Tolle: »Du bist also Lars. Ich habe deinen Brief erhalten. Vielen Dank. Euer Buch habe ich auch gelesen. Es hat mir gut gefallen. Wann immer ihr in Vancouver seid, ihr seid herzlich eingeladen.« Wow! Ich war sprachlos. Vielleicht hatte ich sogar eine kleine Träne im Auge. Während des Abendessens saßen wir an einem runden Tisch, sodass bei der Unterhaltung jeder jeden sehen konnte. Eckhart saß zwei Stühle neben mir. Ich fragte ihn, wie er sich seinen großen Erfolg erklärte, und interessanterweise ähnelte seine Antwort der Paulo Coelhos: »Mund-zu-Mund-Propaganda.« Nach einer kleinen Pause lächelte er verschmitzt und fügte hinzu: »Und natürlich hat es geholfen, dass Oprah Winfrey mich entdeckt und in ihre Show eingeladen hat.«

»Kennst du das Foto von Jay-Z, wo er neben Oprah steht und dein Buch in den Händen hält?«, fragte ich und konnte es immer noch nicht glauben, dass ich mit Eckhart Tolle beim Abendessen saß.

»Nein, kenne ich nicht«, sagte er.

Ich holte mein Smartphone aus der Hosentasche und zeigte ihm das Foto. Er nickte und lächelte.

»Bestimmt hat Oprah es ihm geschenkt. Das macht sie gerne. I love her.«

Nach dem Essen bestellten wir noch Espresso, machten Erinnerungsfotos, und Rudolf und ich fuhren glücklich beseelt nach Hause. Zum Glück hatte ich damals in Südfrankreich nicht lange nachgedacht, sondern sofort gehandelt. Was ein einziger Brief alles bewirken kann! Zeig der Welt, dass es dich gibt, und warte ab, welche Überraschung sie für dich bereithält. Das habe ich an jenem Abend gelernt. Die wahre Herausforderung besteht jedoch nicht darin, diese besonderen Abende des Lebens zu genießen, sondern diese Energie zu speichern und mit in den nächsten Tag zu nehmen. Es ist doch so: Wir gehen auf Seminare, Workshops und Konzerte, besuchen Lesungen und sind unter Menschen, die die gleichen Träume haben wie wir. Wir fühlen uns beschwingt, bestärkt und hochmotiviert, aber schon am nächsten Tag kommt der Reality Check, und das ganze Theater, das wir doch so gerne hinter uns lassen möchten, fängt von vorne an.

Bei mir war jedenfalls alles wie immer: Ich stand morgens auf, sah zu, dass ich irgendwie den Tag durchbrachte, und dämmerte irgendwann nach Mitternacht vor laufendem Fernseher wieder ein. Ich wusste, dass ich gerade die beste Zeit meines Lebens verschlief, und doch fühlte ich mich immer noch nicht in der Lage, etwas dagegen zu tun. Es klingt verrückt und unlogisch, ich weiß, und dennoch schaffte ich es nicht, mein Leben zu ändern.

Die helle Morgensonne schimmerte golden auf der weißen Eisschicht des Spreekanals, die peu à peu vom nahenden Frühling aufgefressen wurde. Bald schon würden die Enten wieder auf dem Fluss landen, dachte ich und fühlte eine leichte Wärme in mir aufsteigen. Vielleicht lag es auch nur daran, dass ich direkt an der Heizung stand. Mein Handy vibrierte lautlos in meiner Hosentasche. Ohne meinen Blick vom Fenster abzuwenden, hielt ich es an mein Ohr.

»Hallo?«

»Hier ist die alte Socke.«

»Rudolf, alter Rockstar. Schön dich zu hören.«

»Yo, was gibt's heute Gutes?«

»Ich beobachte, wie unten im Fluss das Eis schmilzt. Ist ziemlich gut.«

»Ja, kann man machen.«

»Ja, kann man machen.«

»Und sonst?«

»Außer dem Beobachten?«

»Ja.«

»Nichts.«

»Reicht ja auch.«

»Ja, manchmal. Und du?«

»Wir sind gerade in Paris gelandet. Morgen geht's weiter nach Chile und Argentinien, von dort fliegen wir nach Indien und dann in den Himalaja. Die volle Ladung *Rock Your Life*. Ich muss schon wieder los. Wollte mich nur schnell melden. Also Junge, bleib am Ball!«

»Mach ich, Rudolf. Mach ich.«

Ohne mich zu rühren, blieb ich noch eine Weile am Fenster stehen, hoffend, eine Ente würde sich vielleicht doch trauen, eine Landung auf dem glatten Eis durchzuführen, was sicher lustig ausgesehen hätte, aber zum Glück für die Ente nicht geschah. »Geld war für mich immer nur der Treibstoff, um von A nach B zu kommen«, erinnerte ich mich an einen Satz von Rudolf und wünschte mir in dem Moment, ebenso locker darüber denken zu können.

Plötzlich kam mir das Päckchen wieder in den Sinn. Ich zog es unter dem Zeitungsstapel hervor, der mittlerweile weiter gewachsen war, und setzte mich damit an den Küchentisch. Als ich den Inhalt in den Händen hielt, staunte ich nicht schlecht. Es war *Aleph*, der neue Roman von Paulo Coelho. Kein Absender, kein Grußwort, keine Karte, nichts – nur das Buch. Ich schüttelte sicherheitshalber noch einmal das Päckchen und schaute prüfend hinein, doch dort gab es nichts weiter zu entdecken. Ob Paulo es mir geschickt hatte? Für eine Millisekunde überlegte ich, Rudolf anzurufen, fand die Ungewissheit dann aber doch spannender. Wahllos blätterte ich in dem Buch umher, bis ich auf Seite 23 stehenblieb und die erste Stelle laut vorlas, auf die mein Auge traf: »Eigentlich sollte ich glücklich sein: Ich bin erfolgreich in einem sehr unsicheren Beruf, in dem ein hoher Konkurrenzdruck herrscht; bin seit siebenundzwanzig Jahren mit der Frau, die ich liebe, verheiratet; erfreue mich bester Gesundheit; bin von Menschen umgeben, denen ich vertrauen kann, und werde von meinen Lesern freudig begrüßt, wenn ich ihnen auf der Straße begegne. Es gab Zeiten, in denen mir das genügte, aber in den letzten zwei Jahren genügte es mir immer weniger. Ob das nur eine vorübergehende Krise ist?«

Verwirrt klappte ich das Buch zu. Was hatte das zu bedeuten? Hatte es überhaupt etwas zu bedeuten? Meine Blicke wanderten ziellos umher, bis sie auf der Innenseite des Umschlages landeten: »Ich habe mich auf diese Reise begeben, nicht um herauszufinden, was in meinem Leben fehlt, sondern, weil ich wieder König in meinem eigenen Reich sein und mich und die Welt um mich herum neu spüren wollte.«

Paulo Coelho hat seine persönliche Krise also überwunden, indem er wochenlang mit der Transsibirischen Eisenbahn durch Russland reiste, dachte ich weiter darüber nach und versuchte, dieses Bild irgendwie auf mich zu übertragen. Ob ich auch verreisen sollte? Und wenn ja, wohin? Mit welchem Ziel? Ich wusste es nicht. Ich wollte auch gar nicht. Auf der anderen Seite waren gerade alle unterwegs: Rudolf, Paulo, die Enten – nur ich nicht. Aufgeregt lief ich umher und suchte nach Antworten, die nirgendwo zu finden waren. Ich schlief vor dem Fernseher ein und wachte erst am nächsten Morgen wieder auf. Draußen war es noch dunkel. Ich sprang auf, schaltete den Fernseher auf lautlos und ging in die Küche, um die Espressomaschine anzustellen. Sie war noch auf Temperatur, da ich vergessen hatte, sie am Abend vorher auszustellen. Ich sprang unter die Dusche und war zehn Minuten später hellwach.

Der Fremde auf Facebook

Der erste Espresso nach dem Aufstehen ist entscheidend. Sein Geschmack gibt den Ton des ganzen Tages vor. Ich gab mir an diesem Morgen besonders viel Mühe beim Mahlen der Bohnen, presste mir einen frischen Orangensaft, stellte das Radio an und summte den Refrain eines Achzigerjahre-Klassikers mit. Ich hatte gute Laune.

Facebook sagte mir, dass sich eine neue Nachricht in meinem Postfach befand. Ich trank den Orangensaft in einem langen Zug aus, stellte das leere Glas neben meinen Laptop, schüttete zwei kleine Löffel braunen Rohrzucker in den Espresso, der durch die feste Crema noch eine Weile an der Oberfläche liegenblieb, rührte zufrieden um, nahm einen Schluck und begann zu lesen:

Servus, Lars!

Wundere dich bitte nicht über meine Mail, weil wir uns nicht kennen. Meine Frau hat die abgewetzte portugiesische Version von *Rock Your Life* von ihrer Schwester bekommen und kann nicht aufhören zu lesen. Haha. Ich finde das lustig, weil die Scorpions aus meiner alten Heimat kommen. Mein Lieblingslied heißt »Hey You«, auf dem Rudolf Schenker singt und nicht Klaus Meine. Kennst du? Ja, so schließt sich wieder ein kleiner Kreis für mich. Lebe seit zehn Jahren in Brasilien, seit 2005 in Rio, der schönsten Stadt der Welt. War schon lange nicht mehr in Deutschland. Wie ist es? Dachte, ich schreibe dir einfach. Keine Ahnung, war eine spontane Eingebung.

Um abraço,
Berno

Mein erster Gedanke war: »Hey You« ist wirklich ein cooles Lied! Ich suchte auf YouTube nach einer Liveversion, schaltete das Radio aus und bereitete mir einen zweiten Espresso zu. Die Kirche, deren Rückseite ich von meinem Küchenfenster aus sehen konnte, schimmerte in der Morgendämmerung geheimnisvoll graublau, und die Erinnerung an Genf kam zurück, als ich alleine im Foyer dieses Luxushotels saß und für einen kurzen Moment von ganzem Herzen glücklich war. Ich lächelte. Als sich meine Gedanken wieder gesammelt hatten, scrollte ich durch meine Twitter-Timeline und blieb bei einem Post von Kanye West hängen: »I sit everyday and ask what can I do to make a difference. We need to take what Michael Jackson felt and McQueen and Steve Jobs and we need make things better.«
Ich las diese Zeilen bestimmt zehnmal hintereinander und stellte mir vor, wie Kanye West – so wie ich gerade – in seiner Küche sitzt und über sein Leben, seine Karriere, seine Kunst, seine Träume, seine Ziele und seine Ängste nachdenkt. Über die Nachricht aus Rio dachte ich schon gar nicht mehr nach. Mit meinem Espresso in der Hand lief ich rüber ins Schlafzimmer, öffnete den Balkon, um für frische Luft zu sorgen, und schaltete den Ton des Fernsehers wieder an. Im ersten Moment glaubte ich mich verhört zu haben, aber dann las ich die Eilmeldung auch im Ticker, die unter dem Nachrichtensprecher in großen

Buchstaben eingeblendet wurde. Ich setzte mich fassungslos auf die Bettkante. Whitney Houston war gestorben!

Love Will Save The Day

Die nächsten Tage verbrachte ich hauptsächlich im Bett. Ich zog meine Whitney-Houston-Schallplatten aus dem Regal, legte sie auf und versuchte, nicht verrückt zu werden. Warum schaffte ich es nicht, eine Entscheidung zu fällen? Warum drehte sich in meinem Kopf alles um eine drogenabhängige Ikone des R&B, die den Kampf gegen ihre Dämonen verloren hatte? Warum fiel es mir so schwer, mein eigenes Leben auf die Reihe zu bekommen?

»Ich bin sieben Monate lang nicht aus meinem Pyjama herausgekommen«, wurde Whitney Houston auf CNN zitiert. Auf meiner grauen Trainingshose war ein brauner Kaffeefleck, und mein weißes T-Shirt hatte auch schon leicht seine Farbe gewechselt. Eine Dusche wäre nicht schlecht. Ich schaute wieder auf den Bildschirm. Mir war das alles zuwider. Umschalten konnte ich aber auch nicht. Sie zeigten ein Interview mit ihrem Drogendealer, und ich fragte mich, wie sie den so schnell gefunden hatten. Wahrscheinlich hatte er seine Geschichte einfach für ein paar Dollar verkauft. Der Dealer, der mit dem Rücken zur Kamera saß, damit er nicht erkannt werden konnte, erklärte, wie er Whitney das Koks ins Hotel brachte, ohne dabei aufzufallen. Es war immer das gleiche Prozedere: Er ging mit einem Kugelschreiber, in dem das Koks versteckt war, zu ihr und bat um eine Unterschrift. Sie nahm den Stift, unterschrieb, behielt ihn und reichte die Autogrammkarte, unter der das Geld klebte, zurück. Ob er sich schuldig fühlte, wurde der Dealer gefragt. Er schüttelte den Kopf und schob die Verantwortung auf die Ärzte ab, die sie ja hätten retten können, und auf ihr persönliches Umfeld, das jahrelang weggesehen hätte. Er sei nur ein einfacher Drogendealer und Whitney Houston nur eine von vielen zufriedenen Kundinnen. Don't hate the player, hate the game!

Ich schaltete den Ton aus und dachte über die vergangenen zwölf Monate meines Lebens nach. Ich wollte einen Roman schreiben – über Berlin, Drogen, Partynächte, über die Liebe und große Träume in einer verkorksten Stadt. Das volle Lost-In-The-First-World-Programm. Charles Bukowsky trifft auf Jesus und Hank Moody. Ich wollte eine Figur erschaffen, die meine Fantasien lebte. Um ehrlich zu sein, wollte ich eine Kopie meiner Helden erschaffen und selbst ein bisschen wie sie sein. Aber sosehr ich es mir auch wünschte, so war ich einfach nicht. Ich sah das Gesicht meines Romanhelden vor mir, der völlig benebelt zu mir sprach: »Du musst mich aber schön sympathisch darstellen, alles klar? Bei all dem Spaß, den wir zusammen haben.«

Mir drehte es den Magen um. Ich stellte mir vor, wie ich auf einer Lesung von einem aufgebrachten Vater, der mit den Tränen kämpfte, damit konfrontiert wurde: »Meine sechzehnjährige Tochter hat Ihr Buch gelesen. Sie fand das cool, so wie Sie dieses Leben beschrieben haben. Schämen Sie sich nicht?«

Was hätte ich ihm antworten sollen?

»Don't hate the player, hate the game!«

Wohl kaum.

»Ist doch nur ein Buch. Warum die Aufregung?«

Auch nicht.

»Sorry, aber wenn Ihre Tochter nicht zwischen Fantasie und Realität unterscheiden kann, dürfen Sie mich nicht dafür verantwortlich machen.«

Das war alles großer Mist. Sosehr ich mich auch bemühte, mir fiel einfach keine plausible Antwort ein, die mich reinwaschen würde.

Ich schaute wieder auf das Archivmaterial von Whitney Houston, das lautlos über den Bildschirm flackerte, und fragte mich, was Paulo Coelho jetzt an meiner Stelle tun würde. Dabei hatte er diese Frage für sich selbst längst beantwortet. In den Achtzigerjahren hatte er ebenfalls ein Buch über das Böse geschrieben und jahrelang in einer Schublade gehortet, bis er eines Tages seinen inneren Kampf gewann und das einzige Manuskript, das existierte, vernichtete.

Ich legte die Schallplatte »Love Will Save The Day« auf und stellte mir vor, wie Whitney Houston im Himmel von einer Gruppe neugieriger junger Engel gefragt wurde: »Hey Whitney, erzähl mal, wie war es so im Paradies?«

Die Tage waren kurz. Ich zog die Decke hinter mir her und blieb auf dem Holzboden liegen. Ich richtete mich auf und warf einen Blick auf die erstarrten Pflanzen auf meinem Balkon. Auch dort ein Trauerspiel. Ich war nicht böse, nur traurig. Und sauer. Auf mich. Auf die Welt. Auf alles und jeden. Nicht auf die Enten. Auf die nicht. Ich hielt die Tränen nicht zurück. Was war nur aus meinen Träumen geworden? Wer hatte sie mir gestohlen? Wo war dieser Mensch, der vor gar nicht allzu langer Zeit noch die Welt erobern wollte? Und warum war niemand da, der zu mir sagte: »Steh auf, Heulsuse, und hol dir deine Träume zurück!« Ich klappte meinen Laptop auf und betrachtete meinen letzten Post, eine To-Do-Liste für die Woche:

1. Folge deinem ♥
2. Verbringe mehr Zeit mit Menschen, die dich inspirieren.
3. Smile.
4. Wenn ALLE sagen, du machst es richtig, machst du etwas falsch.
5. Mach wieder etwas zum ersten Mal.
6. Erkenne deinen Wert.
7. Schreib dir selbst eine Nachricht: Ich bin ein König, bezahl mich in Gold.
8. Kümmere dich nicht um Dinge, die du nicht ändern kannst.
9. Don't be shy, be fly.
10. Nicht denken, machen.

Warum war es nur so schwer, den ersten Punkt zu befolgen? Oder meinen Wert zu erkennen? Ich meine, wie viel ist ein Lächeln denn wirklich wert, wenn es nicht ehrlich gemeint ist? Warum konnte ich all diese Dinge, von denen ich in der Theorie ja wusste, dass sie mir sofort ein gutes Gefühl geben würden, im echten Leben nicht umsetzen? Warum fiel mir dieser eine Schritt plötzlich so schwer?

Wir lesen diese Motivationssprüche auf Instagram, fühlen uns für zehn Sekunden wohl, vielleicht sogar verstanden und geborgen. Für einen kurzen Moment wurde der Druck aus unserem Leben gelassen, aber dann scrollen wir weiter und weiter, und der Druck baut sich langsam wieder auf. Wenn Paulo Coelho postet »Erst die Möglichkeit, einen Traum zu verwirklichen, macht unser Leben lebenswert«, dreht seine Fangemeinde durch, aber ich würde zu gerne wissen, wer von seinen fast fünfzig Millionen Social-Media-Fans wirklich danach lebt. Wer bricht denn tatsächlich auf in die Welt so wie sein Romanheld, der Hirtenjunge Santiago, und versucht seinen Traum zu realisieren? Ist es nicht vielmehr so, dass wir, anstatt uns voller Leidenschaft ins Abenteuer zu stürzen, lieber zu Hause vor dem Laptop sitzen bleiben und uns eine Tiefkühlpizza in den Ofen schieben? Während der Teig langsam knusprig wird, zitieren wir schnell die großen Dichter und Philosophen, von denen kaum jemand auch nur ein einziges Buch gelesen hat, und freuen uns über kluge Instagram-Weisheiten unserer Lieblingsstars, aber dann, wenn sich der Käse schön gleichmäßig verteilt hat, machen wir es uns schnell auf der Couch gemütlich, schauen die neueste Serie auf Netflix, haben alles wieder vergessen und werden träge und fett.

Ich trank einen weiteren Espresso und musste schmunzeln, denn Will Smith twitterte gerade: »Lieber schaue ich auf mein Leben zurück und sage: ›Ich kann es nicht fassen, dass ich das getan habe!‹, anstatt zu sagen: ›Ich wünschte, ich hätte es getan.‹«

Er hatte ja so recht. Und wieder grüßte das verdammte Murmeltier.

»Wenigstens hast du deinen Humor nicht verloren«, hörte ich eine Stimme über mir.

Ich drehte mich um und schaute an die Decke, aber außer der kleinen Spinne, die seit einer Woche oben in der Ecke wohnte, war niemand da.

»Du kannst mich nicht sehen, Dummkopf. Ich bin unsichtbar, schon vergessen?«

»Wie könnte ich?«, sagte ich zu mir selbst.

»Jeden Tag ziehst du dir diese Sprüche rein. Wieso quälst du dich so? Da dir anscheinend einer dabei abgeht, habe ich auch einen für dich. Pass auf, der wird dich umhauen: Wenn du nicht bald eine Entscheidung triffst, wird genau so der Rest deines Lebens aussehen!«

Der Brainfucker jagte mir mit diesem Satz eine Heidenangst ein.

»Mein Freund, ich bin nur kurz vorbeigekommen, um dir eine Frage zu beantworten. Es ist nämlich, wie alles im Leben, ganz einfach. Der Hauptgrund, warum die Menschen daran scheitern, wahrhaftig glücklich zu sein und sich ihre Träume zu erfüllen, ist der – und es ist wirklich so banal –, dass sie damit aufgehört haben, sie zu verfolgen.«

Ich lächelte und fügte hinzu: »Und begannen, Ofenpizza zu essen.«

Der Brainfucker grinste: »Bingo. Denk drüber nach, Kleiner. Es wird Zeit. Paulo und Eckhart und Rudolf und all die anderen Helden, die du schon wieder vergessen hast, kamen nicht ohne Grund in dein Leben.«

»Darf ich dich noch was fragen, bevor du gehst?«

»Ich bin du. Du musst nicht um Erlaubnis bitten.«

»Wieso bist du auf einmal so nett zu mir? Das warst du doch in den letzten Monaten nie.«

»Weil ich etwas mit dir vorhabe und wenn ich jetzt nicht nett zu dir bin, machst du es vielleicht nicht. Außerdem ist es auf Dauer ziemlich langweilig, immer der Tyrann zu sein. Frag Mahatma.«

»Wen?«

»Mahatma Gandhi.«

»Warum soll ich ihn fragen?«

»Weil er gesagt hat: ›Der einzige Tyrann, den ich in dieser Welt anerkenne, ist die leise innere Stimme.‹ Ich finde Mahatma cool. Er hat es verstanden. Du noch nicht. Willst du etwas lernen?«

»Natürlich.«

»Kennst du die Polaritäten des Lebens?«

»Lass mich kurz überlegen«, sagte ich und ordnete meine Gedanken. »Also, die Polaritäten des Lebens stehen für zwei sich gegenseitig bedingende gleichberechtigte Größen.«

»Richtig«, sagte der Brainfucker und klatschte in die Hände. »Du bist ja doch nicht so dumm, wie du immer tust. Eine Polarität besteht aus zwei gegensätzlichen Paaren, die nur gemeinsam existieren können: Die Nacht gibt es nur, weil es den Tag gibt.«

»Hell und dunkel, ich verstehe.«

»Genau, oder kalt und heiß, arm und reich, krank und gesund, gut und böse.«

»Ja okay, aber worauf willst du hinaus?«, fragte ich.

»Beide Pole sind demnach gleich wichtig. Die Frau könnte ohne den Mann nicht existieren und umgekehrt.«

Ich fing an zu lachen, denn ich kenne nicht wenige Frauen, die hier ganz klar Einspruch einlegen würden, aber ich verstand, worauf er hinauswollte.

»Jetzt folgende Frage an dich: Wenn beide Pole die gegenüberliegenden Enden derselben Sache sind, untrennbar zu einer Einheit verbunden und einander bedingend, muss es naturgemäß zu einem Yin immer auch ein Yang geben.«

»Und wie genau lautet deine Frage?«

»Überleg doch mal. Wenn ich der Tyrann bin, der dir das Leben schwermacht, muss es auch einen Erlöser geben. Jeder Superheld hat einen Gegenspieler. Die Polaritäten des Lebens. Du musst die Gegenstimme am anderen Ende nur hören wollen. Finde einen Weg, denn noch bin ich zu laut.«

»Wow, so habe ich das noch gar nicht gesehen. Aber wieso verrätst du mir dieses Geheimnis? Begehst du damit keinen Selbstmord?«

»Selbstmord, ich?«, lachte der Brainfucker. »Nein, nein, nein. Ich habe mit der kleinen Göttin da drüben am anderen Ende deines Kopfes eine Wette laufen, dass du es selbst jetzt nicht schaffen wirst. Du wirst weiter auf mich hören. Da bin ich mir sicher. Aber hey, es ist ja dein Leben.«

> »*In dem Augenblick aber, wo uns alles verloren scheint, erreicht uns zuweilen die Stimme, die uns retten kann; man hat an alle Pforten geklopft, die auf gar nichts führen, vor der einzigen aber, durch die man eintreten kann und die man vergeblich hundert Jahre lang hätte suchen können, steht man, ohne es zu wissen, und sie tut sich auf.*«
>
> MARCEL PROUST

In meinem Kopf brodelte es. Gedanken hüpften umher. Ich nahm den Notizblock aus dem Küchenregal und begann eine Liste zu schreiben:

1. Glaub nicht alles, was du denkst.
2. Was uns kaputt macht, ist das Bild in unserem Kopf, wie das perfekte Leben auszusehen hat.
3. Lebendig oder nur atmend?
4. Es gibt nur selten echte Fakten, fast immer sind es Interpretationen.
5. Beobachte dich: Bist du nur ein Gefangener deiner eigenen Vorstellung von dir selbst?
6. Entweder machen wir uns unglücklich, oder wir machen uns stark – die Polaritäten des Lebens. Der Arbeitsaufwand ist derselbe.

»Das gefällt mir«, flüsterte die Stimme. »Sechs Punkte, warum nicht sieben?«

»Ich weiß es nicht«, antwortete ich. »Es sind eben nur sechs.«

»Die Zahl Sechs repräsentiert das göttliche Gleichgewicht, die Vollkommenheit, die Liebe. Gott erschuf die Erde in sechs Tagen. Jedenfalls steht das so in der Bibel. Wer weiß, vielleicht erschaffst du dir ja auch ein neues Leben? Vielleicht ist heute tatsächlich der erste Tag vom Rest deines Lebens?«

Ich musste raus, an die frische Luft, auf neue Ideen kommen, den Kreis durchbrechen. Ich griff nach den Joggingschuhen und lief eine lange Runde durch den Treptower Park. Ich rannte einfach drauflos und powerte mich völlig aus. Ein paar Eichhörnchen suchten auf dem schneebedeckten Boden nach Nahrung, Kinder bauten einen kleinen Schneemann, Schneebälle flogen über mich hinweg, und zum ersten Mal hatte ich an diesem Tag vergessen, dass ich eigentlich traurig war.

Nach einer halben Stunde ließ ich mich mit dem Gesicht vornüber in den Schnee fallen, drehte mich auf den Rücken, schaute zu den kahlen Bäumen auf und stieß einen Jubelschrei der Erleichterung aus. Einige Spaziergänger schauten kurz, liefen aber weiter. Ich lag da, mit kaltem Schnee im Gesicht, holte tief Luft und beobachtete meinen Atem, wie er sich wieder auflöste, und schloss meine Augen.

»Studien haben gezeigt, dass schon ein kurzer Spaziergang von zehn Minuten in deinem Gehirn einen biochemischen Prozess auslöst, der dich glücklicher macht. Hast du das gewusst?«

Ich ignorierte die Stimme und schaute rüber zum Wasser. Zwei Schwäne schwammen langsam am Ufer entlang, und ein kleines Kind zeigte staunend mit dem Finger auf die beiden Schönheiten, als wollte es seinen Eltern, die neben ihm standen, sagen: »Hört auf, euch zu streiten, so etwas Magisches und Zau-

berhaftes habt ihr noch nie gesehen.« Der Vater nahm das Kind,
legte es zurück in den Kinderwagen, und die Familie spazierte
weiter. Der britische Tierfilmer und Naturforscher Sir David At-
tenborough hat einmal gesagt, dass er in seinen dreiundneunzig
Lebensjahren noch nie ein Kind getroffen habe, das von der Natur, dem Tierreich und seinen Wundern nicht fasziniert gewesen
wäre. Das stimmt wohl. Mit jedem Jahr verlernen wir Erwachsenen diese Fähigkeit etwas mehr, einfach nur ruhig dazusitzen,
unseren Atem zu spüren und zwei Schwänen beim Flirten zuzu-
sehen. Ist das nicht traurig? So ein Erwachsener wollte ich nicht
sein.

Zurück in der Wohnung streifte ich mir die nassen Klamotten
vom Körper, ließ sie auf dem Boden liegen und nahm eine heiße
Dusche. Zum ersten Mal seit langer Zeit fühlte ich mich wieder
lebendig. Mein Körper glühte vor Energie. Die Anstrengung hatte ihm gutgetan. Ich schlüpfte in meinen Bademantel, den ich
aus irgendeinem Hotel geklaut hatte, und setzte mich wieder an
den Küchentisch, wo noch immer der Notizblock lag. Lebendig
oder nur atmend? Die Antwort, die ich mir in diesem Augenblick gab, ließ mich lächeln. Ich nahm den Kugelschreiber in die
Hand, schlug eine neue Seite im Notizblock auf und schrieb:

Ein paar Erinnerungen

Kümmere dich ein bisschen mehr. Komm schon, umarme
die Chancen. Sag die Wahrheit. Interessiere dich. Stelle Fragen. Reiche deine Hand. Springe in Pfützen. Spiele das Spiel
bis zum Ende. Sag Nein zur Angst. Sag Ja zur Liebe. Suche
nach Chancen, auch wenn du glaubst, keine zu haben. Ris-

kiere ein bisschen mehr. Beschütze deine Träume. Bewahre das kleine Kind in dir. Teile deine Lebenserfahrung. Erschaffe etwas Magisches. Halte deine Versprechen. Mache etwas von Bedeutung. Sei großzügig ohne Grund. Zeige Empathie. Sei stolz auf dich. Übernimm Verantwortung. Stelle bessere Regeln auf. Sei ein Vorbild. Sei dein Vorbild. Hüpfe vor Freude in die Luft. Lass dich in den Schnee fallen. Atme durch. Sei dankbar. Weil du lebst. Weil dein Leben noch nicht vorbei ist. Weil noch immer alles möglich ist. Zelebriere deine Erfolge … und lass dich von Rückschlägen nicht beeindrucken. Bring dich zum Lächeln. Mehr musst du heute nicht tun.

Raus in die Welt!

Die Stimme hatte mich ausschlafen lassen. Endlich stand ich ohne Kopfschmerzen auf. Ein wohltuendes Gefühl, an das ich mich erst wieder gewöhnen musste. Zwei Schwarzkehlchen zwitscherten sich vergnügt auf dem Balkon an. Ich weiß nicht wieso, aber auf dem Weg ins Badezimmer blieb ich instinktiv vor der Balkontür stehen und schaute ihnen zu. Wie friedlich sie auf dem Blumenkasten herumhüpften und mir einen guten Morgen wünschten. Ich blieb noch eine Weile regungslos stehen, um sie nicht zu erschrecken. Auf YouTube fand ich einen fünfzehnminütigen Mix von »Three Little Birds«, drückte auf Play, sprang unter die Dusche und hörte Bob Marley beim Singen zu:

> *»Rise up this morning*
> *Smile with the rising sun*
> *Three little birds, pitched by my doorstep*
> *Singing sweet songs of melodies pure and true*
> *Singing: This is my message to you.*
> *Singing: Don't worry about a thing*
> *'Cause every little thing's gonna be alright*

»Du scheinst ja beste Laune zu haben«, begrüßte mich die Stimme. »Was macht deine Traurigkeit?«

»Dir auch einen guten Morgen«, grinste ich tatsächlich gut gelaunt. »Meine Traurigkeit? Ach, hatte noch gar keine Zeit, über sie nachzudenken. Ich frag sie, wenn ich sie sehe.«

»Du weißt ja: Wer gar zu viel bedenkt, wird wenig leisten.«

»Wie bitte?«

»Wilhelm Tell, der Apfel, Friedrich Schiller. Du weißt schon, der Freiheitskämpfer.«

»Nee, weiß ich nicht«, lachte ich, »aber Freiheit klingt gut. Apropos, was für eine Überraschung wartet eigentlich auf mich? Du hast gestern gesagt, du hättest etwas mit mir vor.«

»Ja, pack schon mal deinen Koffer.«

»Wie bitte?«

»Wir werden auf eine Reise gehen.«

»Echt?«

»Jetzt tu nicht so, als ob du gerade erst den Kindergarten verlassen hättest. Ja, wir fliegen weg!«

»Mit einem Flugzeug?«

»Alter, wenn hier einer wen verarscht, dann bin ich das, verstanden? Ja, mit einem Flugzeug. Ob ich mitkomme, steht noch nicht fest, aber du wirst auf jeden Fall fliegen.«

»Wie, was und wohin?«, stammelte ich.

»Sprichst du Portugiesisch?«

»Nein«, antwortete ich.

»Sehr gut. Wolltest du jemals nach Südamerika?«

»Du meinst als Backpacker, mit Rucksack und allem?«

»Egal, ganz allgemein. Südamerika, ja oder nein?«

»Nein.«

»Prima. Lust auf Brasilien?«

»Nee, überhaupt nicht«, sagte ich sehr bestimmt und schüttelte den Kopf. »In Brasilien gibt es die giftigsten Schlangen, Spinnen, Piranhas, Giftfrösche, Krokodile. Ich liebe Tiere, aber die gehören definitiv nicht dazu.«

»Sehr gut«, jubelte die Stimme.

»Warum?«

»Wir fliegen nach Rio de Janeiro!«

»Was?«

»Ich erklär's dir gleich. Trink erst mal in Ruhe deinen Espresso. Du wirst ihn brauchen.«

Was habe ich denn mit Rio am Hut, überlegte ich, während der Kaffee langsam durch den Siebträger in die Tasse lief. Okay, der braune Rohrzucker für meinen Espresso kam aus Brasilien, vielleicht sogar aus der Region um Rio de Janeiro, aber deswegen gleich auf die andere Seite der Welt fliegen? Was fiel mir sonst noch ein? Samba, Copacabana, Zuckerhut, Pelé, Sonne, Meer, das Girl von Ipanema, Supermodels, Caipirinha. Zugegeben, es hätte schlimmer kommen können. Ich nippte an meinem Espresso.

»Okay, warum ausgerechnet Rio?«

»Warum nicht?«, fragte die Stimme zurück.

»Kann ich nicht hierbleiben?«

»Um bitte was zu tun? Weiter dein Leben zu verschlafen, weiter in der Spirale der Langeweile hängen zu bleiben? Ich dachte, über dieses Stadium wären wir längst hinaus. Du fühlst dich heute so gut, weil du gestern deine alten Routinen durchbrochen hast. Hast du das schon vergessen?«

»Ist ja schon gut«, grummelte ich genervt.

»Ich will, dass du an einen Ort fährst, an den du vorher noch nie gedacht hattest. Du musst raus aus deinem gewohnten Trott, raus aus diesem Dasein als Einsiedlerkrebs und rein ins Abenteuer. Indiana Jones, Baby! Hier in deinen vier Wänden wird das schwer. Du musst deine Aufmerksamkeit auf etwas anderes lenken. Ich denke, Rio wäre ideal für dich.«

»Aber ich wollte doch nie nach Rio«, protestierte ich.

»Ja, ich weiß. Deswegen ist es gerade perfekt. Erinnerst du dich an meine letzten Worte gestern Abend?«

»Nee.«

»Ich weiß, weil du mitten in meiner Ansprache eingeschlafen bist. Ich sagte: Wenn du dein Leben wirklich ändern willst, dann ändere ALLES! Bist du vorher routinemäßig nach links gegangen, gehst du ab sofort nach rechts, auch wenn es im ersten Moment vielleicht ein bisschen Überwindung kostet. Na, dämmert's? Lass uns wieder Spaß haben!«

»Okay, ich habe verstanden. Aber was soll ich denn in Rio machen?«

»Das wirst du sehen, wenn du dort bist. Vertraue dir. Die Türen werden sich schon öffnen. Lebe im Augenblick. Diese Reise wird dein Leben verändern.«

»Wie, ich soll einfach so, ohne Plan, fortgehen?«

»Das ist der Plan, ja.«

»Und wie lange?«

»Für den Anfang, denke ich, reicht ein Sommer völlig aus, um dich wieder auf die Spur zu bringen.«

»Ein ganzer Sommer? Bist du jetzt völlig verrückt geworden?«

»Kann schon sein«, grinste die Stimme. »Du bist aber auch ein ungewöhnlicher Härtefall.«

»Jetzt mal langsam«, sagte ich und versuchte, etwas Luft aus der Angelegenheit zu nehmen. »Ich kann dich ja verstehen, von wegen: Alles neu und so, aber …«

»… du hast doch sowieso nichts zu tun«, wurde ich sofort unterbrochen. »Du hängst nur rum mit deiner ätzenden Wohlstandsdepression und jammerst wie ein kleiner Schuljunge, dem man sein Pausenbrot geklaut hat. Du bist ein verdammter Loser. Du hast alle Möglichkeiten, hältst das kostbarste Geschenk des Lebens in deinen Händen und vergeudest es. Du bist eine Schande. Schämst du dich nicht?«

Die Ansage hatte gesessen. Ich wusste nicht, was ich darauf antworten sollte, und beließ es dabei. Doch die Stimme wurde gerade erst so richtig warm.

»Lass mich dir die Geschichte eines kleinen Jungen aus Syrien erzählen. Nicole, unsere gemeinsame Freundin, die eine Weile ehrenamtlich in einem Flüchtlingsheim ausgeholfen hat, hat sie mir erzählt, also pass gut auf: Der Junge musste, wie viele seiner Landsleute, aus seiner Heimat fliehen. Seine Eltern sind schon in Syrien ums Leben gekommen, seine Schwester ging auf der Flucht verloren, er war ganz allein. Als für ihn klar war, dass er in Deutschland landen würde, hat er sich sofort eine kostenlose Sprach-App auf sein Handy geladen und Vokabeln gelernt – Englisch und Deutsch. Sein einziger Besitz waren ein altes Smartphone und ein halb funktionsfähiger Kopfhörer. Das war sein größter Schatz, und er hat ihn gehütet, als sei er aus purem Gold. Für ihn war er das nämlich. So fürchterlich seine Vergangenheit und so unangenehm seine Gegenwart war – ein Flüchtlingsheim ist alles andere als ein Wellnesshotel –, er machte das Beste aus seiner Situation und erschuf sich in seinen Gedanken seine eigene neue Welt. Wie ein Leistungssportler ist er in einen mentalen Tunnel gegangen und hat seine Außenwelt komplett ausgeblendet. Er hat seine Kopfhörer aufgesetzt und Vokabeln gelernt. Er hat sich deutsche und englische Podcasts für Kinder angehört, hat die Sätze nachgesprochen und sich vierundzwanzig Stunden am Tag mit positiver Energie umgeben. Der Junge hatte es mit einem schrottreifen Boot übers Meer geschafft, wie könnte er jetzt dieses Wunder einfach so verstreichen lassen? Er bekäme in Deutschland ein zweites Leben geschenkt, wie könnte er diese Chance ungenutzt lassen? Er war so voller Dankbarkeit, am Leben zu sein, dass er nicht eine Sekunde von seinem Leben sinnlos vergeuden wollte. Was für ein Mindset, was für ein Junge, was für ein Champion!«

Die Stimme hielt inne, und ich hatte das Gefühl, sie würde mir tief in die Augen schauen. Ich hielt ihrem Blick für wenige Sekunden stand, dann blinzelte ich und sah nach unten.

»Nach einem Monat begann der Junge, Bücher zu lesen«, fuhr sie fort. »Er las alles, was er in den Spendenboxen finden konnte. *Der Fänger im Roggen* ist seine aktuelle Lektüre. Er liest das Buch bereits zum fünften Mal. Um ihn mache ich mir keine Sorgen. Er wird seinen Weg gehen. Was ist mit dir? Du hattest gestern einen guten Tag. Herzlichen Glückwunsch. Du bist heute gut gelaunt aufgestanden. Bravo. Was machst du nun damit? Wie geht es weiter? Wie wird dein nächster Schritt aussehen? Ich habe dir gerade angeboten, nach Rio de Janeiro zu fliegen, und das Erstbeste, was dir dazu einfällt, ist, dich darüber zu beschweren. Der Junge aus Syrien fängt gerade an, zum sechsten Mal *Der Fänger im Roggen* zu lesen, weil er kein neues Buch bekommt, und du findest dein Leben ungerecht? Ernsthaft, immer noch?«

Ich fühlte mich ertappt, schlecht, erbärmlich.

»Es ist gut, dass du dich so fühlst. Ein erster Schritt, Baby. Ich sage dir, du wirst es bedauern, wenn du dich jetzt wieder in dein Schneckenhaus verziehst. Und Bedauern, mein Freund, ist das schmerzhafteste Gift von allen. Du bist doch ein Fan von Al Pacino. Weißt du, was er über das Bedauern gesagt hat?«

Ich zuckte mit den Schultern.

»Seine Worte lauteten: ›Ich bedaure nichts. Ich glaube sagen zu können, dass ich in meinem Leben Fehler gemacht habe. Ich habe mich für einen falschen Film entschieden, eine Rolle nicht richtig gespielt, aber die Wahrheit ist: Alles, was du tust, ist ein Teil von dir, und du nimmst immer etwas für später mit. Es sind mehr als nur Erinnerungen, in all diesen Situationen und an all diesen Orten gewesen zu sein, es hat mein Leben geformt.‹ Allein für diese Aussage hat der Mann einen Oscar verdient. Lass uns Fehler machen, lass uns Erinnerungen sammeln, lass uns all diese Orte bereisen und in neue Situationen geraten, aber lass uns bitte niemals bedauern, es nie getan zu haben. Nenne mir einen einzigen plausiblen Grund, warum du in Berlin bleiben solltest, und ich lasse dich auf der Stelle in Ruhe.«

Ich begann zu überlegen, lief in meiner Wohnung umher, von Zimmer zu Zimmer, aber mir fiel nichts ein. Einen beschissenen Grund musste es doch geben, ärgerte ich mich, aber da gab es nichts.

»Ich hasse dich«, schrie ich die Stimme an.

»Ja, das ist gut. Lass alles raus!«, tätschelte sie meine Schulter, was ich in dem Moment alles andere als lustig fand.

»Und wo soll ich übernachten? Drei Monate in einem Hotel an der Copacabana zu wohnen, kann ich mir nun wirklich nicht leisten.«

»Kein Problem«, lachte sie nur. »Facebook sei Dank.«

»Wie bitte?«

»Du bist dort mit so vielen Menschen aus der ganzen Welt befreundet, die du noch nie persönlich getroffen hast. Das ändern wir jetzt. Du hast vor einer Woche eine Nachricht aus Rio bekommen. Ein Typ in deinem Alter hat dir geschrieben. Erinnerst du dich?«

»Kann sein, weiß nicht genau.«

»Gut. Frag ihn, ob du bei ihm wohnen darfst.«

»Spinnst du?«

»Ja«, lachte sie.

»Ich kenne den doch gar nicht.«

»Du kennst ihn nicht? Dann lerne ihn kennen. Der Dalai Lama sagt: Fremde sind nur Brüder, denen man noch nicht begegnet ist.«

»Er wird sowieso Nein sagen. Also, ich würde auf jeden Fall Nein sagen. Irgendeinen Fremden in seine Wohnung lassen, einen ganzen Sommer lang. Wer macht denn so was?«

»Du musst noch so viel lernen. Schließe niemals von dir auf andere. Niemals! Nur weil du denkst, was du denkst, heißt das nicht, dass andere auch so denken. Merk dir das! Das ist wichtig. Der größte Fehler, den du machen kannst, ist, dir selbst eine Antwort zu geben, ohne die anderen überhaupt gefragt zu haben.«

»Mal sehen«, murmelte ich vor mich her, merkte aber schon, wie ich mich langsam mit dem Gedanken anfreundete.

»In der Mitte deiner Facebook-Seite gibt es diesen Button, auf dem *Nachricht senden* steht«, sagte die Stimme leise. »Klick da mal drauf. Ich diktiere den Text.«

Das Fenster tauchte auf dem Bildschirm auf, und ich fing an zu schreiben:

Hi, Berno,

weißt du noch? Du hast mir neulich geschrieben. Das muss Schicksal sein, denn ich komme nach Rio. Kann ich für drei Monate bei dir wohnen? Ein Sofa reicht mir. Ich kann kochen und zahle Miete. Du hast gefragt, wie es in Deutschland ist. Trist und grau.

Grüße aus Berlin,
Lars

»Ist nicht dein Ernst?«, sagte ich.

»Wieso? Steht doch alles drin, was er wissen muss.«

»Schon, aber …«

»Nix aber, schick's ab!«

»Denkst du wirklich?«, sagte ich zögerlich.

»Weißt du, was dein Problem und das Problem so vieler Menschen ist? Und ich zitiere jetzt den genialen Sir Anthony Hopkins: ›Wir überdenken alles. Wir bringen uns selbst um dadurch. Denken. Denken. Denken. Dem menschlichen Verstand ist ohnehin nicht zu trauen.‹ Just do it, Motherfucker!«

Ich hörte auf zu denken und drückte auf Senden.

»Bravo«, applaudierte die Stimme ein bisschen stolz. »Das wäre also geschafft. So, und jetzt mach weiter mit den Dingen, die du üblicherweise tun würdest: dir die Eier kraulen oder dem Eis beim Schmelzen zusehen oder Depressionen haben. Der erste Teil meiner Mission ist erfüllt. Sag Bescheid, wenn er antwortet.«

»Warte«, sagte ich noch, aber … zu spät. Die Stimme war verschwunden. Ich klappte meinen Laptop zu und tat so, als ob nichts geschehen wäre. Erst spät am Abend, kurz vor Mitternacht, wagte ich wieder einen Blick auf meine Facebook-Seite und hatte eine neue Nachricht.

»Mach schon, Hosenscheißer!«, feuerte mich die Stimme an, die wie ein kleines rotes Teufelchen auf meiner rechten Schulter saß und es kaum erwarten konnte. Ich traute mich nicht, die Nachricht zu öffnen.

»Vielleicht sagt er dir ja ab, und die ganze Aufregung war umsonst?«

Ich klickte auf die Meldung und ließ mich nach hinten gegen die Stuhllehne fallen.

Hallo, Lars,

das ist aber eine Überraschung. Ich habe mit meiner Frau darüber gesprochen. Sie ist einverstanden. Falls dir unser Chaos nichts ausmacht, kannst du gerne kommen. Wir kriegen dich schon unter.

Abraço,
B.

»Krass«, sagte ich, nachdem ich die Zeilen gelesen hatte. »Heißt das etwa, ich fahre nach Rio?«

»Du fährst nach Rio«, sagte die Stimme.

»Ich fahre nach Rio«, wiederholte ich ungläubig. In meinem Kopf begannen wilde Fantasiebilder umherzuschwirren, von Supermodels, die neben fußballspielenden Kindern unter riesigen Palmen an traumhaften Stränden Samba tanzten und sich alle in mich verliebten. Ich schaute mir im Internet etliche Male das *Beautiful*-Video von Snoop Dogg und Pharrell Williams an und landete schließlich bei Stefan Zweig, der nicht nur seinen legendären Roman *Die Schachnovelle* in Rio de Janeiro geschrieben, sondern diese Stadt auch mit den Worten »die Schönste auf Erden« bezeichnet hatte. Wie konnte man da kein Herzklopfen bekommen? Am nächsten Morgen sollte genau dieses Herzklopfen in die nächste Runde gehen, denn ich erhielt eine neue Nachricht von Berno. Ich hätte mit allem gerechnet, nur nicht mit folgender Geschichte:

Fala, Lars,

bevor du das Flugticket buchst, möchte ich dir gerne von mir und meinem Leben in Rio erzählen, damit du zumindest eine grobe Vorstellung von dem bekommst, was dich hier erwarten wird. Vielleicht entscheidest du dich nach dem Lesen ja auch um, was ich absolut verstehen würde, wir kennen uns ja nicht.

Wo fange ich an? Als ich fünfzehn war, ist meine Mutter an Krebs gestorben, zwei Jahre später starb mein Vater an seiner Alkoholsucht. Ich hatte gehofft, er würde mir zuliebe die Kurve kriegen, aber nach dem Tod meiner Mutter kam er fast gar nicht mehr aus der Kneipe nach Hause. Das war schon eine harte Zeit für mich, aber okay, so ist das Leben. Ich wollte ja schon immer Musiker werden, und als ich mit der Schule fertig war, habe ich mir von meinem letzten Geld ein One-Way-Ticket nach Brasilien gekauft und nie mehr zurückgeblickt. Ich wollte nur noch weg aus Stuttgart.

Es klingt bestimmt komisch, aber für jemanden wie mich, der keine Familie mehr hat, ist es leichter, in einer Favela in Rio de Janeiro zu leben als im spießigen Stuttgart. Hier gibt es einfach mehr Leute, die sich wirklich von Herzen in meine Lage hineinversetzen können. Ich habe meine Eltern zwar nicht, wie viele meiner Freunde, bei einer Schießerei verloren, aber eben doch sehr früh in meinem Leben, und das prägt natürlich. Es fühlte sich gut an, Menschen mit einem ähnlichen Schicksal kennenzulernen. In der Favela findest du praktisch keine Familie, die noch komplett ist. Es gibt so viele traurige Geschichten zu erzählen. Ach, ich könnte weinen, wenn ich daran denke. Oh, Mann! Das Leben in Brasilien, vor allem hier in Rio, ist in keiner Weise mit dem in Deutschland zu vergleichen. Alles ist anders. Wirklich alles! Ich liebe es hier.

Ich habe lange in der Mangueira getrommelt. Zu der Zeit war das die gefährlichste Favela der ganzen Stadt. Und die Schwärzeste! Während zum Beispiel in der bekanntesten Favela von Rio de Janeiro, der Rocinha, wo ich gewohnt habe, 80 Prozent der Bevölkerung aus dem eher weißen Nordosten Brasiliens stammen, haben die Bewohner der Mangueira zu 90 Prozent afrikanische Wurzeln. Und fast alle Bewohner haben mindestens drei Verwandte im Drogenhandel (das ist nicht übertrieben). Nein, keine Sorge. Ich habe damit nichts zu tun. Als Gringo - so lautet übrigens auch mein Künstlername als Musiker: MC Gringo - würde ich das ohnehin nicht einen Tag überleben. Viele Favelas werden von den Drogengangs kontrolliert, und wenn man, wie ich, dort lebt, bekommt man zwangsläufig mit, was so alles passiert. Das Leben in einer Favela ist eine ewig während Berg- und Tal-Fahrt. Ständig passiert etwas Unvorhergesehenes, und die täglichen Sorgen, die wir alle haben, sind größer als die Christusstatue oben auf dem Corcovado. Jeder Tag ist anders, und man weiß nie, ob er gut oder schlecht enden wird. Wir geben aber nicht auf. Niemals!

Ich habe unglaublichen Respekt vor den Frauen aus der Favela, weil sie in Krisensituationen immer einen kühlen Kopf bewahren und nicht sofort durchdrehen, so wie die hitzköpfigen Männer. Die Frauen sind ohnehin die wahren Heldinnen der Favela. Was die hier leisten, ist unglaublich. Ich schätze, dass etwa 70 Prozent aller Mütter alleinerziehend sind. Sie verdienen meistens ein Salario Minimo, also den Mindestlohn, schuften dafür an sechs Tagen in der Woche von frühmorgens bis spätabends und organisieren nebenbei das Leben der Kinder, weil sich die Väter um nichts kümmern. Jeden Abend sehe ich sie kämpferisch die schweren Einkaufstüten hoch in den Pereirão schleppen, während die Männer irgendwo unterwegs sind. Ohne die Frauen würde hier gar nichts funktionieren. Sie sind der wahre Spirit der Favela.

Warum ich in der Favela wohne? Ganz einfach. Weil ich mir eine Wohnung in der Stadt nicht mehr leisten konnte. Niemand wohnt freiwillig hier. Mit dem Umzug in die Favela veränderten sich auch meine Träume. Die Favela hat wirklich eine Energie, die einen zu Boden drückt. Meine Frau und meine Schwiegermutter behaupten, das käme vom afrikanischen Voodoozauber, der hier stark ausgeübt wird – und vom Neid der anderen, der sich auf dich überträgt. Du kannst die Geister und Dämonen förmlich spüren, wenn du durch das Eingangstor der Favela trittst, vor allem wenn du, wie ich, sehr sensible Antennen hast.

Die größte Veränderung bestand für mich aber darin, auf einmal an einem Ort zu wohnen, wo keine Obrigkeit regiert. Hier haben die Drogenbanden das Sagen und sorgen für Recht und Ordnung. Als Deutscher ist mir diese Umstellung am Anfang schon schwergefallen, aber nach einer Weile arrangiert man sich eben. Der Drogenhandel im Pereirão in Laranjeiras, wo ich anfangs wohnte, ist aber um einiges entspannter als in der Mangueira. Statt der AK-47-Kalaschnikows besitzen die Drogensoldaten dort nur ganz normale Pistolen.

Für die reichen Kids aus der wohlhabenden Südzone ist diese Favela optimal, da sie dort einen relativ ungefährlichen Zugang zum Kokain aus der Nordzone haben. Du musst dir vorstellen, dass der Pereirão die Rückseite eines großen Berges bildet, an dem die Favelas mit dem besten Koks liegen. Über die Motortaxis werden die Drogen dann in der ganzen Stadt verteilt. Der Pereirão liegt schön im Grünen und wächst nicht mehr in die Breite, weil sich in die eine Richtung ein riesiger Garten aus dem Besitz von Roberto Marinho (Multimillionär und Gründer von TV Globo) befindet, der eine mächtige Mauer um sein Anwesen gebaut hat. In die andere Richtung geht es auch nicht weiter, weil dort, in der Nachbarfavela, das Spezialeinsatzkommando BOPE (Batalhão de Operações Policiais Especiais) ihren Hauptsitz hat. Die haben Militärausrüstung und sind vom Staat mit fast allen Freiheiten ausgestattet, um den Menschen aus der Favela das Leben schwerzumachen. Auf dem Wappen der BOPE ist in der Mitte ein Totenkopf zu sehen, der von einem Messer durchstochen wird, dahinter kreuzen sich zwei Pistolen. Mit diesen Jungs ist nicht gut Kirschen essen.

Diese Szenerie ist wirklich absurd. Links die Drogenhändler, rechts das Sonderkommando. Zwei Erzfeinde, die nur durch einen kleinen Wald voneinander getrennt sind. Jeden Tag beobachteten wir, wenn wir die Favela runtergingen, wie die Fahrzeuge der BOPE auf dem Weg zu einem Einsatz waren oder gerade zurückkamen. Diese schwarzen Panzerwagen mit den Schießscharten sind der Albtraum. Gerne machten sie sich einen Spaß daraus, in der Kurve so zu tun, als würden sie nach rechts oben zu uns reinziehen, bevor sie in letzter Sekunde doch nach links abdrehten, um in eine der anderen Favelas von Rio einzudringen.

Da diese Spezialeinheit keinen eigenen Übungsplatz besaß, lagerten sie den in regelmäßigen Abständen einfach in die Favelas aus. Oft kamen sie am Wochenende oder an Regentagen, damit wir ja kein Auge zubekamen. In dieser Zeit war ich nachts fast immer unterwegs, um mit meinem Partner MC Gus auf Baile-Funk-Partys aufzutreten, weswegen ich morgens oftmals etwas später aufwachte und den Tag dann mit einem Guten-Morgen-Joint startete.

Der »Funk« ist ein echtes Phänomen hier in Rio, und die Funk-Events sind absolute Highlights. Diese Partys finden auf den Quadras oder in großen Clubs statt, manchmal auch in Bordellen, je nachdem welche Drogenbande sie or-

ganisiert. Ohne die Drogenbosse läuft ohnehin gar nichts. Auch ich musste vor meinem ersten Auftritt (vor fünftausend Leuten!) beim Paten vorsprechen und um Erlaubnis fragen. Ja, so läuft das hier. Je später der Abend, desto mehr Waffen gelangen auf die Party. Oft wird auch in die Luft geschossen. Die Polizei hat in den Favelas im Prinzip nichts zu melden. Wegen der anstehenden Fußball-WM versucht der Bürgermeister verzweifelt, das Leben in Rio umzukrempeln und »sicherer« zu machen, wodurch es in Wahrheit nur noch schlimmer wird. Das ist allerdings ein anderes Thema. Es ist total interessant. Auf der einen Seite treffen sich auf den Funk-Partys die Ärmsten der Armen, die Jugendlichen, die im echten Leben kaum Chancen haben, auf der anderen Seite fühlen genau die sich für einen Abend als echte Superstars. Wie kann ich das einem Deutschen erklären, der noch nie in Rio war? Stell dir eine Fanparty von Schalke 04 vor: hart arbeitende Malocher, echte Kerle aus der Unterschicht. Auf jeden männlichen Fan kommen jetzt fünf bis zehn Frauen, die aufgemotzt sind ohne Ende und kaum etwas anhaben, während die Männer alle im Fussballtrikot herumlaufen – echt super lustig!
Trotz allem, ich lebe gern hier. Wenn die Polizei nicht in der Favela ist, kann man immer die Haustüre offen lassen. Niemand würde reinkommen und etwas klauen – niemals. Der Drogenhandel würde das knallhart bestrafen. Diese Sicherheit ist jedoch nur eine Scheinsicherheit, und dieses permanente Gefühl der Angst dringt mit der Zeit bis in deine Träume ein. Meine stets so ruhigen Träume wurden, seit ich in der Favela wohne, echt erheblich gestört. Immer wie-

der stellte ich mir existenzielle Fragen: Soll ich meine Musikkarriere, die halbwegs läuft, doch gegen einen normalen Job tauschen und wieder in ein besseres Viertel ziehen, wo nie der Strom ausfällt und es immer fließendes Wasser gibt, oder in der Favela bis zum Letzten für meinen Traum kämpfen, um allen zu zeigen: Es kann einen deutschen Jungen geben, der in der Geschichte der brasilianischen Musik ein eigenes kleines Kapitel bekommt?

Was soll ich sagen? In Rio ist alles miteinander verbunden: die Sonne, der Strand, die Frauen, die Liebe, der Sex, die Gewalt, die Träume, die Musik, die Drogen, die Sorgen. Alles ist ein fließender Übergang. Lars, wenn du alles vergisst, was du glaubst, über das Leben zu wissen, keine Vorurteile hast, dich einfach treiben lässt, wirst du hier die Zeit deines Lebens verbringen. Wir haben zwar nicht viel Platz in unserer bescheidenen kleinen Wohnung, aber du bist uns jederzeit herzlich willkommen … wenn du noch willst.

Abraço,
Berno

Oh, mein Gott! Dass ich beim Lesen das Atmen nicht vergessen hatte, grenzte schon fast an ein Wunder. Ich konnte es noch immer nicht glauben, was dieser Berno hier schrieb. Meine Gedanken drehten tausendfache Loopings. Aufgeregt lief ich in meiner Küche umher. Ich kam nicht mehr zur Ruhe, denn ich wusste, dass mein neues Abenteuer in diesem Augenblick begonnen hatte: Genf, Rudolf, Paulo, Rio, die Stimme, die Nachricht – auf einen Schlag ergaben all diese Zeichen einen Sinn.

»Wenn du alles ändern willst, und das willst du, dann ändere auch alles! Bist du vorher routinemäßig nach links gegangen, geh ab sofort nach rechts, auch wenn es im ersten Moment große Überwindung kostet … und achte auf die Zeichen … gute Reise!«

Mit diesen Worten hatte unser Gespräch damals im Hotelzimmer in Genf geendet, und ich begriff, worauf der Brainfucker anspielte. Meine Hände begannen zu zittern. Als ich mich wieder etwas beruhigt hatte, sah ich einen neuen Twitter-Post von Paulo Coelho: »Wenn du glaubst, Abenteuer sind gefährlich, bleibe bei der Routine. Die jedoch ist tödlich.«

»Okay, ich habe es verstanden«, sagte ich laut und deutlich. »Mehr Zeichen gehen nun wirklich nicht!«

Samba di Janeiro

Acht Tage später. Die Uhr in der Empfangshalle zeigte 4:12 Uhr. Ich stellte meinen Koffer neben einen Absperrpfosten und sah mich um. Eine Putzkolonne von drei jungen Frauen wischte lustlos an mir vorbei, und vier, fünf, vielleicht sechs Fahrer in billigen Anzügen hielten selbstgemalte Schilder in die Luft. Mein Name stand nicht darauf. Obwohl ich das auch vorher schon ahnte, schaute ich trotzdem hin. Man konnte ja nie wissen. Berno wollte mich abholen, hatte er geschrieben, aber ich sah ihn nirgendwo. Der Flughafen von Rio de Janeiro war wie ausgestorben. Ich fühlte mich wie ein Mann auf dem Mond. Nicht hilflos, nur auf eine angenehme Weise verloren. Etwas ängstlich war ich auch. Wirklich nicht viel, nur ein bisschen. Man spürt ja sofort, wenn man irgendwo nicht hingehört. Man kann sich nach einer Flugzeit von zwölf Stunden allerdings auch allerhand einreden. Vielleicht war es in Wirklichkeit gar nicht so übel. Vielleicht fühlte ich mich einfach nur wohler damit, mich unwohl zu fühlen. Der Mensch ist ja ein Gewohnheitstier. Einer sagte mal: »Hinter jedem kalten Gesicht steckt immer ein unsicheres Herz.«

Wo steckte dieser Berno? Die Sache mit der Einsamkeit, so wie ich das sehe, ist immer die gleiche. Wir werden alleine geboren, gehen alleine durchs Leben und sterben alleine. Wir können nur die Illusion erschaffen, in gewissen Momenten nicht alleine zu sein. Ich fühlte mich in diesem Leben sehr alleine.

»Teilen wir uns ein Taxi in die Stadt?«

Ich hörte nur ihre Stimme. Ihr Englisch klang eigenartig zähflüssig, als würde man Quark mit Honig durch seine Zähne pressen. Ich wusste auf der Stelle, dass ich keinen Sex mit ihr haben wollte. Keine Ahnung, warum ich das dachte, aber ich dachte es eben. Vielleicht weil das bei Begegnungen mit fremden Menschen oft der erste Gedanke ist. Man ist ja ständig am Abwägen: Würde ich, würde ich nicht, lohnt sich der Aufwand, lohnt er sich nicht? Ich war müde. Seit vierundzwanzig Stunden hatte ich nicht geschlafen, nichts Vernünftiges gegessen, keinen richtigen Kaffee getrunken. Nein, ich wollte mich nicht unterhalten, auch keine Fragen beantworten, mir auch kein Taxi teilen. Alles, wonach ich mich sehnte, war mein Bett in Berlin, meine Espressomaschine in Berlin, meine vertraute Umgebung in Berlin. Würde ich rauchen, dachte ich und wünschte es mir fast, wäre das der perfekte Augenblick.

Der einzige Weg, einigermaßen erträglich durchs Leben zu kommen, so glaubte ich, sei der, sich so oft wie möglich in einer abgekoppelten Realität vorzustellen. Mag sein, dass ich deswegen so oft meine Augen schloss. Ich fragte mich dann, wie die Menschen wohl auf meinen Tod reagierten, falls ich eines Tages aus meiner Fantasiewelt nicht mehr zurückkehren würde. Als ich in Frankfurt auf den Abflug wartete, telefonierte ich mit einem Freund, und der erzählte mir, dass Ertrinken eine durchaus empfehlenswerte Art sei. Der Moment, in dem du untergehst, sagte er, kurz bevor sich deine Lunge mit Wasser füllt, soll der reinste Wahnsinn sein, ein halluzinogener Megatrip, den keine Droge dieser Welt auch nur ansatzweise simulieren könne. Ich bin danach ziemlich beruhigt ins Flugzeug gestiegen.

»Hey du!«, sagte sie wieder und tippte mich an.

Ich erschrak etwas, drehte mich um und blickte in zwei große dunkle Augen. Es war das Mädchen, das eine Reihe schräg vor mir im Flieger gesessen hatte. Sie trug jetzt eine hellbraune Hippiejacke mit vielen Fransen an der Seite, wodurch sie wie eine kleine Indianerin aussah. Sie lächelte.

»Hi«, sagte ich.

»Teilen wir uns ein Taxi in die Stadt?«, wiederholte sie freundlich.

Wie meinte sie das? War das der brasilianische Geheimcode für: Teilen wir uns das Bett heute Nacht? Fast hätte ich sie gefragt, aber ich traute mich nicht. Das mit dem Alles-anders-Machen war schwerer, als ich dachte.

»Warte hier eine Sekunde, ja?«, sagte ich stattdessen und ging schnell ein paar Schritte aus dem Sicherheitsbereich heraus, in der Hoffnung, Berno doch noch irgendwo zu entdecken. Ohne Erfolg. Und jetzt? Mein Bauchgefühl sagte mir, sie zu ignorieren, vorne im einzigen Café, das noch geöffnet hatte, einen Cafezinho zu trinken und entspannt zu warten, wenigstens so lange, bis die Sonne aufgehen würde.

»Wohin musst du denn?«, unterbrach sie meine Gedanken.

Sie war mir hinterhergelaufen.

»Hmm, weiß nicht genau. Irgendwo an die Copacabana, glaube ich. Hoffe ich.«

»Prima, ich wohne in Santa Teresa. Das liegt auf dem Weg. Dann teilen wir uns das Taxi, ja? Warte hier, ich kümmere mich um alles.«

»Ich werde aber abgeholt«, sagte ich schnell. »Von einem Freund!«

»Uiii, echt?«, quietschte sie sichtlich überrascht.

Sie erinnerte mich jetzt an ein Monchchichi.

»Lass uns doch zusammen warten«, schlug ich vor und bereute den Satz schon, während er über meine Lippen rutschte. Sie dagegen nickte zufrieden, rollte ihren Koffer neben meinen und blieb still an meiner Seite stehen. Ich überlegte, wie ich sie wieder loswerden konnte, ohne unfreundlich zu wirken. Mir fiel nichts ein.

»Wie lange denn noch?«, fragte sie nach nicht mal einer Minute. »Dein Freund ist nicht hier und wie es aussieht, wird er auch nicht mehr kommen. Ist er zuverlässig? Kennst du ihn denn schon lange?«

»Geht so«, wich ich aus.

»Er ist also nicht dein bester Freund?«

»Nein, das nicht.«

»Oje«, sagte sie plötzlich in einem Ton, der mir gar nicht gefiel. »Nur wirklich beste Freunde fahren nachts raus zum Galeão. Glaub mir, du kannst hier noch ewig warten. Also gut, ich besorge uns jetzt ein Taxi.«

Ich wollte ihr hinterherrufen, aber – warum auch immer – ich schaffte es nicht, Nein zu sagen. Meine Zunge war wie gelähmt, und so ließ ich sie seelenruhig zu einem der drei Fahrkartenschalter hopsen. Sie hopste wirklich. Wie ein Flummi.

Boing. Boing. Boing.

»Ich an deiner Stelle würde ja versuchen, die Kleine ins Bett zu kriegen«, flüsterte mir der Brainfucker zu, während wir dem Monchchichi gemeinsam hinterhersahen.

»Ich bin aber nicht du«, sagte ich.

»Doch, bist du«, grinste er. »Sieh dir nur ihren süßen Hintern an.«

»Lass mich in Ruhe.«

»Werde ich nicht. Vielleicht bin ich aber zu streng mit dir. Wir sollten es langsam angehen. Wie fühlst du dich?«

»Sag du's mir. Dein toller Facebook-Kumpel ist nicht aufgekreuzt.«

»Tja, so ist das Leben«, lachte er gehässig.

»Was mache ich denn jetzt?«

»Spring in den Fluss und lass dich treiben.«

»Siehst du hier irgendwo einen scheiß Fluss!«

»Ja, ja. Ich weiß, dass du Angst hast. Du bist dabei, eine der schwersten Aufgaben des Lebens zu meistern. Natürlich hast du Angst, aber das geht vorbei.«

»Und was soll das bitte für eine Aufgabe sein?«

»Herauszufinden, wer du wirklich bist. Du selbst zu sein in einer Welt, in der von dir erwartet wird, so wie die anderen zu sein. Die Schafherde wartet schon. Jetzt kommt es darauf an, ob du den Mut besitzt, an ihr vorbeizugehen. Wie war das noch? Mach ALLES anders! Wenn du eigentlich nach links gehen würdest …«

»… gehe ich nach rechts. Hab's begriffen, du Affe.«

»Auf der Suche nach dem Glück ist man am Anfang nie glücklich. Das weißt du, weil du diesen Satz selbst geschrieben hast. Erinnere dich an dein letztes halbes Jahr und vergiss es gleich wieder. Alles wird sich schnell ändern. Ach ja, noch ein Tipp, der dich davor bewahren wird, durchzudrehen: Begehe nicht den Fehler, diese Stadt mit deinen deutschen Augen zu sehen. Es wird dir nicht immer gelingen, aber versuche es zumindest. Du bist nicht hier, um die Welt zu retten, sondern um deinen Platz in ihr zu erkennen. Hier geht es nur um dich. Und jetzt, mein Freund, schüttle dich ordentlich durch, lass die Vergangenheit hier am Flughafen und mach dich mal richtig locker. Do it, Rio-Style, Baby!«

Ich konnte nicht anders als zu grinsen.

»Versprochen?«

Ich versprach es ihm. Zähneknirschend.

»Hey, hey, hey, ich habe einen sehr guten Preis für unser táxi especial ausgehandelt«, rief das Monchchichi und wedelte fröhlich mit einem Stück Papier vor meiner Nase herum. »Unser Fahrer trägt ein blaues Hemd, hat die Frau gesagt. Komm, komm, komm!«

Was für eine eigenartige Person, dachte ich. Während des gesamten Fluges hatte sie keinen einzigen Satz mit mir gewechselt, und nun tat sie so, als seien wir beste Freunde.

»Danke übrigens, dass du mich begleitest«, sagte sie. »Weißt du, nachts ist es auf der Linha Vermelha extrem gefährlich, aber mit dir fühle ich mich sicher.«

Ich hatte davon gelesen. In Rio werden an einem einzigen Tag mehr Gewaltverbrechen verübt als in Berlin in einem ganzen Jahr. Ich schluckte kurz und schob diese Information direkt weiter in meinen Papierkorb.

»Kommst du aus Rio?«, fragte ich. »Ich meine, bist du hier geboren?«

»Ja, bin eine echte Carioca.«

»Und ausgerechnet ich soll dich beschützen?«

»Natürlich, du bist doch ein Mann!«, sagte sie ohne jede Spur von Ironie und zeigte hastig auf ein rotes Taxi, aus dem tatsächlich ein Fahrer mit blauem Hemd ausgestiegen war.

Es begann leicht zu regnen. Wir verstauten unser Gepäck im Kofferraum und stiegen ein. Als wir kurz darauf auf der Stadtautobahn waren, reichte ich ihr einen Fünfzig-Real-Schein rü-

ber, und sie gab mir einen Zehner zurück. Ich hätte Berno vom
Flughafen aus anrufen sollen, dachte ich plötzlich und fühlte
mich schlecht. Was war ich nur für ein Vollidiot! Er hatte mir ja
seine Nummer geschickt. Warum habe ich nicht daran gedacht?
Ich warf ihr einen bösen Blick zu.

»Hast du'n Handy?«, fragte ich etwas zu schroff, kramte den
Zettel aus meinem Geldbeutel und wählte seine Nummer. Berno hob sofort ab.

»Berno, hier ist Lars, aus Deutschland, du weißt schon, dein
neuer Mitbewohner.«

»Klar, wo bisch?«, antwortete er in einem lustigen schwäbischen Dialekt.

»Ich sitze im Taxi, hab dich am Flughafen überall gesucht,
aber du warst nicht da.«

»Steig aus!«, schrie er so laut durchs Telefon, dass mich das
Mädchen erschrocken ansah. »Raus aus dem Taxi. SOFORT!«

»Wo bist du denn?«, versuchte ich ihn zu beruhigen.

»Na, am Flughafen. War nur kurz auf dem Klo, ein dringli-
ches Geschäft erledigen.«

Ich musste lachen.

»Mist. Ich fahre schon in die Stadt rein. Ich teile mir ein Taxi
mit einem Mädchen.«

»Was machst du? Sag dem Fahrer, er soll wieder umdrehen!«

»Wie soll ich das denn anstellen? Ich spreche kein Portugiesisch.«

»Wie lange fährst du schon?«

»Keine Ahnung, vielleicht sieben Minuten.«

»Okay, auf der rechten Seite kommt gleich der Feira dos Paraiba, da soll er rausfahren und auf mich warten.«

»Berno«, wiederholte ich noch immer lachend. »Ich spreche
kein Portugiesisch.«

»Heilandzack«, fluchte er. »Dann gib mir dieses Mädle!«

Ich reichte das Handy weiter und hörte nur, wie er auf Portugiesisch mit ihr sprach. Die Arme kam kaum zu Wort, versuchte aber parallel, den Fahrer in das Gespräch mit einzubeziehen, der allerdings nur mit dem Kopf schüttelte. Die machen das schon unter sich aus, sagte ich mir, rutschte etwas tiefer in den Sitz und schaute zum ersten Mal bewusst aus dem Fenster. Eine Favela ging in die andere über, Beton- und Wellblechbaracken, so weit das Auge reichte, was in der verregneten Morgendämmerung extrem trostlos daherkam. Das sollte die schönste Stadt der Welt sein?

An der nächsten Ausfahrt fuhren wir ab. Die Gegend sah nach einem verlassenen Industriegebiet aus, das seine besten Zeiten weit im letzten Jahrtausend erlebt hatte und definitiv kein Ort war, an dem man um fünf Uhr morgens freiwillig seine Zeit verbringen wollte. Der Fahrer drosselte sein Tempo, hielt auf einer Busspur, verriegelte die Türen und schaltete seinen Warnblinker an.

»Ist das nicht etwas zu auffällig?«, fragte das Mädchen ängstlich.

»Das war nicht meine Idee, hier zu halten«, sagte der Fahrer zu Monchchichi, die für mich übersetzte, »aber euer Freund muss uns ja irgendwie erkennen. Ich warte hier fünf Minuten. Auf keinen Fall länger.«

Auf der gegenüberliegenden Straßenseite huschten ein paar Gestalten umher, aber wegen der dürftigen Beleuchtung waren nur vereinzelte Schattenbewegungen zu erkennen.

»Und was machen wir, wenn dein Freund länger braucht?«, fragte sie und rutschte etwas näher an mich heran.

»Dann fährst du weiter, und ich warte hier alleine«, sagte ich und tat so, als würde mir das nichts ausmachen. Sie sah mich entsetzt an.

»Nein, du kannst hier nicht aussteigen!«

»Doch, kein Problem«, log ich.

Ein Mann kam mit einem Einkaufswagen voller Abfall an uns vorbei, blieb kurz auf der Höhe meines Fensters stehen, schaute rein und torkelte weiter.

»Noch eine Minute«, sagte der Fahrer ungeduldig. »Die Leute da drüben haben sich schon verdoppelt. Es wird nicht lange dauern, bis sie zu uns rüberkommen.«

Das Mädchen griff nach meiner Hand.

»Soll ich noch einmal deinen Freund anrufen?«

»Er kommt sicher gleich«, versuchte ich sie zu beruhigen. »Er kann ja nicht fliegen.«

»Ich ruf ihn an, ja?«

»Wie du willst.«

»Vorgestern wurde ein Kollege nur einen Block weiter erschossen«, sagte der Taxifahrer, der uns mit besorgter Miene durch seinen Rückspiegel ansah.

Sie drückte meine Hand. Ich drückte zurück. Sie sprach in ihr Handy. Ich schloss meine Augen. Ich sah eine Bergwiese in den Schweizer Alpen vor mir, Kühe hatten Glocken um den Hals hängen, Heidi pflückte Gänseblümchen, ein Hirtenhund döste im Schatten einer großen Tanne, und der Brainfucker saß schweigend mit einem Grashalm im Mund in einem knarzenden Schaukelstuhl auf der Veranda einer idyllischen Holzhütte. Er zwinkerte mir noch zu, bevor er sich wieder in Luft auflöste.

»Dein Freund hat schon die Ausfahrt genommen und ist gleich da«, sagte das Mädchen erleichtert und gab mir mein Geld zurück. Ich wollte es zuerst nicht annehmen, aber sie bestand darauf, und ich steckte es ein. Dann kam ein Van mit hohem Tempo und Lichthupe auf uns zugeschossen. Unser Fahrer atmete auf und entriegelte die Türen. Was dann geschah, war an

Skurrilität kaum zu überbieten. Ich glaube allerdings, dass ich der Einzige von uns dreien war, der es bemerkte. Als Berno fröhlich pfeifend in geputzten Sneakers, weißen Socken, Bermudashorts und Fußballtrikot aus dem schwarzen Chevrolet stieg, änderte sich augenblicklich die Stimmungslage. Von unserer Ängstlichkeit war überhaupt nichts mehr zu spüren. Unsere ganze Aufmerksamkeit galt nur noch diesem unbekümmerten Surfertyp, dessen blonde Haare ihm bei jeder Bewegung ins Gesicht fielen und der ein für diese Uhrzeit unverschämt ansteckendes Lächeln mit sich herumtrug. Sogar der Taxifahrer drängelte nicht mehr.

»Du hier? Is' ja'n Ding«, begrüßte er mich grinsend und breitete sofort seine Arme für eine herzliche Umarmung aus.

Da es immer noch nieselte, verloren wir nicht viel Zeit. Berno hielt mit dem Taxifahrer einen kurzen Smalltalk, und ich verabschiedete mich von Monchchichi. Sie hatte mir ihren Namen nicht verraten. Ich hatte auch nicht danach gefragt.

Der schönste Ort auf Erden

Berno manövrierte den Wagen souverän durch die dunklen Straßen. Obwohl er sehr schnell fuhr, hatte ich zum ersten Mal das Gefühl, mich auf brasilianischem Boden wirklich entspannen zu können. Es war seine positive Ausstrahlung, die diese düstere Stadt, die allmählich am Erwachen war, in einem anderen Licht erscheinen ließ. Obwohl er schon Ende dreißig war, etwas älter als ich, hatte er diese spielerische Unbekümmertheit eines kleinen Jungen an sich, die kaum Raum für schlechte Gedanken zuließ. Er war einer der Guten. Das erkannte ich sofort.

»Solche Angsthasen, hmm?«, lachte er, wich einem riesigen Schlagloch aus und bog gekonnt um die nächste Kurve.

»Wo sind wir denn hier?«, fragte ich schnell, um davon abzulenken, dass auch ich bis vor wenigen Minuten noch zu jenen Angsthasen gehört hatte.

»Das Viertel nennt sich Sao Cristóvao, und getroffen haben wir uns eben am Südeingang vom Feira dos Paraiba, dem Markt der Nordestinos. Am Wochenende gibt's da zwei Bühnen mit Live-Musik, es hat ohne Ende Verkaufsstände, leckeres Essen, supernette Menschen und kaum Touristen – ein fantastischer Ort.«

»Hmm, so fantastisch sah das auf den ersten Blick aber nicht aus.«

Berno sah mich überrascht an.

»Der Taxifahrer hat gemeint, man solle sich da besser nicht rumtreiben.«

»Blödsinn!«, rief er laut, um kurz darauf innezuhalten. »Also, na gut, in der Nähe befindet sich schon die eine oder andere Favela.« Er begann sie an den Fingern abzuzählen. »Jacaré, Arará, Tuiuti, auf der anderen Seite liegt die Barreira do Vasco und dazu noch die Favelas von Caju – direkt am Hafen, aber Sao Cristóvao ist für mich kein Hot Spot. Da gibt es ganz andere Kaliber. Ja, ja, die Favelas, eines der vier großen Themen von Rio.«

»Ach ja? Und die anderen drei?«, fragte ich.

»Du musst dich nur an einen Kiosk stellen und auf die Titelseiten der Zeitungen achten: Fußball, Korruption & Kriminalität und Frauen. Oft ist das alles auch ein fließender Übergang, der, wenn ein Sündenbock gesucht wird, nicht selten in irgendeiner Favela endet. Ich liebe sie ja. Ich habe die schönsten Momente meines Lebens in den Favelas erlebt, weswegen ich dazu auch eine lockerere Einstellung habe als die meisten Brasilianer.«

»Wie meinst du das?«

»Kurz gesagt: Für die weiße Mittel- und Oberschicht ist im Prinzip alles nördlich des Zentrums und der Tunnel ein Kriegsgebiet, weil sie täglich die Bilder der Schießereien in der Glotze sehen. Hier herrscht eine unglaubliche Denkbarriere. Dieses Mädchen aus dem Taxi hat bestimmt so getan, als täte sie dir einen Gefallen, dich mit in die Stadt zu nehmen, oder?«

»Ich fand sie eigentlich ganz nett.«

»Du hast keine Ahnung, wie die Frauen aus Rio drauf sind. Ich weiß ja nicht, was sie dir alles erzählt hat, aber Fakt ist: Sie hatte Schiss, alleine durch die Nordzone zu fahren. Natürlich ist es in vielen Gegenden extrem gefährlich, aber es gibt Gründe dafür. Wenn man sich an gewisse Regeln hält, passiert einem auch nichts. Meistens jedenfalls.«

»Kriegsgebiet, hmm?«, säuselte ich vor mich hin und sah aus dem Fenster. Auf der rechten Seite tauchte der Sambódromo auf, in dem die Sambaschulen jedes Jahr zum großen Finale des Karnevals einlaufen. Er wirkte viel kleiner, als ich ihn aus den Berichten im Fernsehen in vager Erinnerung hatte. Nicht, dass ich je genau hingesehen hätte.

»Ach, vergiss das alles wieder«, lachte Berno und drehte die Musik auf. Wir hörten eine Best-of-Brit-Pop-CD: Blur, Pearl Jam, Primal Scream, Duran Duran, Oasis. Berno kannte alle Texte auswendig und sang sie lautstark mit:

> *»All your dreams are made*
> *When you're chained to the mirror of your razor blade*
> *Today's the day that all the world will see*
> *Another sunny afternoon*
> *Walking to the sound of my favorite tune*
> *Tomorrow never knows what it doesn't know too soon.*

Falls ich eine Spur zu introvertiert war, dann war Berno auf jeden Fall das passende Gegenstück. Vielleicht war die Balance somit ja wiederhergestellt, dachte ich und summte ebenfalls die Melodie von Oasis' »Morning Glory« mit. Die Stadtteile, durch die wir fuhren, erinnerten mich an meine Londonjahre und die *dodgy* Arbeiterviertel im Norden Englands: dreckige Straßen, umgekippte Mülltonnen, kaputte Autos, schmutzige Häuserfassaden und kleine Läden, die durch Eisengitter und beschmierte Rollläden vor Randalierern geschützt werden mussten. Die Eindrücke passten zur Musik. Hier fühlte ich mich wohl. Hoch oben am Himmel erschien die hell erleuchtete, von Nebelschwaden umhüllte Christusstatue, die eine gespenstisch anmutende Endzeitstimmung verbreitete. Falls ich vorher nur geträumt haben sollte, so hatte ich jetzt den Beweis direkt vor meiner Nase: Ich war angekommen in der City of God.

»Bock auf eine frische Kokosnuss am Arpoador?«, fragte Berno.

»Klaro!«, sagte ich. »Und was ist das?«

»Der schönste Ort auf Erden.«

»Nichts wie hin!«

Zurück in die Zukunft

Wenn ich erwähne, wo ich meinen Sommer 2012 verbracht habe, verstummen in der Regel die Gespräche um mich herum, und große glänzende Augen starren mich an: »Ohh, da wollen wir auch mal Urlaub machen; die Stadt, in der wir Weltmeister wurden.« Ich bin allerdings nicht nach Rio gegangen, um dort Urlaub an der Copacabana zu machen, und auch nicht, um herauszufinden, was in meinem Leben fehlt, sondern weil ich mich und die Welt um mich herum wieder spüren wollte. Ich musste einen Weg finden, um aus meinem Dornröschenschlaf zu erwachen, auch wenn das bedeutete, jede Menge Dummheiten zu begehen. Sie waren zu jener Zeit aber notwendig, um mir die Augen zu öffnen. Der beste Lehrer ist und bleibt noch immer die Erfahrung. Rio war ein Experiment, einmal alles anders zu machen, sich treiben zu lassen, im Jetzt zu verweilen, aus der Routine auszubrechen und Dinge zu tun, an die ich in meinem Alltag in Berlin nicht einmal denken würde.

> *»In Rio de Janeiro muss jeder Polizist eine Entscheidung treffen. Entweder wird er korrupt, hält den Mund oder zieht in den Krieg.«*
>
> JOSE PADILHA

»Ich kann nicht verhindern, dass du älter wirst, aber ich kann verhindern, dass du dich dabei langweilst«, hatte die Stimme gesagt und so lange auf mich eingeredet, bis ich schließlich nachgab und meinen Koffer packte. Wenn dir allerdings mitten in der Nacht am Standstreifen einer schlecht beleuchteten Schnellstraße ein paar als Polizisten verkleidete Gangster eine Pistole an den Kopf halten, während du dein Geld auf den Asphalt wirfst, überlegst du schon, wenn auch nur kurz, ob es wirklich so eine gute Idee war, auf sie zu hören. Zu meiner eigenen Verwunderung bin ich erstaunlich ruhig geblieben. Ich, der größte Angsthase von allen. Ich weiß noch, wie ich unauffällig zu Buko, dem durchgeknallten Franzosen, schielte, der nur noch seine Unterhose am Leib trug, rücklings gegen den weißen Mini-Van lehnte und grob geschätzt zwei Gramm Koks intus hatte. Ich hoffte für uns, dass er nicht so geisteskrank war, um etwas aus der Favela zu schmuggeln. Ich atmete langsam ein und fühlte meinen Herzschlag, so wie meine Yogalehrerin aus Berlin es immer vormachte, schloss die Augen und dachte: Wenn der Typ hinter mir jetzt schlechte Laune bekommt und abdrückt, dann ist es eben so. Ich spürte keinerlei Angst. Ich fragte mich nur, ob ich den Schuss noch hören oder direkt zu Boden fallen würde.

Lebe jeden Tag, als wäre er dein letzter. Denkt man darüber nach, ergibt das Sinn. Denkt man allerdings eine Sekunde länger darüber nach, gelangt man zu der Erkenntnis, dass an diesem Satz irgendwas nicht stimmt. Wäre es nicht viel klüger, jeden Tag so zu leben, als wäre er dein erster? Nur ein Wort, das aber alles ändert. Denn siehst du die Welt durch die Augen eines Kindes, willst du alles Neue und Schöne noch entdecken, ausprobieren und schmecken, riechen und fühlen. Schon der Anblick eines bunten Schmetterlings reicht aus, um bei dir Tränen der Entzückung auszulösen. Wenn du aber in dem Bewusstsein handelst, als gäbe es kein Morgen mehr, wirst du automatisch zu einem Menschen, der nichts mehr zu verlieren hat. Du wirst lebensmüde. Du nimmst Risiken in Kauf. Du gehst weiter, obwohl du eigentlich stehen bleiben solltest. Du entdeckst auf einmal Welten, die dir vorher verschlossen blieben. Du überschreitest Grenzen. Genau das habe ich getan. Ich ließ mich einfach nur treiben. Ich habe in Rio Dinge gesehen, die ich vorher nur aus Filmen kannte. Verrückte Dinge. Und mit verrückt meine ich Tim-Burton-mäßig verrückt. Kann schon sein, dass ich diese unwirklichen Situationen unterbewusst gesucht und somit angezogen habe. Sehr wahrscheinlich sogar. Einen Unterschied macht es nicht. Ich kam ja völlig unvorbereitet in diese Stadt, ohne ein Wort Portugiesisch zu sprechen, ohne mich auszukennen. Es war eine spontane Aktion, ein Kapitel in meinem Buch des Lebens, für das es noch keine Überschrift gab. Doch genau diese Unsicherheit, dieses Nichtwissen, war am Ende ein riesengroßes Geschenk. Vielleicht wollte mich das Schicksal auch auf die Probe stellen. Ich war auf der Suche nach dem Glück, der Erleuchtung, keine Ahnung, dem verdammten Sinn des Lebens und fand mich im nächsten Augenblick in einer der gefürchtetsten Favelas von Rio de Janeiro wieder. Wie soll man so etwas mit seinem Verstand einordnen?

Glaube nicht alles, was du denkst!

Ich möchte dir an dieser Stelle etwas Wichtiges mit auf den Weg geben: Glaube nicht an die Einschränkungen und die Grenzen, die du selbst gezogen hast. Glaube nicht, dass du unwürdig bist, um Glück oder Liebe zu empfangen. Glaube nicht an das, was immer dich leiden lässt. Glaube nicht an das Drama, das du selbst kreierst. Glaube nicht daran, dass du ein Opfer bist. Glaube nicht an deine innere Stimme, falls sie dir erzählt, wie dumm und wertlos du bist. Glaube nicht daran, weil es nicht wahr ist. Öffne deine Ohren und sieh genau hin. Wenn dein Herz dich in Richtung Glück lenkt, sei mutig und triff eine gute Entscheidung – und dann bleib dabei. Tue alles, was nötig ist, aber glaube nicht an das, was du sagst, einfach nur, weil du es denkst. 90 Prozent von dem, was in deinem Kopf herumspukt, ist ohnehin dummes Zeug: Lügen, Giftmüll, Fake News. Ich wünsche mir so sehr, dass du dir das gut merkst, weil es den Rest deines Lebens bestimmen wird.

Ich bin ehrlich zu dir: Hätte ich vorher gewusst, was mich in Rio erwartet, ich wäre mit großer Wahrscheinlichkeit nicht gefahren. Ich hätte zu viel darüber nachgedacht, hätte mir all die Was-Wäre-Wenn-Szenarien ausgemalt und wäre schön bei meinen Depressionen in Berlin geblieben. Hätte ich gewusst, dass in der kleinen Wohnung neben Berno, seiner Frau, den beiden

Kids und mir noch ein lustiger, aber total versoffener Franzose namens Buko schlafen würde, ich wäre wohl nicht gefahren. Am zweiten Tag nach meiner Ankunft erfuhr ich, dass wir wegen einer Mieterhöhung umziehen mussten. Ich erfuhr, dass Bernos Frau ein illegales Business in Niterói betrieb, weswegen ihre Freundinnen regelmäßig im Wohnzimmer schliefen. Da niemand etwas von diesen Geschäften mitbekommen sollte, gab es Codewörter: Die Frauen waren die »Wäscherinnen« und der geheime Ort die »Wäscherei«.

Das Ganze hatte ein bisschen was von den Sopranos, weswegen ich natürlich blieb. Wo sollte ich auch hin? Die Wohnungssuche glich einer Odyssee durch die übelsten Viertel von ganz Rio. An einem normalen Wochentag gerieten wir in der Nordzone in die Schusslinie zweier Drogenbanden und mussten minutenlang auf dem Boden liegen bleiben, weil über uns die Scheiben zersprangen. Vor unserem Bus explodierte sogar eine Handgranate. Was denkt man in solchen Momenten? Es fühlt sich gespenstisch friedlich an. Man wartet. Auf alles, was kommt. Wenn man wenig später dann wieder das Meer sieht, die Wellen beobachtet und eine Kokosnuss leertrinkt, fühlt man sich wie ein Engel. Man schwebt über den Sand. Wie in Trance. Keine Gedanken, keine Sorgen, keine Ängste. Bis am nächsten Tag der ganze Hustle von vorne beginnt.

Stell dir vor, du gehst an einem Sonntagnachmittag in die Kirche und siehst dort ein Mädchen, das dich auf den ersten Blick verzaubert. Du sitzt dort, schielst heimlich rüber und kannst dich auf nichts anderes mehr konzentrieren. Du überlegst dir tausend Worte, die du zu ihr sagen möchtest, was ein Problem ist, denn du sprichst kein Portugiesisch. Stell dir vor, du hast zu viele Liebesfilme gesehen und schreibst auf die Rückseite des Gesangsblattes deinen Namen, den Namen eines Cafés, ein Datum und eine Uhrzeit und traust dich sogar, es ihr am Ausgang zu geben. Sie lächelt auch verlegen, stell dir vor. Du gehst weiter in eine Bar, weil du zum Fußballgucken verabredet bist – die Europameisterschaft findet gerade statt –, aber deine Gedanken drehen sich nur noch um dieses fremde Mädchen und die eine Frage: Kommt sie morgen, kommt sie nicht? Stell dir vor, Deutschland spielt gegen Dänemark, und der Barkeeper hat wegen dir extra eine deutsche Flagge aufgehängt. Stell dir vor, dir geht es zum ersten Mal seit langer Zeit richtig gut, du lehnst dich zurück und schließt die Augen, um diesen schönen Moment für immer festzuhalten. Stell dir vor, jemand kommt die Straße entlanggerannt. Stell dir vor, es fallen plötzlich drei Schüsse. Stell dir vor, neben dir verfärbt sich der Bürgersteig rot. Stell dir vor, Lukas Podolski schießt das Tor zum 1:0. Stell dir vor, niemand jubelt. Und jetzt stell dir vor, es war kein Traum.

Als Numo, unser Nachbar aus der Favela, operiert wurde, besuchten wir ihn fast jeden Tag im Krankenhaus. Er war schon ein alter Mann und hatte Krebs. Er lag in der Radiologie, was viel mehr eine Art Turnhalle war, die mich an ein Feldlazarett aus dem Zweiten Weltkrieg erinnerte. Dort ging es nicht um Hygiene oder gar Komfort, sondern ums nackte Überleben. An der Seite seines Bettes hingen zwei Urinbeutel, von denen einer ausgelaufen war. Als er seine Decke lupfte, musste ich schlucken, und mir lief es eiskalt den Rücken runter. Nicht wegen der blutverschmierten Schläuche, die ihm aus dem Bauch hingen. Sein ganzer Körper war übersät mit Kampfspuren. Er sah aus wie ein alter Hai, ein Raubtier, das im Laufe seines Lebens unzählige Attacken hatte abwehren müssen. Risse, Wunden, Abschürfungen, fehlende Hautstücke, Narben – die Landkarte eines Mannes, der ein bewegtes Leben hinter sich hatte.

Er beugte sich zu mir und sagte, dass er eigentlich schon tot war, aber aus dem Himmel zurückkehrte, um auf Erden noch eine Mission zu beenden. Als ich fragte, was das sein sollte, sah er mich so intensiv an, dass ich Gänsehaut bekam:»Ich werde den Mann töten, der die Kinder in meiner Favela auf die falsche Spur bringt.« Ich wusste, dass er keinen Spaß machte. Ich befand mich in einer Welt, in der andere Gesetze galten. Manchmal vergaß ich das.

Als Numo wenig später entlassen wurde, kamen alle Nachbarn vorbei und bereiteten ihm einen unvergesslichen Empfang, wie man es in Deutschland wohl niemals erleben würde. Der Zusammenhalt innerhalb der Community war unbeschreiblich. So viel Liebe. So viel Lebensfreude. Und gleichzeitig so viele Tränen.

Der alte Mann und das Meer

»Bedauerst du es?«, fragte mich Numo eines Nachmittags, als wir vor seiner Hütte saßen, die kleinen frechen Affen beobachteten und gemeinsam Kaffee tranken.

»Was denn?«, fragte ich.

»Dass du das Mädchen aus der Kirche nicht richtig angesprochen hast.«

»Natürlich«, sagte ich sofort.

Numo schaute zu mir rüber und lachte.

»Das Leben steckt voller Lektionen«, sagte er nach einer kurzen Pause. »Mach es beim nächsten Mal besser, und schon kannst du einen Sinn darin erkennen, dich jetzt nicht getraut zu haben. Das Geheimnis liegt darin, aus seinen Fehlern zu lernen und sie nicht wieder und wieder erneut zu begehen. Aber du bist noch jung. Du wirst es schon begreifen.«

»Und du?«, fragte ich. »Was ist mit dir?«

»Ich habe nichts zu bedauern«, sagte er mit leicht zittrigen Händen. »Als ich jung war, habe ich mit meinem Schwimmteam die Welt bereist, habe Sprachen gelernt. Ich habe geliebt, und ich habe gelebt. Junge, und wie ich gelebt habe! Sieh mich an, all die Falten und Schrammen. Das sind alles Erinnerungen an mein gelebtes Leben. Ich liebe jeden Tag. Natürlich habe ich Schmerzen, aber ich bin auch sechsundachtzig Jahre alt. Mein Motor läuft nicht mehr rund. Schon bald wird ihm das Benzin ausgehen, aber er hat mir treue Dienste erwiesen. Mein Körper hat jetzt Schmerzen, und er darf das. Ich kämpfe nicht mehr dagegen an, ich lasse es zu. Mein Gott, nach all dem Spaß, den wir zusammen hatten.«

»Kennst du Anthony Bourdain?«, fragte ich und goss den restlichen Kaffee in meine Tasse.

»Nein, wer ist das?«

»Anthony Bourdain ist ein sehr bekannter Fernsehkoch, ein echter Rockstar der alten Schule. Du würdest ihn mögen. Mein Lieblingssatz von ihm lautet: ›Dein Körper ist kein Tempel, er ist ein Vergnügungspark.‹«

Numo grinste. »Ja, das ist ein gutes Motto. Das würde ich unterschreiben. Schau mal, ich genieße jeden Tag, jede Sekunde davon. Ich hatte nie viel Geld, trotzdem hatte ich immer alles, was ich brauchte, um glücklich zu sein. Ich habe alles getan, was ich immer tun wollte. Wenn Gott mich ruft, bin ich bereit und kann in Frieden gehen.«

»Das ist ein schönes Gefühl, hmm?«

»Mein Junge, dieses Gefühl gibt mir Kraft. Ich kann das nicht bei vielen Menschen erkennen. Nicht hier in der Favela, nicht bei den Reichen in Ipanema. Ein glückliches Leben ist keine Frage des Geldes oder der Herkunft, sondern was du aus jedem einzelnen Tag, der dir von Gott geschenkt wird, machst. Meine schöne Frau kocht mir später Feijão com Arroz. Für viele Menschen ist das einfach nur Reis mit Bohnen. Für mich ist es eine leckere Köstlichkeit, für die ich dankbar bin. Und wer weiß, vielleicht gibt es später ja auch noch ein Stück Nusskuchen für mich.«

Numo lachte mich an, und ich lachte zurück. Nach einer Weile des gemeinsamen Schweigens sagte er: »Mein alter Herr, möge er in Frieden ruhen, hat mir vor vielen, vielen Jahrzehnten – ich war viel jünger als du, noch ein Kind – etwas gesagt, was mich immer begleitet hat und was ich gerne an dich weitergeben möchte. Es waren zwei Sätze: ›Mögest du in interessanten Zeiten leben. Und mögest du finden, wonach du suchst.‹«

Ich bedankte mich dafür und wiederholte die Sätze ein paar Mal in meinem Kopf, um sie sicher abzuspeichern. Dann schauten wir wieder den Äffchen beim Herumblödeln zu und schwiegen zufrieden, während in weiter Ferne langsam, aber sicher die Sonne im Meer verschwand.

Was brauchst du eigentlich für ein erfülltes Leben?

Während ich mit dem alten Mann zusammensaß und seinen Geschichten und Lebensweisheiten lauschte, kam mir oft eine Kurzgeschichte von Heinrich Boll in den Sinn. Heinrich Böll, einer der bedeutendsten deutschen Schriftsteller aller Zeiten, der 1972 den Nobelpreis für Literatur erhielt, hatte sie neun Jahre zuvor unter dem Titel »Anekdote zum Senken der Arbeitsmoral« verfasst. Sie handelt von einem Touristen und einem Fischer und zwei unterschiedlichen Sichtweisen auf das Leben.

Falls du sie nicht kennst, möchte ich sie dir gerne in meinen Worten nacherzählen:

Ein Tourist aus der Stadt machte Urlaub in einem kleinen Fischerdorf. Er stand am Pier und sah, wie ein kleines Boot mit einem Fischer an Bord anlegte. Der Tourist gratulierte ihm zu seinem guten Fang und fragte, wie lange er dafür gebraucht hatte.

Der Fischer antwortete: »Nur ein paar Stunden. Nicht lange.«

Daraufhin fragte der Tourist, warum er nicht länger auf dem Meer geblieben sei, um noch mehr zu fangen. Der Fischer sagte, ihm würden diese Fische reichen, um seine Familie die nächsten Tage zu versorgen. Der Tourist wiederum fragte: »Aber was tun Sie denn mit dem Rest des Tages?«

Der Fischer, der ungefähr so alt war wie der Tourist, lächelte und sagte: »Ich schlafe morgens aus, gehe ein bisschen fischen, spiele mit meinen Kindern, mache mit meiner Frau nach dem Mittagessen eine schöne Siesta, gehe im Dorf spazieren, trinke dort ein Gläschen Wein und spiele Gitarre mit meinen Freunden. Sie sehen, ich habe ein erfülltes Leben.«

Der Tourist aber schüttelte den Kopf und erklärte: »Hören Sie, ich bin ein Experte auf meinem Gebiet. Ich könnte Ihnen helfen, Ihr Geschäft zu optimieren. Sie sollten unbedingt mehr Zeit mit dem Fischen verbringen und von dem Erlös dann ein größeres Boot kaufen. Mit dem Gewinn, der wiederum damit entsteht, könnten Sie mehrere Boote kaufen, bis Sie eine ganze Flotte besitzen. Statt den Fang dann an einen Händler zu verkaufen, könnten Sie direkt an eine Fischfabrik liefern und nach einer Weile schließlich eine eigene Fischfabrik eröffnen. Sie könnten Produktion, Verarbeitung und Vertrieb selbst kontrollieren. Sie könnten dann auch in die Hauptstadt ziehen, von wo aus Sie Ihr florierendes Unternehmen leiten – als wohlhabender und hoch angesehener Geschäftsmann.«

Der Fischer hörte sich diesen Vorschlag an, überlegte kurz und fragte: »Was schätzen Sie, wie lange würde das dauern?«

Der Tourist überlegte kurz und antwortete: »Zehn bis fünfzehn Jahre.«

Der Fischer lächelte und fragte: »Und was dann?«

Der Tourist lachte laut und sagte: »Dann, mein Freund, kommt das Beste. Wenn die Zeit reif ist, könnten Sie mit Ihrem Unternehmen an die Börse gehen, Ihre Unternehmensanteile teuer verkaufen und sehr reich werden. Sie könnten Millionen verdienen.«

Der Fischer nickte anerkennend und sagte: »Millionen, wow! Das hört sich toll an. Und was dann?«

Der Tourist antwortete: »Dann könnten Sie endlich aufhören zu arbeiten. Sie könnten in ein kleines Fischerdorf ans Meer ziehen, morgens lange ausschlafen, ein bisschen fischen gehen, mit Ihren Kindern spielen, eine Siesta mit Ihrer Frau machen, im Dorf spazieren gehen, am Abend ein Gläschen Wein genießen und mit Ihren Freunden Gitarre spielen.«

Und der Fischer sagte: »All das mache ich doch schon. Jetzt, heute. Wofür brauche ich denn dann das viele Geld?«

Wenn ich morgens bei herrlichem Sonnenschein aufgewacht bin, aus den Favela-Lautsprechern die zuckersüße Stimme von Sade ertönte, Numo gegenüber schon Kaffee gekocht hatte, seine Frau mir zuwinkte und weit in der Ferne das Meer glitzerte, dann war die Welt für einen Augenblick tatsächlich vollkommen in Ordnung. Vielleicht war das die Lektion, die ich in Rio lernen sollte: wahrhaftig den Moment zu genießen, nur im Jetzt zu leben und mich von meinen wirren Gedanken nicht kontrollieren zu lassen. Für die besten Dinge des Lebens braucht man selten viel Geld, aber den Mut, eine echte Entscheidung zu treffen.

Als fremder Besucher an einem solchen Ort zu wohnen, wenn auch nur einen Sommer lang, hat vieles in mir geradegerückt, was vorher verschoben war. Wenn man seine Komfortzone verlässt und seine persönlichen Grenzen verschiebt, bekommt man immer ein neues Verhältnis zu seinem Leben, nimmt vieles nicht mehr für selbstverständlich und wird gelassener. Eines Morgens hat eine Polizeieinheit unseren Straßenzug gestürmt und einen gekidnappten Juwelier befreit, der drei Häuser weiter über mehrere Wochen gefangen gehalten wurde. Solche Ereignisse findet man in den ersten Tagen noch spannend, später geht man in seinen Flipflops runter zum Laden und kauft für alle Brötchen und Käse fürs Frühstück ein. Es ist erstaunlich, wie schnell man sich an neue Umstände gewöhnen kann. Ich kam mir wie ein Pendel vor, das zwischen zwei Welten hin- und herschwankte. Eine permanente Achterbahnfahrt der Gefühle. Das Schwierige dabei war, sich nicht schuldig zu fühlen, sich immer wieder bewusst zu machen, dass man als weißer Mann für das Elend und die vielen sozialen Ungerechtigkeiten auf der Welt nicht persönlich verantwortlich ist. Ich habe das nicht immer geschafft. Wenn du siehst, wie einfache Straßenhändler, die nur ihre selbst gebackenen Kuchen an der Copacabana verkaufen wollen, brutal von der Polizei zusammengeschlagen werden, weil sie nicht in das Bild des neuen sauberen Rios passen, das der Bürgermeister gerne der Welt zur anstehenden Fußball-Weltmeisterschaft präsentieren möchte, dann geht das nicht spurlos an dir vorbei. Wenn die Kinder aus der Favela nicht mehr in die Schule geschickt werden, weil ihre Eltern die Hoffnung auf ein besseres Leben längst aufgegeben haben; wenn ein Mädchen aus der Favela, das beim Klauen erwischt wurde, als Strafe von einigen Polizisten vergewaltigt wird; wenn alte Menschen hungernd im Dreck liegen, elendig verrecken und niemand etwas dagegen unternimmt, dann kannst du den Hass dieser armen Leute auf das korrupte System verstehen. Tagsüber konnte ich die Tränen unterdrücken, aber nachts, wenn es ruhig wurde und sich die Gedanken nicht mehr verstecken konnten, kamen sie oft raus.

> *»Das Leben ist entweder ein wagemutiges Abenteuer oder nichts.«*
>
> HELEN KELLER

Ich habe den Voodoozauber des Afrokults miterlebt, musste zur allgemeinen Belustigung die täglichen Anmachversuche von Luara, einer schrägen Zigeunerin, abwehren, die in mir einen neuen Vater für ihre sieben Kinder sah. Ich war auf legendären Baile-Funk-Partys, habe zusammen mit den Einheimischen die Spiele der EM 2012 verfolgt, tanzte bei einem Samba von Júnior mit, einem der berühmtesten brasilianischen Fußballer aller Zeiten, und habe mich von den wunderbaren Klängen der alten Männer aus dem Casa do Compositor, dem Buena Vista Social Club von Rio de Janeiro, verzaubern lassen. Ich konnte all das nur deswegen erleben, weil ich meine Angst überwunden habe und einfach aufgebrochen bin. Schicksal, überrasche mich! Ich habe nicht alles verstanden, was ich in Rio gesehen habe, aber das musste ich auch nicht. Ein weiser Mann sagte einmal: »Falls Gott die Welt geschaffen hat, war seine Hauptsorge sicher nicht, sie so zu gestalten, dass wir Menschen sie verstehen können.« Letícia, eine Freundin aus der Favela, sagte solche Sätze auch ständig zu mir. Ich solle es gar nicht erst versuchen. Unsere Welten seien dafür zu verschieden. Dabei wollte ich sie so gerne verstehen. Ihr Lächeln verzauberte mich jeden Tag, obwohl ihre Lebensumstände alles andere als zauberhaft waren. Sie war so viel stärker als ich. Zurück in Berlin musste ich noch lange an sie denken. Vielleicht muss man das Leben wirklich nicht verstehen. Vielleicht reicht es, sich halbwegs darin zurechtzufinden, guten Espresso zu trinken, Dankbarkeit zu empfinden und Liebe in die Welt zu schicken … und Samba zu hören. Ja, Samba hilft auf jeden Fall. Ich bleibe noch ein bisschen hier stehen. An der Grenze. Ich muss sie ja nicht mehr überschreiten. Es reicht mir, die Aussicht zu genießen. Vielleicht meinte das die Stimme, als sie sagte, ich solle die Perspektive wechseln.

Dieses bescheuerte Herz

Das Leben hat die Angewohnheit, uns alle von Zeit zu Zeit in schwierige Situationen zu stecken. Ob du reich oder arm bist, alt oder jung, gesund oder krank, all diese Kategorien spielen dabei keine übergeordnete Rolle. Jeder bekommt andere Fragen gestellt, und jeder muss darauf seine eigenen Antworten finden. Auch in diesem Spiel gibt es kein Richtig oder Falsch. Trotzdem versagen so viele Menschen dabei, weil sie krampfhaft versuchen, Antworten, die andere für sich gefunden haben, einfach zu kopieren. Sie ignorieren die Tatsache, dass jeder von uns ein anderes Aufgabenpapier erhalten hat, und jagen einem Traum hinterher, der nicht ihr eigener ist. Ich bin der Meinung, dass all diese Prüfungen, vor denen wir immer wieder aufs Neue stehen, nicht ohne Grund passieren. Gott, das Universum, die Natur –

wie auch immer du diese Energie nennst – möchte, dass du an diesen Aufgaben wächst. Sie möchte, dass du stärker wirst. Sie möchte, dass diese Erfahrung dein Leben bereichert. Ob du dieses Spiel gewinnst oder verlierst, hängt ganz davon ab, wie bewusst du in den entscheidenden Momenten bist und wie sehr du bereit bist, immer mal wieder deinen festgetretenen Pfad der Gewohnheit zu verlassen, um zu improvisieren.

> »*Deine schwersten Zeiten führen oft direkt zu den größten Momenten deines Lebens.*«
> RZA (Wu-Tang Clan)

Eine Ente und ein Zen-Meister

Eckhart Tolle kündigte seine Wohnung und seinen Job und verbrachte zwei Jahre auf einer Parkbank in London, »voller Staunen über das Wunder des Lebens, in einem Zustand tiefen Friedens und tiefer Glückseligkeit«, wie er es selbst beschrieb. Der Buddha verließ ebenfalls seinen Palast, um neunundvierzig Tage lang unter einem großen Bodhibaum zu sitzen, in Stille die Welt zu beobachten, erleuchtet zu werden und nebenbei noch den Buddhismus zu erfinden. Ich schaffte es nach meiner Zeit in Rio immerhin, zwei Wochen lang im Café um die Ecke meiner Wohnung zu sitzen, in Erinnerungen zu schwelgen und Löcher in den Berliner Himmel zu starren. Wie sah mein nächster Schritt aus? Was hatte dieser Sommer im großen Kontext zu bedeuten? Mir war schon klar, dass jener Tag, an dem man einen Samen sät, nicht der gleiche ist, an dem man die Frucht erntet – aber wie lange sollte ich noch warten? Wann kam das nächste Zeichen auf meiner Suche nach Erkenntnis?

Ich möchte dir an dieser Stelle eine kleine Anekdote über einen Mann erzählen, der ich gewesen sein könnte. Im Kopf dieses Mannes befanden sich viele Fragen und haufenweise wirre Gedanken. Eines Tages hielt er dieses Drama nicht mehr aus, klopfte an die Tür eines Zen-Meisters und bat um Rat.

»Ich habe gehört, Sie haben den Schlüssel zum inneren Frieden gefunden«, sagte er. »Wo finde ich den bitte? Mein Leben ist aus dem Gleichgewicht geraten. Alles ist verrückt geworden. Ich muss das Geheimnis herausfinden, sonst drehe ich noch durch.«

Der Zen-Meister lächelte und sagte freundlich: »Ich verstehe. Hier, nehmen Sie das!« Er überreichte dem Mann eine Ente, die in einer Glasflasche schwamm. »Wenn Sie wirklich hinter das Geheimnis eines ausgeglichenen Lebens voller Frieden kommen wollen, dann müssen Sie folgende Aufgabe lösen: Finden Sie heraus, wie Sie die Ente aus der Flasche bekommen, ohne dem Tier zu schaden und ohne das Glas zu zerbrechen.«

Der Mann, der ich gewesen sein könnte, schaute entgeistert drein. Schließlich sagte er: »Das ist völlig unmöglich!« Trotzdem nahm er die Flasche mit der Ente mit nach Hause und versprach dem Zen-Meister, in einer Woche wiederzukommen.

Er hielt Wort. Als er wieder vor dem Meister stand, sah er völlig fertig aus, müde, ausgelaugt, ohne Energie. »Es ist unmöglich«, sagte er erneut. »Ich habe alles probiert, wirklich alles.«

Der Zen-Meister schickte den Mann wieder fort, ohne aber die Flasche mit der Ente zurückzunehmen. Der Mann verschwand, stand jedoch nach einigen Tagen wieder vor dem Meister und war kurz vor einem Nervenzusammenbruch. »Ich werde diese verdammte Flasche jetzt zerbrechen. Ich ...«

Der Zen-Meister legte ihm zur Beruhigung seine Hand auf die Schulter und sagte: »Kommen Sie in einer Woche wieder. Und vergessen Sie nicht, die Flasche mitzunehmen.«

Als der Mann das nächste Mal vor dem Meister stand, war er wie ausgewechselt. Er sah gesund aus, vollständig mit sich im Reinen und strahlte fast selbst schon eine zenartige innere Ruhe aus.

»Ich habe das Geheimnis des inneren Friedens tatsächlich gefunden«, strahlte der Mann und bedankte sich bei seinem Meister. Er gab ihm die Flasche mit der Ente zurück und sagte: »Es ist nicht meine Ente, und es ist auch nicht meine Flasche. Nichts davon gehört zu mir. Ich habe die Lektion verstanden.«

Ich beobachtete die Enten, die entspannt in der Spree schwammen, und suchte weiter nach meinem persönlichen Zen-Meister. Er würde schon auftauchen. Ich musste nur die Ruhe bewahren. Eckhart Tolle hatte mir bei unserem Abendessen erzählt, dass er schon mit vielen großen Zen-Meistern zusammengelebt habe und dass es allesamt Katzen waren. Katzen als Zen-Meister? Ich war schon immer ein Hundefreund. Außerdem bin ich gegen Katzenhaare allergisch. Während ich noch ein bisschen über die Geschichte mit der Ente in der Flasche und ihre Bedeutung nachdachte, bekam ich eine SMS: »Hallo, Lars, ich bin am Donnerstag in Berlin. Hast du Lust auf einen spontanen Kaffee?«

Ich hatte Ester einige Jahre zuvor bei einer Lesung in der Nähe von Hannover kennengelernt. Sie sammelte ehrenamtlich Spenden für ein Hamburger Kinderhospiz und war auf allen möglichen Veranstaltungen im Einsatz, um auf ihre Arbeit und vor allem auf die sterbenskranken Kinder und deren Familien aufmerksam zu machen. Ich hatte ihr einmal eine große Tasche mit Plüschtieren vorbeigebracht, aber sonst nicht weiter an sie gedacht. Ich freute mich über diese unerwartete Einladung, und da ich nichts zu tun hatte, verabredeten wir uns am Savignyplatz auf einen Espresso. Stolz erzählte sie mir, dass ihr Team vor Kurzem mit einem Bambi in der Kategorie »Stille Helden« ausgezeichnet worden war und nun ein Treffen mit dem Bundespräsidenten anstünde.

»Und bei dir so?«, lächelte sie.

Die berühmte Frage.

Ich erzählte vom verrücktesten Sommer meines Lebens, meinen Depressionen, meiner Sinnsuche. Ich hielt nichts zurück und packte all meine Gedanken auf den kleinen runden Terrassentisch, der – typisch Berlin – mitten auf dem Bürgersteig stand. Nachdem sich Ester meine Geschichten angehört hatte, begann sie, von einem Jungen zu erzählen, der neu bei ihnen im Kinderhospiz war. Er hieß Daniel und war fünfzehn Jahre alt. Er war in Südafrika mit einem schweren Herzfehler geboren worden, lebte aber mit seiner Mutter schon seit vielen Jahren in Hamburg. Er habe einen Magenverschluss und eine schwere Skoliose, weswegen eine Eisenstange an seiner krummen Wirbelsäule festgeschraubt sei. Dazu sei er Bluter, habe zwei Blutgerinnsel im Kopf, müsse ständig eine Sauerstoffflasche mit sich herumtragen, wurde schon zehnmal operiert, müsse ein Korsett tragen und täglich über zwanzig Tabletten einnehmen. Die Liste seiner Erkrankungen nahm kein Ende. Dazu nicht ganz unkomplizierte Familienverhältnisse, keine Freunde, Mobbing in der Schule, keine hohe Lebenserwartung. Als Ester dann auch noch beschrieb, wie dieser sterbenskranke Junge den ganzen Tag in seinem Zimmer sitzen würde, um auf den Tod zu warten, fühlte es sich an, als ob mir jemand mit einem Baseballschläger mit voller Wucht auf den Kopf geschlagen hätte. Die Bilder, die vor meinem geistigen Auge auftauchten, überwältigten mich. Ich bekam auf der Stelle eine Gänsehaut und fühlte mich auf eine sonderbare Weise schuldig. Ich brachte kaum ein Wort heraus. Ich glaube, ich konnte Ester in dem Moment nicht einmal in die Augen sehen. Da gab es diesen Jungen, der alles dafür geben würde, um nur einen Tag in meinen Schuhen zu laufen, und der wirklich jeden Grund hatte, sein Schicksal zu verfluchen, auf die Welt zu schimpfen und das Leben ungerecht zu finden, und was tat ich? Ich konnte all das Schöne, das schon die ganze Zeit um mich herum existierte, nicht erkennen, weil ich mich auf einer nicht enden wollenden Hetzjagd nach noch mehr befand – mehr Sex, mehr Geld, mehr Glück, mehr Erfolg, mehr Anerkennung, mehr, mehr, mehr. Fuck, fuck, fuck!

»Wenn du möchtest, dann frag ich seine Mama, ob du ihn für einen Tag besuchen darfst.«

»Meinst du, das würde gehen?«, fragte ich.

»Du müsstest eben zu uns ins Hospiz kommen.«

»Klar, das mach ich. Sofort! Wann?«

»Echt? Wie klasse. Sobald ich mit Debbie gesprochen habe, gebe ich dir Bescheid, okay?«

»Und ob das okay ist.«

Zum ersten Mal, seit ich wieder zurück in Berlin war, hatte ich tatsächlich das Gefühl, etwas Sinnvolles zu tun. Ich wusste zwar nicht, was genau das sein würde, aber die Idee fühlte sich gut an. Viel besser als diese sinnlose Suche nach dem Sinn des Lebens oder irgendwelchen Zen-Meistern. Schon am nächsten Morgen wachte ich mit guten Nachrichten auf. Ester hatte mir eine SMS mit der Telefonnummer von Daniels Mutter geschickt: »Ruf sie an. Hab ihr von dir erzählt. Sie freut sich schon.«

Am frühen Nachmittag gab ich die Nummer ein. Ich hatte keinerlei Erwartungen und auch keine Vorstellung davon, was geschehen würde. Ich dachte nur: »In einer halben Stunde geht die Bundesliga los, ein bisschen quatschen, mal kurz Hallo sagen, das schaffe ich locker bis dahin.« Das Telefonat mit Debbie dauerte über drei Stunden. Sie erzählte mir sofort ihre halbe Lebensgeschichte. Tränen flossen auf beiden Seiten, und im Hintergrund sprang ständig ein aufgeregter Junge auf dem Sofa herum, der immerzu rief: »Berlin, Berlin, ich fahre nach Berlin.« Natürlich wollte er das. Wer will das nicht? Erst mal würde ich aber nach Hamburg fahren. Wir vereinbarten, dass ich am Montag ins Kinderhospiz kommen und für ein paar Tage in der Stadt bleiben würde. Ich hatte noch immer keine genaue Idee davon, was ein Kinderhospiz überhaupt war und wie Daniels Leben zwischen Krankenhaus, Schule und Arztterminen aussah. Hier und da ein bisschen Blödsinn machen, ihn für einige Augenblicke seinen Kummer vergessen lassen, vielleicht gemeinsam mit meinen Hamburger Freunden eine Pizza essen und wieder zurück nach Berlin fahren – so war der Plan. Kurz bevor wir auflegten, zeigte Debbie ihrem Sohn noch ein Facebook-Foto von Rapper 50 Cent und mir, und ich hörte, wie Daniel ihr ins Ohr flüsterte: »Mama, wie cool! Welcher von den beiden ist es denn?«

Am Montag stand ich, wie vereinbart, kurz nach fünfzehn Uhr vor der Tür des Kinderhospizes und drückte auf die Klingel. Ich gebe zu, dass ich etwas aufgeregt war. Was dann passierte, lässt sich schwer in Worte fassen und mit dem rationalen Verstand kaum erklären. Die Tür ging auf. Ich war noch nicht einmal richtig eingetreten, da hörte ich auch schon ein lautes »Laaaaaaars« aus der Mitte des Aufenthaltsraumes. Daniel kam mit voller Geschwindigkeit auf mich zugerannt und sprang zur Begrüßung direkt in meine Arme. Ich ließ meine Tasche auf den Boden fallen und warf den Krankenschwestern einen leicht überforderten Blick zu. Ein rothaariges Äffchen hing an meinem Hals und machte nicht die leisesten Anstalten loszulassen.

»Endlich bist du da«, sagte Daniel. Er sah mir dabei in die Augen und klammerte sich noch fester an mich. Mir lief ein Schauer puren Glücks über den Rücken, und ich spürte, dass hier gerade etwas Besonderes geschah. Dieser kleine dünne Junge mit den glänzend roten Haaren und den vielen winzigen Sommersprossen im Gesicht, der Zahnlücke und dem frechen Lausbubengrinsen sah aus wie ich, als ich in seinem Alter war. Dieser Junge hätte ich sein können. All diese schlimmen Krankheiten hätten auch mich treffen können. Das Schicksal hätte sich auch mich aussuchen können. Es fühlte sich an, als sei ich lange fort gewesen, auf einer Reise am anderen Ende der Welt, und jetzt zu meinem kleinen Bruder zurückgekehrt.

Ein magischer Moment.

> *»Du kannst dir nicht aussuchen,*
> *wie du stirbst.*
> *Oder wann.*
> *Du kannst nur entscheiden,*
> *wie du lebst. Jetzt!«*
>
> JOAN BAEZ

Daniel stellte mich den Krankenschwestern vor und führte mich im Schnelldurchgang durch das Hospiz. Er hatte keine Zeit zu verlieren. An einer großen Wand hingen unzählige Fotos von Babys und kleinen Kindern, und Daniel erklärte mir, dass sie alle bereits gestorben waren. Sein Foto klebte ein paar Meter weiter an der nächsten Wand. Nach seinem Tod würden sie es abnehmen und rüber zu den anderen Kindern hängen, sagte er ganz selbstverständlich und zeigte auf eine Trauerkerze, die am Boden neben dem Eingang stand. Stirbt ein Kind, wird diese Kerze als Zeichen des Respekts angezündet.

»Damit wir sie nicht vergessen und immer an sie denken, weil wir sie ja immer noch lieb haben, auch wenn sie jetzt im Himmel sind.«

Daniel lächelte. Für ihn waren solche Gespräche völlig normal. Er kannte nichts anderes. Das war seine Lebensrealität. Ich hingegen musste mich zusammenreißen, um nicht auf der Stelle vor versammelter Mannschaft in Tränen auszubrechen. Mein Blick richtete sich wieder zur Wand der toten Kinder. Es waren so viele. So viele unerfüllte Träume. So viele Jahre, Monate und Tage, die nicht mehr mit Erinnerungen gefüllt werden konnten. So viel Leben, das nicht gelebt werden durfte. Der Reality Check traf mich mit voller Wucht. Ich atmete durch und nahm eine selbstgemalte Postkarte in die Hand, die gegen eine kleine Buddhafigur lehnte. Darauf stand in großen Buchstaben:

> Das Glück liegt in meinen Händen. Ich bin dankbar dafür, dass ich trotz meiner Krankheit laufen und sehen kann und all die schönen Dinge genießen darf, die das Leben mir gibt. Ob ich sie genieße, liegt allein an mir.

Daniel saß mittlerweile auf einem Stuhl, und eine Krankenschwester überprüfte seinen Blutdruck. Ich stellte die Karte zurück an ihren Platz und nutzte die Gelegenheit, um kurz durchzuatmen. Im Spielzimmer entdeckte ich ein überdimensional großes Sitzkissen und ließ mich rücklings hineinfallen. Ich zog mein iPhone aus der Hosentasche, öffnete meine Facebook-Seite und schrieb an meine Pinnwand:

Wir wurden an einem Tag geboren.

Wir werden an einem Tag sterben.

Wir können unser ganzes Leben an einem Tag ändern.

Wir können uns an einem Tag verlieben.

Wir können an einem Tag den langersehnten Traumjob bekommen.

Wir können an einem Tag alles gewinnen, wofür wir so lange gekämpft haben.

Wir können an einem Tag alles finden, wonach wir so lange gesucht haben.

Alles kann an einem einzigen Tag passieren.

Denke immer daran, wenn dich die Hoffnung kurz verlässt: Dein Tag wird kommen.

Du wirst diese eine Chance erhalten, die dein Leben für immer verändern wird.

Sei darauf vorbereitet.

Jeden Tag.

Darin liegt das Geheimnis.

»Was schreibst du da?«, fragte Daniel, der schon wieder quietschfidel vor mir stand.

Ich sah nach oben und stellte eine Gegenfrage: »Na, Doktor-Check abgeschlossen?«

»Ja, alles gut. Meine Lippen waren nur wieder lila. Das passiert schnell, wenn ich zu viel herumtobe. Aber Action ist geil, deswegen mach ich's trotzdem«, erklärte er, als wäre es das Normalste der Welt. Für ihn war es das ja auch.

»Hehe, das verstehe ich«, lächelte ich.

»Also sag, was hast du da geschrieben?«

»Ach, nur was für mich, für mein Tagebuch, als Erinnerung, damit ich's nicht vergesse. Ich bin nämlich schon alt, weißt du, steinalt.«

»Du bist dinosaurieralt.«

»Bruder, du sagst es«, grinste ich und schob mein Handy zurück in die Hosentasche.

»Wie lange bleibst du bei mir?«

»Bis Freitag. Also, wenn du es so lange mit mir aushältst.«

»Ja, das werde ich«, lachte Daniel und legte sich vorsichtig neben mich in das Sitzkissen. »Ganz bestimmt.«

Später zeigte mir Daniel noch in allen Details, wie seine Sauerstoffflasche funktionierte und wie ich sie im Notfall anzuwenden hätte, besiegte mich zehnmal nacheinander im Tischfußball und gab mir hochoffiziell den Namen »Lusche des Jahres«. Der Junge hatte es faustdick hinter den Ohren. Ich wusste, dass wir viel Spaß haben würden.

Am Abend setzte uns ein Fahrer mit dem Hospizauto vor Daniels Zuhause ab, wo seine Mutter und ihr Mann bereits auf uns warteten. Das Gefühl, das ich schon nachmittags beim Betreten des Kinderhospizes hatte, wiederholte sich auf eine sonderbare Weise, die ich selbst nicht erklären kann. Nichts fühlte sich fremd an. Debbie umarmte mich zur Begrüßung, wie man nur ein Familienmitglied umarmt. Ein angenehmes Gefühl der Wärme stieg in mir auf. Dann begannen jedoch meine Nase zu kribbeln und meine Augen zu brennen, und nachdem ich eine schnelle Runde durchs Wohnzimmer gedreht hatte, fand ich auch den Grund dafür heraus. Ich hatte meine Zen-Meister gefunden.

»Darf ich vorstellen?«, grinste Daniel und hielt mir ein schwarzes Wollknäuel vors Gesicht. »Das ist Rocky, Katze Nummer eins. Da drüben bei Papa liegt Sina, Katze Nummer zwei.«

»Na, fantastisch«, sagte ich und legte instinktiv meinen Rückwärtsgang ein, um so schnell wie möglich aus dem Gefahrenbereich zu verschwinden. Ich brachte meine Tasche in das Gästezimmer nebenan und setzte mich auf das kleine Bett – Daniels altes Kinderbett, das Debbie für mich mit einer gelben Spongebob-Bettwäsche bezogen hatte, und sah aus dem Fenster. Es war schon dunkel. Hollywood-Legende Shep Gordon, den ich sehr bewundere, sagt in dem Buch *Was im Leben wichtig ist* von Richard Reed: »Folge deinem Glück. Wenn du ein gutes Leben willst, musst du herausfinden und dann ausschließlich tun, was dich glücklich macht. Geh in einen Raum, einen dunklen Raum, ganz allein, jeden Tag mindestens dreißig Minuten lang. Und dann sitz dort im Dunkeln und denk nach (…), bis du es herausgefunden hast.«

Ich dachte nach und fühlte mich, nicht nur oberflächlich, sondern tief im Herzen, tatsächlich glücklich. Ich konnte nicht sicher sagen, ob es vielleicht nur eine Momentaufnahme war, aber diesen kranken Jungen nur durch meine Anwesenheit zum Lachen zu bringen fühlte sich richtig an – richtig gut. Nicht eine Sekunde hatte ich an diesem Tag an meine Traurigkeit gedacht, nicht eine Sekunde über die Probleme, die ich all die Monate vorher permanent selbst erschaffen hatte, nicht eine Sekunde hatte ich Angst vor der Zukunft. Alles, was zählte, waren die Momente im Jetzt.

Es klopfte an der Tür.

»Darf ich zu dir reinkommen?«, fragte Daniel und schob seinen Kopf schon halb durch die Tür.

»Ich komme gleich raus«, sagte ich. »Lass mich bitte kurz noch was erledigen, ja?«

»Okay.«

Daniel schloss die Tür, und ich kehrte zu meinen Gedanken zurück. Von seiner Mutter und den Krankenschwestern wusste ich, dass sich Daniel in einer äußerst kritischen Phase befand. Seine Herzleistung, die zu diesem Zeitpunkt nur noch bei 26 Prozent lag, nahm von Monat zu Monat immer weiter ab, und die Abstände, in denen der Notarzt kommen musste, wurden ebenfalls immer kürzer. Daniel war ein tapferer Junge, aber er sah einfach keinen Grund mehr weiterzukämpfen. Und ich konnte ihn so gut verstehen. Wenn er aus dem Fenster blickte, dann sah er dort lauter Dinge, die für ihn unerreichbar waren: Nachbarskinder, die sich aufmachten, um mit ihren BMX-Rädern durch den angrenzenden Wald zu cruisen; Kumpels, die sich nach der Schule trafen, um gemeinsam Quatsch zu machen und zum Fußballtraining zu gehen; Mädchen und Jungs, die heimlich knutschten und von der ersten großen Liebe träumten. Der ganze Spaß war für die anderen reserviert. Für Daniel blieb nur der Bullshit übrig: Krankenhaustermine, Tabletten nehmen, Schmerzen haben. Dass er mit seinem Krankheitsbild das Erwachsenenalter erreichen würde, war zwar seit jeher unwahrscheinlich gewesen, aber aufgrund der aktuellen Lage war sogar der nächste Geburtstag in Gefahr. Daniel hatte keine Zeit mehr. Ich hingegen hatte schon zu viel davon verschenkt. Doch damit sollte nun Schluss sein. Bis zu seinem sechzehnten Geburtstag im Februar waren es noch sechs Monate. Ich konnte seine Krankheiten nicht heilen, das war mir klar, aber ich konnte alles in meiner Macht Stehende tun, dass er ab sofort die beste Zeit seines Lebens haben würde.

Eine »Bucketlist« musste her, eine Wunschliste mit all seinen Träumen und unerfüllten Sehnsüchten, die wir Schritt für Schritt abhaken würden. Ich saß auf dem alten Kinderbett, schaute auf die vielen Babyfotos von Daniel, die eingerahmt auf dem Fensterbrett standen, und traf in dieser Sekunde die Entscheidung, der große Bruder für ihn zu sein – bis zum letzten

Tag. Doch um das wirklich durchziehen zu können, musste ich dringend die Situation mit den beiden Zen-Meistern aus dem Wohnzimmer lösen. Sie würden ja nicht freiwillig das Feld räumen, weswegen ich improvisieren musste. Aus einem Reflex heraus schloss ich meine Augen und begann in Stille zu meditieren. Ich hatte keine Ahnung, was genau ich tat, ich folgte einfach dem Ruf meines Herzens. Während der Meditation traf ich mit mir selbst die Vereinbarung, gegen die Haare der Katzen immun zu sein. Ich formulierte in meinen Gedanken ein klares, eindeutiges und übergeordnetes Ziel – Zeit mit Daniel zu verbringen –, und dieses Ziel war größer als jedes noch so große Hindernis. »Immer einmal mehr«, sagten wir früher als Kinder dazu. Wie in einem Kartenspiel hielt ich den stärksten aller Trümpfe in meinen Händen und konnte mit ihm alles mir im Weg Stehende ausstechen. Ich erschuf, wie in einem Marvel-Comic, meinen eigenen unsichtbaren Schutzschild, denn ich wusste, dass dieses Abenteuer sonst nicht funktionieren würde. Ich aktivierte den Schild, öffnete meine Augen und ging in aller Seelenruhe rüber zu Daniel und seiner Mama in die Küche, wo die Zen-Meister gerade ihr Abendessen bekamen.

> *»Die einzige Möglichkeit, etwas vom Leben zu haben,*
> *ist, sich mit aller Macht hineinzustürzen.«*
> ANGELINA JOLIE

Die nächsten Tage waren zwar vollgepackt mit Terminen – Schule, Kinderhospiz, Blutabnahme und Nachkontrolle im Krankenhaus, Herzuntersuchung beim Kinderarzt –, aber in jeder freien Minute, in der sich Daniel kräftig genug fühlte, waren wir irgendwo draußen unterwegs, um etwas zu erleben. Das Elbe-Einkaufszentrum lag nur wenige Busstationen von Daniels

Zuhause entfernt, weswegen wir immer wieder dort landeten. Daniel liebte diesen Ort. Er kannte jeden Laden in- und auswendig, wusste über alles Bescheid, und viele Verkäuferinnen winkten ihm zu, wenn wir an den Geschäften vorbeiliefen. All das gab ihm ein Gefühl von Sicherheit. Als wir nach unserem Termin im Krankenhaus wieder durch das Einkaufszentrum schlenderten, blieb Daniel plötzlich stehen.

»Sieh mal da vorne!«, sagte er und hielt sich dabei die Hand vor den Mund. »Aber guck nicht so auffällig.«

Ich versuchte zu erahnen, was er meinen könnte, aber ich konnte nichts Besonderes erkennen.

»Was meinst du?«, fragte ich.

»Auf der Bank. Das Mädchen. Voll hübsch.«

Daniel hatte mir erzählt, dass er auf Blondinen stand, weswegen ich zuerst über das Mädchen mit den braunen Haaren hinweggesehen hatte, das auf einer Bank saß und in sein Handy schaute. Sie war vielleicht vierzehn oder fünfzehn Jahre alt, schwer zu sagen. Und er hatte recht. Sie war tatsächlich hübsch.

»Du hast einen guten Geschmack«, sagte ich und hielt mir beim Reden ebenfalls eine Hand vors Gesicht. »Geh zu ihr und frag für mich, ob sie eine große Schwester hat. Dann verabreden wir uns zu einem Geschwister-Doppel-Date.«

»Davon träumst du wohl«, sagte Daniel und gab mir seine Umhängetasche. »Warte hier, ich zeig dir jetzt, wie das geht. Und nein, ich frag sie nicht, ob sie eine Schwester hat.«

Er atmete kurz durch und ging schnurstracks auf sie zu. Der Junge traute sich was, so viel war klar. Ich stellte mich mit unseren Taschen neben einen Ladeneingang und beobachtete ihn. Er machte das gut, wirklich sehr gut. Schon nach wenigen Minuten kam er grinsend zurück und rief mir im Vorbeigehen zu: »Oh, mein Gott! Schnell weiter. Ich brauche was zu trinken.«

Ich hob seine Umhängetasche und den Rucksack auf, in dem sich das Sauerstoffgerät befand, und lief ihm hinterher. Daniel war mit der Rolltreppe schon nach oben in den ersten Stock gefahren und wartete dort auf mich.

»So wird das gemacht«, strahlte er bis über beide Backen und wedelte mit seinem Handy.

»Du bist ein echter Boss«, sagte ich und gab ihm ein High-Five. »Komm, lass uns hier bei dem Italiener gleich zu Mittag essen, und du erzählst mir alles.«

Wir bestellten eine große Pizza Margherita, zwei Coke Light mit Zitrone und ein Extraglas mit Eiswürfeln und ruhten uns erst mal aus. Daniels halbes Herz muss bei der Aufregung bis zum Anschlag gepocht haben. Ich war ja schon vom Zuschauen ganz außer Atem. Nachdem die Getränke kamen und sich unser Puls wieder normalisiert hatte, wollte ich alles ganz genau wissen.

»Was hast du zuerst gesagt?«, fragte ich. »Was war dein Opener?«

»Was meinst du damit?«, fragte Daniel zurück.

»Na, mit welchen Worten du sie angesprochen hast!«

»Zuerst einmal habe ich gelächelt. Dann habe ich gesagt: ›Hallo, ich bin Daniel. Und wie heißt du?‹«

»Das hast du gesagt?«, sagte ich halb überrascht, halb anerkennend. »Und sie, was hat sie geantwortet?«

»Sie hat ihr Handy runtergenommen und gesagt: ›Hi, ich bin Laura.‹ Dann habe ich sie gefragt, ob sie jetzt Zeit hat, und sie hat Nein gesagt, weil sie auf ihre Mutter wartet, die gerade Schuhe kaufen ist. Dann habe ich kurz überlegt und gefragt, ob sie morgen Zeit hat, aber da hat sie Reitunterricht. Obwohl sie schon zweimal Nein gesagt hatte, habe ich trotzdem nicht aufgegeben und gesagt: ›Also, wenn du heute keine Zeit hast und morgen auch nicht, dann musst du mir jetzt deine Nummer geben, damit wir uns schreiben können, weil irgendwann hast du ja Zeit.‹ Da hat sie mich kurz angeguckt und gesagt: ›Ja, stimmt. Gib mir dein Handy, ich speichere sie dir ab.‹«

»Wahnsinn!«, sagte ich voller Stolz. »Hast du das vorher schon mal gemacht? Ein fremdes Mädchen ansprechen, meine ich.«

»Nein, noch nie. Ich hatte schon ein bisschen Angst und so, aber was hätte ich denn sonst tun sollen?«

»Die meisten Erwachsenen wären einfach weitergelaufen.«

»Ja, weil die Erwachsenen auch behämmert im Kopf sind.«

»Keine Widerrede, Bruder. Keine Widerrede. Wir sind auf jeden Fall Team Peter Pan. Das steht fest. Forever Young, Baby!«

Dann kam unsere Pizza. Ich schnitt sie in kleine Teile, und Daniel nahm sich ein Stück.

»Weißt du, was das Problem von den Erwachsenen ist?«, sagte ich. »Sie haben etwas, das sich Ego nennt. Sie hätten in der Situation von dir eben innerhalb einer Sekunde hundert Ausreden gefunden, warum es keine gute Idee sei, eine fremde Frau anzuquatschen.«

»Was denn für Ausreden?«, fragte Daniel verwundert.

»›Die ist bestimmt verheiratet, so hübsch wie sie ist‹, oder: ›Ich weiß nicht, was ich sagen soll‹, oder: ›Was, wenn sie Nein sagt?‹, oder: ›Heute habe ich nicht die richtigen Klamotten an‹, oder: ›Was, wenn mich jemand dabei beobachtet, wie ich einen Korb bekomme?‹, oder: ›Ich bin total geschafft von der Arbeit und sehe fix und fertig aus‹ oder oder oder. Alles Ausreden, um nicht handeln zu müssen.«

Daniel sah mich irritiert an: »Aber du siehst dieses Mädchen doch sonst nie wieder.«

»Ich weiß das, und die anderen Erwachsenen wissen das auch. Trotzdem glauben sie dieser Stimme im Kopf, die zu ihnen spricht und all diese wilden Theorien aufstellt, die nicht einmal wahr sind. Dann gehen sie weiter, lassen die Chance ungenutzt und fühlen sich den restlichen Tag schlecht, weil sie sich völlig unnötig selbst einen Korb gegeben haben.«

Daniel nippte an seiner Coke. Er dachte über meine letzten Sätze nach und schüttelte schließlich verständnislos den Kopf.

»Aber Lars, wenn du nicht fragst, heißt die Antwort immer Nein!«

Daniel hatte das ganze Dilemma meiner Generation in nur einem Satz perfekt zusammengefasst: Wenn du nicht fragst, heißt die Antwort immer Nein! Dieser Satz berührte mich sehr, weil er mir erneut klarmachte, dass die Welt, wie Kinder sie sehen, so viel einfacher, schöner und ehrlicher ist. Wenn sie etwas nicht verstehen, fragen sie. Wenn sie etwas möchten, fragen sie. Wenn sie ein hübsches Mädchen auf einer Bank in einem Einkaufszentrum sitzen sehen und gerne ihre Handynummer hätten, fragen sie. Wie viele Erwachsene könnten heute ein besseres Leben führen, wenn sie in ihrer Vergangenheit den Mut gehabt hätten, diese eine Frage zu stellen? Wie viele Erwachsene könnten in der Zukunft ein besseres Leben führen, wenn sie heute den Mut haben würden, diese eine Frage zu stellen? Daniel konnte es sich nicht erlauben, wichtige Dinge auf morgen zu verschieben, weil er nie wusste, ob er den morgigen Tag noch erleben würde. Für ihn gab es nur das Jetzt. Augenblick für Augenblick. Atemzug für Atemzug. Eine Zukunft existierte in seiner Wahrnehmung nicht, weswegen sein voller Fokus stets auf der Gegenwart lag. Er war der Erleuchtung viel näher als ich, dachte ich immer wieder, wenn ich in seine Augen blickte, die so vieles noch nicht gesehen hatten, was diese Welt zu bieten hatte. Vielleicht war neben den beiden Katzen ja noch ein weiterer Zen-Meister in mein Leben getreten.

Daniel hatte mittlerweile über seine Wunschliste nachgedacht. Nachdem ich ihm einige Tipps gegeben hatte, von denen ich glaubte, dass sie ihm Spaß machen würden, schrieben wir alle Punkte auf ein großes Blatt Papier. Zuerst wollte Daniel es über seinen Schreibtisch hängen, aber dann erinnerte ich ihn daran, dass auch Dinge auf der Liste standen, die seine Mutter auf den ersten Blick bestimmt nicht so toll finden würde: Ein Mädchen nackt sehen … und küssen … eine Zigarette rauchen … Party feiern ohne Aufpasser … Daniel konnte gar nicht glauben, dass er das alles tatsächlich erleben würde, und war entsprechend aufgeregt. Ich auch, aber das verriet ich ihm natürlich nicht. Die Bucketlist, die aus fünfundzwanzig Punkten bestand, blieb für den Anfang unser Geheimnis. Als ich sie das erste Mal komplett durchlas, musste ich schon schlucken, denn Daniel hatte sich seinen größten Wunsch bis zum Schluss aufgehoben: »Mama endlich wieder von Herzen glücklich sehen.« Es gab also viel zu tun. Endlich spürte ich wieder Leben in mir. Ich hatte meine Aufgabe gefunden. Als wir am Ende der Woche am Bahnsteig in Altona standen und auf meinen Zug nach Berlin warteten, fragte Daniel: »Und du kommst wirklich wieder?«

»Ja klar«, antwortete ich.

»Versprochen?«

»Versprochen!«

»Brüder für immer?«

»Brüder für immer!«

Die kommenden Monate glichen einer Achterbahnfahrt, physisch wie emotional. Montags fuhr ich morgens mit dem Zug nach Hamburg, verbrachte die ganze Woche mit Daniel und seiner Familie, schlief in seinem alten Kinderbett in der Rumpelkammer und fuhr freitagabends wieder nach Berlin, um auszuschlafen und neue Kräfte für die kommende Woche zu sammeln. Zwischendurch organisierte ich unzählige Überraschungen für ihn, besorgte Schuhe, Klamotten und Geschenke und überschüttete ihn mit Liebe und Aufmerksamkeit. Vielleicht war es an der ein oder anderen Stelle sogar etwas zu viel des Guten, aber das war mir egal. Wir liehen uns Sportwagen aus und fuhren damit wie Rockstars durch die Stadt, wir übernachteten in Fünf-Sterne-Hotels, tranken Bier mit H.P. Baxxter, rockten Backstage mit den Scorpions, bekamen »Überraschungspost« von Udo Lindenberg, nahmen im Tonstudio von Musikproduzent 7inch eine Coverversion von Peter Maffays »Nessaja« auf, waren am Set von »Berlin Tag und Nacht«, wurden mit einer Limousine (inklusive heißer Blondinen) durch die Nacht chauffiert und bekamen Videobotschaften von Sido, Cro und der Kelly Family, die Daniel weiter Mut machen sollten. Denn Krankheiten verschwinden leider nicht, nur weil man plötzlich coole Nikes trägt. Immer wieder kippte Daniel um, verlor das Bewusstsein oder hatte so schlechte Sauerstoffwerte, dass der Notarzt kommen musste. Immer wieder Tränen, Krankenhausaufenthalte, Stunden der Ungewissheit, des Wartens, des Bangens.

Eines Abends rief ich Daniel an, um ihm von einer neuen Überraschung zu erzählen, die ich für ihn organisiert hatte, etwas ganz Besonderes, was mich viele Wochen der Vorbereitung gekostet hatte. »Pass auf«, sagte ich voller Vorfreude. »Wir werden nach München fahren. Vorher komme ich aber zu dir nach Hamburg, wir ruhen uns einen Tag aus und springen am nächsten Tag in den ICE nach München. Eigentlich wollte ich mit dir ins Flugzeug steigen, aber dein Arzt meinte, dass dein Herz selbst Kurzstrecken nicht aushalten würde, deswegen die Bahn. In München werden wir dann von einem Chauffeur abgeholt, der uns ins beste Hotel der Stadt bringt. Wir checken ein, hüpfen unter die Dusche und bestellen uns Essen aufs Zimmer. Dann fahren wir mit einem Shuttle in die Allianz Arena und sehen uns im VIP-Bereich ein Fußballspiel vom FC Bayern an. Es gibt leckeres Essen, beheizte Sitzplätze, alles vom Feinsten. Du bekommst sogar ein richtiges Trikot mit deinem Namen drauf und der 16 als Rückennummer. Und nach dem Spiel treffen wir Bastian Schweinsteiger, können Fotos machen und ein bisschen mit ihm abhängen und quatschen. Und am nächsten Morgen, nachdem wir ausgeschlafen und gefrühstückt haben, fahren wir zum Trainingsgelände, und du darfst gegen Manuel Neuer einen Elfmeter schießen. Na, was sagst du?«

Daniel sagte gar nichts. Diese Information musste er erst mal verarbeiten. Nachdem wir uns eine Weile angeschwiegen hatten, antwortete er mit leiser Stimme: »Ich glaube, ich habe keine Kraft für so eine Reise, so gerne ich das auch machen würde. Kannst du nicht einfach herkommen und dich zu mir aufs Sofa legen?«

»Natürlich, Daniel«, sagte ich nicht mehr ganz so euphorisch. Wieder trafen mich Daniels Worte mit voller Wucht und rissen mir fast den Boden unter den Füßen weg.

»Bist du jetzt böse?«, fragte er, und ich erklärte ihm, warum ich plötzlich so nachdenklich wurde. Immer wieder vergaß ich Daniels Krankheiten und die Einschränkungen, die er wegen ihnen hatte. Sie waren ja äußerlich nicht sichtbar. In den vielen Gesprächen mit ihm erkannte ich, dass die Punkte, die auf seiner Wunschliste standen und all die materiellen Geschenke, die ich ihm nebenbei machte, letztlich gar nicht entscheidend waren. Viel wichtiger war es für Daniel, jemanden zu haben, mit dem er reden und sich austauschen konnte, einen Freund, den er jederzeit anrufen konnte, wenn ihm etwas auf dem Herzen lag. Darum ging es. Um nichts anderes. Ich bekam eine wertvolle Lektion erteilt, die ich nie mehr vergessen werde: Die wirklich wichtigen Dinge des Lebens sind nicht die, die man mit Geld kaufen kann.

»Mach immer das Beste aus dem, was du hast, egal wie wenig es ist.«

LILY EBERT (AUSCHWITZ-ÜBERLEBENDE)

Daniel schaffte es immer wieder, mir einen Spiegel der Wahrheit vors Gesicht zu halten, auf dem in großen Buchstaben geschrieben stand: »WACH AUF! DEIN LEBEN IST GAR NICHT SO SCHLECHT, WIE DU GERADE DENKST!« Oftmals reichte nur ein einziger Satz von ihm, um mich aus meinem selbst kreierten Leid zu befreien. Eines Abends, kurz vor Weihnachten, telefonierten wir, und Daniel naschte ein paar Vanillekipferl, die seine Mutter gerade gebacken hatte. Da ich den ganzen Tag lang kaum etwas gegessen und auch nichts mehr im Kühlschrank hatte, bekam ich schlechte Laune. Daniel schlug vor, ich solle mir etwas nach Hause liefern lassen, was ich aber sofort dankend ablehnte. Die Lieferdienste in Berlin seien eine einzige Katastrophe, da würde ich lieber hungrig ins Bett gehen. Ich spürte, dass eine Erkältung im Anmarsch war, stellte mich an die warme Heizung und sah aus dem Fenster. Der Spreekanal, der an meiner Straße vorbeiführt, war komplett zugefroren. Es schneite und war schon dunkel. Die Vorstellung, jetzt raus in die Kälte zu müssen, um zwei Straßen weiter zur Pizzeria zu stiefeln, sorgte nicht wirklich für eine Stimmungsaufheiterung. Das sagte ich genau so zu Daniel. Seine Antwort war eindeutig: »Also, ich würde mich ganz dick einpacken und durch jede Schneepfütze hüpfen, die es gibt. Dann würde ich eine Schneeballschlacht mit fremden Leuten machen und … keine Ahnung, einfach durch die Nacht tanzen und Spaß haben.«

Volltreffer, mal wieder. Ich schämte mich so sehr für mein erbärmliches Gejammere, dass ich fünf Minuten später unten auf der Straße stand und jede Schneepfütze mitnahm, die ich finden konnte. Zum Glück hatte ich einen jungen Zen-Meister in meinem Leben, der mich in solchen Situationen daran erinnerte, dass mir – im Gegensatz zu ihm – zu jeder Zeit alle Möglichkeiten offenstanden. Ich musste nur einen Schritt vor die Türe setzen, um mein »Problem« zu lösen. Daniel konnte das nicht. Seine Probleme waren echte Probleme, ohne Gänsefüßchen. Es ist eine Frechheit dem Leben gegenüber, träge auf dem Sofa zu sitzen und sich auch noch darüber zu beklagen, obwohl man eine Wahl hat. Das lernte ich in jener Nacht und könnte über diese Erkenntnis dankbarer nicht sein.

»*Es geht nicht darum, was dir im Leben passiert,
sondern darum, wie du darauf reagierst.*«

EPICTETUS

Daniels sechzehnter Geburtstag war ein großes Spektakel. Er hatte durchgehalten und sein Ziel tatsächlich erreicht. Natürlich musste das gebührend gefeiert werden. Wir mieteten eine coole Bar im Schanzenviertel und ließen es ordentlich krachen – viele unserer liebsten Menschen waren gekommen, es gab Musik und Pizza, eine Breakdance-Crew, eine Stripperin, viele Freudentränen, noch mehr heimliche Küsse und zum krönenden Abschluss ein großes Feuerwerk mitten auf der Straße. Besser hätte man diesen besonderen Tag nicht zelebrieren können.

Am Ende des Abends gab es einen Moment, den ich nie vergessen werde. Daniel und ich standen alleine vor der Bar, um kurz frische Luft zu schnappen. Daniel hielt einen lila Geburtstagsballon in der Hand. Wir nahmen uns in den Arm. Nach einer

Weile ließ Daniel den Ballon los. Wir sahen ihm gemeinsam hinterher, wie er langsam über die Dächer nach oben in den Himmel flog, und Daniel flüsterte: »Ich möchte noch nicht sterben.«

»Dann bleib einfach noch eine Weile«, sagte ich. »Hat doch bislang ganz gut funktioniert. Sieh mal, dein großes Ziel war es, noch einmal Geburtstag zu feiern – sweet sixteen! Das hast du heute geschafft. Wer sagt denn, dass deine Reise schon vorbei sein muss? Ab sofort ist jeder Tag ein Geschenk. Lass uns das Leben auf diese Art betrachten. Weißt du, es gab einmal einen sehr berühmten Physiker. Er war der bekannteste Wissenschaftler seiner Zeit. Niemand war so schlau wie er. Sein Name war Albert Einstein, und er war genauso verrückt wie du, vielleicht sogar noch verrückter.«

Daniel sah mich fragend an, wie er es schon unzählige Male zuvor gemacht hatte. Ich kannte diesen Blick nur zu gut und lächelte innerlich.

»Weißt du, was Albert Einstein gesagt hat?«, fuhr ich fort. »Zur Erinnerung, Daniel: Er war einer der schlauesten Menschen aller Zeiten.«

Daniel schüttelte mit dem Kopf.

»Er sagte: ›Es gibt nur zwei Arten zu leben. Entweder so, als wäre nichts ein Wunder, oder so, als wäre alles ein Wunder.‹ Ich glaube, dass alles ein Wunder ist. Du bist ein Wunder, und es wird noch viele Tage geben, an denen du mir gewaltig auf den Sack gehen wirst.«

Wir lachten beide darüber. Der Ballon war längst im Nachthimmel über Hamburg verschwunden. Daniel ging wieder rein, weil ihm kalt wurde. Ich blieb noch ein bisschen und ließ meine Gedanken kreisen. Der Rest ist Geschichte. »Dieses bescheuerte Herz« schlägt noch immer. Daniel ist heute zweiundzwanzig Jahre alt.

Dass Daniel in dieser Sekunde, in der ich diesen Satz schreibe, noch immer am Leben ist, grenzt wirklich an ein Wunder. Daniels Chancen waren so gering, aber er hat sie alle genutzt und das Beste aus dem gemacht, was das Schicksal für ihn bereithielt. Er hat nie aufgegeben, und letztlich ist nichts anderes von Bedeutung. Daniel ist ein echtes Vorbild, und ich bin unglaublich stolz auf ihn. Durch ihn habe ich gelernt, die Welt mit den Augen eines sterbenskranken Kindes zu sehen, und somit auch einen neuen Blick auf meine eigene Welt erhalten. Oft kommen Menschen zu mir und sagen: »Lars, du hast das Leben dieses Jungen gerettet.« Vielleicht habe ich das, vielleicht auch nicht. Ich kann das nicht beurteilen. Was ich aber ganz sicher weiß, ist, dass er meines gerettet hat.

Daniel, du wirst für immer einen Platz in meinem Herzen haben. Falls du vor mir gehen solltest, halte einen der guten Plätze neben dir frei. Ich werde das Gleiche für dich tun.

Brüder für immer!

»Wer einen Menschen rettet,
rettet die ganze Welt.«

JÜDISCHE WEISHEIT

Nur noch vierundzwanzig Stunden

Als 1997 das Debütalbum »Harlem World« meines damaligen Lieblingsrappers Mase erschien, gab es darauf einen Song, von dem ich nicht genug bekam. Es war kein großer Hit, und keiner meiner DJ-Freunde schenkte ihm viel Beachtung. Ich hingegen nahm jedes Mal, wenn der Song zu Ende war, die Nadel vom Plattenspieler und setzte sie zum Anfang zurück. Ich hatte das Album als Doppel-Vinyl gekauft. Es war der letzte Song auf Vinyl 2, Side C und hieß »24 Hours To Live« (feat. Black Rob, The Lox & DMX). Wenn man ein Lied zum ersten Mal hört und es mag, macht man sich meistens keine Gedanken über den spezifischen Grund. Vielleicht wird eine in Vergessenheit geratene Erinnerung geweckt, vielleicht ist es eine kurze Textzeile, vielleicht eine schöne Melodie. Oft ist es auch nur ein Gefühl, eine Stimmung, die über die Musik transportiert wird und etwas in einem auslöst. Mich fesselte der Song von der ersten Sekunde an. Im Refrain stellt Mase folgende Frage:

>*If you had 24 hours to live, just think:*
Where would you go?
What would you do?
Who would you screw?
And who would you wanna notify?
Or would yo' ass deny that yo' ass about to die?«

>*Wenn du nur noch 24 Stunden leben würdest, überleg mal:*
Wohin würdest du gehen?
Was würdest du tun?
Wen würdest du noch flachlegen?
Und wen würdest du benachrichtigen?
Oder würdest du ignorieren, dass du sterben wirst?«

Damals, als Abiturient, wusste ich nicht, warum ausgerechnet dieser Song so besonders für mich war. Er gefiel mir einfach. Heute bin ich mir sicher, dass es diese fünf Fragen waren, die unterschwellig in mir gearbeitet haben. Und sie haben es durchaus in sich. Versucht man nämlich tatsächlich, sich auf dieses Frage-Antwort-Spiel einzulassen, stellt man ziemlich schnell fest, dass vierundzwanzig Stunden verdammt wenig Zeit sind, um die wichtigsten Dinge seines Lebens zu regeln.

Ich tauchte noch mal in die Vorstellung ein, und im ersten Augenblick erzeugte sie in mir Stress, da meine liebsten Menschen heute auf der ganzen Welt verteilt sind und mir bewusst wurde, dass ich mich so kurzfristig nicht mehr von allen persönlich würde verabschieden können. Mein Herz begann schneller zu schlagen, und ein leichtes Gefühl der Überforderung stieg in mir auf. Wie früher in der Schule, wenn mir am Abend vor der Matheprüfung einfiel, noch nichts gelernt zu haben. Während ich mir einen Espresso kochte und über die Fragen nachdachte, wurde mir einmal mehr klar, in was für einer Ausnahmesituation sich Daniel jeden Tag befindet. In jedem Augenblick könnte sein Herz stehenbleiben, und alles wäre innerhalb weniger Sekunden vorbei. Game Over, für immer! Das Schwert des Damokles als lebenslanger Begleiter.

Aktuell liegt Daniels Herzleistung bei 19,5 Prozent. Vergleicht man das mit dem Akku eines Smartphones, so ist der Balken gerade von grün (»Mach dir keine Sorgen«) auf rot (»Achtung, bald geht dir der Saft aus«) gesprungen. Daniel befindet sich nun in der kritischen Phase. Frag dich selbst und sei ganz ehrlich: Mit was für einem Gefühl würdest du morgens deine Wohnung verlassen, wenn du wüsstest, dass dein Smartphone nicht voll aufgeladen ist und du keine Chance bekommen würdest, es tagsüber neu zu laden? Für sehr viele Menschen wäre diese Vorstellung mehr als furchtbar – und wir reden hier lediglich von einem bedeutungslosen Smartphone und einem einzigen Tag. Mit diesem Gefühl »Und wieder etwas Akkuleistung des Herzens verbraucht« wacht Daniel jeden Morgen auf und begrüßt den Tag trotzdem mit einem Lächeln, weil er weiß, dass ihm keine andere Wahl bleibt.

Der Countdown ist eingeleitet

Probieren wir es aus: Die letzten vierundzwanzig Stunden des Lebens sind angebrochen. Wie trifft man in Anbetracht dieses Hintergrundes die für sich besten Entscheidungen? Ich nippte an meinem Espresso, sah in die halbvolle Tasse und versuchte eine Vorstellung davon zu bekommen, wie es sich wohl anfühlen würde, nur noch ein einziges Mal diesen köstlich süßen Geschmack von Haselnuss, Kakao und Amaretto an meinem Gaumen spüren zu dürfen. Ich nahm den letzten Schluck, stellte die Tasse vor mich hin und schaltete die Espressomaschine aus. Die Vorstellung, all die Dinge nicht mehr tun zu können, die ich immer tun wollte, aber stets auf einen unbestimmten Tag in der Zukunft verschoben hatte, jagte mir eine Scheißangst ein. Ich bekam ein unschönes Gefühl in der Magengegend, weil ich noch nicht alles gesagt, noch nicht alles getan und ganz sicher noch nicht alles gefühlt hatte. So viele unerfüllte Träume, so viele nicht bereiste Orte auf der einen Seite. So unendlich viel vertrödelte Zeit auf der anderen. Und nun war es zu spät. Nun war Zeit mein wertvollster Besitz, obwohl ich nur noch so wenig davon besaß. Ich nahm ein Blatt Papier und schrieb zehn Punkte auf, die mir in diesem Augenblick einfielen:

Zehn schmerzhafte Wahrheiten

Wenn du sie früh genug verstehst und entsprechend handelst, wird alles gut. Warte nicht auf die letzten vierundzwanzig Stunden deines Lebens.

1. Ein menschliches Leben ist relativ kurz.

2. Du wirst immer nur das Leben führen können, das du selbst für dich erschaffst.
3. Beschäftigt zu sein bedeutet nicht, produktiv zu sein.
4. Du wirst viele Arten von Rückschlägen hinnehmen müssen, bevor sich Erfolg einstellt.
5. Darüber nachzudenken und es tatsächlich zu tun sind zwei unterschiedliche Welten.
6. Du brauchst nicht auf eine Entschuldigung zu warten, um zu vergeben.
7. Manche Menschen passen einfach nicht zu dir (sosehr du es dir auch wünschst).
8. Es ist nicht die Aufgabe anderer Menschen, dich zu lieben, es ist deine.
9. Du bist nicht, was du besitzt.
10. Alles verändert sich, in jeder Sekunde.

Der erste Versuch, mich spontan mit den Fragen aus »24 Hours To Live« auseinanderzusetzen, scheiterte kläglich. Zu viele Alltagsgedanken schwirrten durch meinen Kopf, zu viele Ablenkungen, sodass diese Challenge wieder in den Hintergrund rückte. Das änderte sich jedoch schlagartig, als ich im Sommer 2014 Prof. Dr. Sven Gottschling kennenlernte, einen der renommiertesten Ärzte für Schmerztherapie und Palliativmedizin in Europa und Chefarzt des Uniklinikums des Saarlandes. Er kümmert sich um Patienten wie Daniel. Menschen, die unheilbar krank sind und die, medizinisch gesehen, nicht mehr gerettet werden können. Seine Herkulesaufgabe besteht darin, die letzten Tage, Wochen, Monate und manchmal auch Jahre dieser Patienten, die schon den Tod vor Augen haben, mit bestmöglicher

Lebensqualität zu füllen. In den Gesprächen, aus denen unter anderem unser erstes gemeinsames Buch *Leben bis zuletzt. Was wir für ein gutes Sterben tun können*, entstand, erzählte er mir folgende Geschichte:

»Im Umgang mit lebensbegrenzend erkrankten Menschen ist es unabdingbar, sich auch mit dem eigenen möglichen Tod, dem eigenen Sterben auseinanderzusetzen. Wenn mir das Thema selbst unangenehm ist, wenn ich Angst davor habe, wenn ich mich damit auch in meiner professionellen Rolle als Arzt überfordert fühle, wie soll ich dann für Betroffene oder Angehörige hilfreich sein? Allerdings fordert uns die Bereitschaft, sich mit der eigenen Endlichkeit auseinanderzusetzen, einiges ab. Zu Beginn meiner Ausbildung als Palliativmediziner habe ich ein dreitägiges Sterbeseminar in einem Kloster besucht. Idyllisch gelegen, ohne Handyempfang, war man ein Stück weit sich selbst und damit seinen eigenen Gedanken ausgeliefert. Den Teilnehmern wurde folgende Aufgabe gestellt:

Stellen Sie sich vor, Sie haben von jetzt an nur noch vierundzwanzig Stunden zu leben. Wie geht es Ihnen mit dieser Vorstellung? Was denken Sie? Was fühlen Sie? Und wem möchten Sie jetzt gerne noch etwas mitteilen?

Auch wenn es völlig klar war, dass es sich nur um eine Übungsaufgabe handelte, so traf es die meisten Seminarteilnehmer doch bis ins Mark. Wir sollten uns auf dem Klostergelände einen Platz suchen, uns einige Stunden allein mit diesen Fragen beschäftigen und einen wertschätzenden Brief an uns selbst verfassen. Hier sollten wir alles reinschreiben, was wir an uns selbst mögen und was andere vielleicht vermissen würden, wenn wir nicht mehr da wären. Ich kann mich an wenige Situationen in meinem Leben erinnern, in denen ich eine derart emotionale Achterbahnfahrt durchgemacht habe. Als wir uns am Abend wieder im Seminarraum trafen, waren die meisten ziemlich verstört, viele sogar völlig verheult. Trotz der Tatsache, dass wir alle ganz genau wussten, dass es sich lediglich um eine Übung handelte, hat uns diese ›überraschende‹ Erkenntnis – Ja, auch ich bin sterblich – und – Ja, theoretisch kann morgen alles vorbei sein – nachhaltig berührt und in meinem Fall auch meine Gesprächsführung mit Patienten und Angehörigen bis zum heutigen Tage verändert. Wenn man die Chance bekommt, zumindest zu erahnen, wie das ist, dem Tod ins Auge zu blicken, dann wird man eventuell auch ein wenig behutsamer im Umgang mit den Patienten, die einem anvertraut wurden.«

Ich wollte diese Erfahrung nun unbedingt auch machen. Allerdings entschied ich mich dazu, mich mental auf meine »letzten vierundzwanzig Stunden« vorzubereiten, um nicht wieder bei der kleinsten Ablenkung von außen aufzugeben. Ich blockte dafür einen kompletten Tag in meinem Kalender – den nächsten Sonntag. Das reichte schon. Am Vorabend traf ich mich noch zum Essen mit einer Freundin, verzichtete bewusst auf den Wein, um keinen Kater zu haben, und ging schon gegen Mitternacht ins Bett. Mit einer eigenartigen Mischung aus Vorfreude und Ungewissheit schlief ich ein. Als der Wecker um 6:30 Uhr klingelte, war ich sofort wach und stand bereits wenige Sekunden später zähneputzend und gut gelaunt unter der Dusche.

»Danke für die Möglichkeit, heute diese Erfahrung machen zu dürfen«, dachte ich und lächelte. Die warmen Wassertropfen fühlten sich an, als kämen sie direkt aus dem Paradies. Mich durchdrang ein tiefes Gefühl der Dankbarkeit. Vielleicht bildete ich es mir auch nur ein. Doch im Gegensatz zum ersten Versuch wenige Wochen zuvor konnte ich es nun kaum erwarten, diesen besonderen Tag voll und ganz zu erleben. Ich ließ meine Bob-Marley-Playlist laufen, stellte mein Smartphone in den Flugmodus und befasste mich sofort mit den Fragen des Tages.

Wenn du nur noch 24 Stunden leben würdest, wohin würdest du gehen? Was würdest du tun? Und wem möchtest du jetzt gerne noch etwas mitteilen?

Mein erster Gedanke war, mich in den Zug zu setzen und zu meinen Eltern zu fahren. Da mein Vater und meine Mutter aber schon lange nicht mehr verheiratet sind und an unterschiedlichen Orten wohnen, würde ich viele wertvolle Stunden in Zügen und auf Bahnhöfen verbringen, neben fremden Menschen sitzen, und darauf hatte ich in meinen letzten Stunden keine Lust. Was war mit meinem Bruder, meiner Verwandtschaft, dem Freundeskreis, meinen Freundinnen? Sie alle noch schnell treffen? Was hätte ich ihnen denn sagen sollen? »Hey, ich sterbe morgen, aber mach dir keine Sorgen. Ich liebe dich. Wir haben übrigens nur fünf Minuten, dann muss ich schon wieder weiter und mich von den anderen verabschieden.« Nein, das war auch keine Option!

Dann überlegte ich, ans Meer zu fahren. So wie im Film »Knockin' on Heaven's Door«. Von Berlin ist die Ostsee ja nicht weit. Ich stellte mir vor, dort in einem schönen Hotel direkt am Wasser zu sitzen, den Möwen zuzuschauen, etwas Leckeres zu essen, am Strand spazieren zu gehen. Nicht übel, aber die Vorstellung fühlte sich einsam an. Auch keine Option. Während ich über meine Endlichkeit nachdachte und über die nicht nachzuvollziehende Tatsache, dass wir in diesem Leben alle nur einmal leben, sich die meisten Menschen aber nicht so verhalten, fiel mir ein Spruch meiner verstorbenen schwäbischen Oma ein, die sagte: »Es ist nirgends schöner als daheim, und wenn das Zuhause bloß ein Saustall ist.«

Ich schmunzelte, schloss die Augen und verweilte für einen Augenblick bei dieser schönen Kindheitserinnerung. Oma war ohnehin die Beste. Ich kann mich noch gut daran erinnern, wie sie sich aus heiterem Himmel und ohne meinen Opa darüber zu informieren ein tiefer gelegtes Käfer Cabrio gekauft hat – silbermetallic, BOSE-Soundsystem, breite Reifen, Sportfahrwerk. Neben dem Nummernschild klebte ein großer Aufkleber mit der Aufschrift »BOSS«. Mein Opa fiel aus allen Wolken, als er seine Frau mit offenem Verdeck, Fliegerbrille und wehendem Schal an sich vorbeifahren sah. Das war hollywoodreif. Aber genau so war meine Oma: die Coolste von allen, die bis zum Schluss immer ihr Ding durchgezogen hat. Und es stimmte, was sie sagte. Nirgends ist es schöner als daheim – und mit dem Saustall hatte sie auch nicht ganz unrecht.

Ich lehnte mich zurück und ließ vor meinem geistigen Auge eine Art Best-of-Memories meiner Lieblingsmenschen ablaufen. Zum ersten Mal wurde mir so richtig bewusst, was für ein schönes Leben ich eigentlich hatte. Der Fokus hatte sich völlig gedreht. War ich beim ersten Versuch noch traurig über all die Dinge, die ich nicht mehr würde erleben können, so fühlte ich nun vor allem Dankbarkeit über alles, was bereits Teil meines

Lebens oder meiner Erinnerung war. Ich kann mich nicht erinnern, vorher jemals in so einer Klarheit gedacht zu haben:

> Du hast voll und ganz geliebt und wurdest voll und ganz geliebt. Du weißt, was Liebe ist. Du weißt, was Freundschaft bedeutet. Du hast die Herzen einiger Menschen berührt und deine Fußstapfen in dieser Welt hinterlassen. Wenn du morgen früh stirbst, kannst du beruhigt sein, denn du hattest ein gutes Leben.

Im nächsten Schritt nahm ich wieder meinen Notizblock zur Hand und schrieb die Namen der mir liebsten und wichtigsten Menschen auf. Ich fand es erstaunlich, wie schnell ich damit fertig war. Es gab keinerlei Abwägen, so wie bei Hochzeitsfeiern, wo man am Ende wegen Platzmangel oft wieder ein paar Namen von der Liste streichen muss. Auch hier herrschte bei mir völlige Klarheit. Ich empfand es als sehr wohltuend, diese Namen dort stehen zu sehen. Jeder einzelne Name war mit unendlich vielen Erinnerungen aus drei Jahrzehnten Leben verbunden, die so unterschiedlich waren, dass ich selbst ganz verwundert war und voller Entzücken darüber den Kopf schüttelte.

»What a fuckin' ride«, hätte der große Anthony Bourdain (Rest in Peace!) wohl dazu gesagt. Und das war es wirklich. Ich weiß nicht mehr, wie lange ich auf diese Liste sah, aber irgendwann nahm ich den Stift wieder in die Hand und schrieb darüber: »Die Menschen meines Lebens« Ich wusste nun haargenau, was Prof. Dr. Sven Gottschling mit den Worten »emotionale Achterbahnfahrt« gemeint hatte.

Was bleibt?

Nachdem die ersten Tränen getrocknet waren, entschied ich mich dazu, für jeden meiner Lieblingsmenschen ein Video aufzunehmen. Zuerst wollte ich das Naheliegende tun und Briefe schreiben, aber je genauer ich über diese Idee nachdachte, desto schneller rückte ich wieder davon ab. Abschiedsbriefe klingen schon per Definition so elendig traurig, und das sollten sie bei mir auf gar keinen Fall sein. Ich fragte mich, worüber ich mich selbst freuen würde, und da kam mir die Idee mit den Videos. Zuerst suchte ich in meinem Plattenregal für jeden meiner Lieblingsmenschen einen Song aus, der uns miteinander verband, und machte mir kurze Notizen über die Geschichte, die ich dazu erzählen wollte. Mein großer Bruder bekam zum Beispiel ein Lied von EPMD, meine Mutter von Mark Knopfler und mein Vater von Paolo Conte. Ich nahm den Notizblock, setzte mich auf den Boden neben die Plattenspieler, hörte die Songs durch und schrieb zu jedem Namen weitere Stichpunkte auf. Die wichtigsten Fragen, die ich mir dabei stellte, lauteten:

- Wofür möchte ich diesen Menschen Danke sagen?
- Was habe ich von ihnen gelernt?
- Was können sie besonders gut?
- Warum haben ausgerechnet sie einen Platz in meinem Herzen gefunden?
- Worauf können sie stolz sein?
- Was wünsche ich mir für ihre Zukunft?

Ich drückte auf Aufnahme, erklärte den Grund des Videos, spielte die Musik, tanzte manchmal durch den Raum, lachte viel, vergoss hier und da eine Träne und fing einfach an zu erzählen: Anekdoten, Erinnerungen, Gedanken. Wenn es etwas gab, wofür ich mich entschuldigen wollte, dann tat ich es. Da ich aber wusste, dass die meisten Kleinigkeiten nach meinem Tod ohnehin keine Rolle mehr spielen würden, konzentrierte ich mich vor allem auf das Positive, auf das, was bleibt. Ich wollte meinen Lieblingsmenschen nicht nur erzählen, warum ich sie liebe, wertschätze und ganz fantastisch finde, sondern sie auch daran erinnern, weiterhin ihren Träumen zu folgen. Es sollte ja kein langweiliges oder depressives Abschiedsvideo sein, sondern exakt das Gegenteil davon: ein Mut machendes Motivationsvideo, das sie sich in Momenten des Zweifelns immer wieder angucken konnten. Das Video sollte mein ganz persönlicher, natürlich liebevoller Arschtritt sein, um sie auch in schweren Zeiten weiter daran zu erinnern, dass Aufgeben keine Option ist, dass es immer einen Weg und immer eine Lösung gibt.

Es geht um uns selbst

In meinem Mentorprogramm stelle ich oft ganz ähnliche Aufgaben. Ich sage zum Beispiel: »Schließe bitte für einen Moment deine Augen und zähle ganz schnell alle Menschen auf, die du liebst.« Dann warte ich ein bis zwei Minuten und stelle eine weitere Frage: »Und, war dein eigener Name auch mit dabei?«

> *»Ernähre dich gesund, lies Bücher, studiere das Leben, erweitere deinen Geist, tue Gutes und werde besser. Und zu guter Letzt, erinnere dich daran, dass du deine größte Investition bist.«*
>
> WARREN BUFFET

Viel zu oft neigen wir in diesem schnellen und hektischen Leben dazu, uns selbst zu vergessen. Wir gucken auf die anderen, wollen es ihnen um jeden Preis recht machen, um Gottes willen nicht anecken, nicht auffallen und setzen uns freiwillig in die letzte Reihe. Warum? Weil wir glauben, später immer noch genug Zeit für uns zu haben. Aber das ist ein Trugschluss. Das Leben kann so schnell vorbei sein. Denke immer daran: Sosehr du auch um deine Mitmenschen, Freunde und Familie besorgt bist, der wichtigste Mensch in deinem Leben wirst immer du sein. Aus diesem Grund habe ich nicht nur all meinen Lieblingsmenschen ein Video der Wertschätzung aufgenommen, sondern auch mir selbst:

Hey, Quatschkopf,
klopf dir den Staub von den Schultern, hör auf zu jammern, steh auf und mach dich wieder an die Arbeit. Deine neue Aufgabe, auf die du unendlich stolz sein wirst, erledigt sich nicht von selbst. Ach, ich wünschte, ich dürfte jetzt deine Probleme haben. Was würde ich nicht alles dafür geben, um in dieser Sekunde in deinen Schuhen zu stecken. Der Espresso hier drüben ist nämlich wirklich eine Katastrophe. Du weißt gar nicht, wie gut du es hast. Also, worüber auch immer du gerade brütest, was immer dir auf der Seele brennt, erinnere dich an deine eigenen Glaubenssätze und sag sie dir auch weiterhin jeden Morgen und jeden Abend auf:

1. Ich bin klug.
2. Ich bin stark.

3. Ich werde geliebt.
4. Ich bin in Sicherheit.
5. Ich vertraue auf meine Fähigkeiten.
6. Ich ziehe nur Frieden in mein Leben.
7. Ich kann alles schaffen, was ich schaffen möchte.

Versprichst du mir das? Denn genau das ist die Wahrheit. Mach es für mich, Baby! Ich bin so unglaublich stolz auf dich. Und weißt du was? Ich werde hier auch weiterhin jeden Tag mit dir angeben. Die finden dich nämlich alle ziemlich cool hier. Du vergisst so oft, wie großartig du bist, deswegen hör gut zu: Du bist soooo …

Ich verlor jegliches Zeitgefühl. Ich war vollkommen in der Magie des Augenblicks versunken und fühlte mich emotional so erleichtert wie selten zuvor. Ich sprudelte vor Energie und Kreativität, aber im Gegensatz zu den normalen Tagen war ich völlig ruhig und ausgeglichen. Keine Hektik, kein Stress und kein Verlangen, zehn Aufgaben auf einmal zu bewältigen. Alles war gut. Obwohl ich wusste, dass es nur ein Spiel war, hatte sich in mir etwas Grundsätzliches verändert. Früher hätte ich für die Videos wahrscheinlich drei Tage und hundert Anläufe gebraucht. Ich hätte mich immer wieder ablenken lassen oder meine Zeit sinnlos mit Nebensächlichkeiten vergeudet. An diesem Tag passierte alles wie von selbst. Ich war fokussiert, glücklich und gleichzeitig höchst produktiv, und dabei war es gerade mal früher Nachmittag.

Glück oder Unglück

Ich verließ die Wohnung, um an der Hauptstraße um die Ecke eine Kleinigkeit zu essen. Auf dem Weg zu meinem zweiten Lieblingscafé versuchte ich, etwas langsamer als gewohnt zu gehen, um meine Umgebung mit neuen Augen wahrzunehmen. Ich stellte mir vor, diese Straße, die ich schon unzählige Male entlanggegangen war, zum ersten Mal zu betreten, die Häuser und Läden zum ersten Mal zu sehen. Natürlich würde ich keine großen Wunder erleben, dachte ich, aber eine kleine Überraschung entdeckte ich dann schon, nachdem ich fast wieder achtlos daran vorbeigelaufen wäre. Das Tor zu einer Hofeinfahrt stand offen. Ich schaute kurz hinein, konnte auf den ersten Blick nichts Besonderes erkennen und wollte schon weitergehen, als ich mich daran erinnerte, diesen Ort nie mehr wiederzusehen. Ich drehte um, ging durch die Hofeinfahrt und entdeckte im Souterrain auf der linken Seite ein kleines Atelier. Durch das staubige Fenster konnte ich erkennen, dass Licht brannte und jemand am Arbeiten war, mehr allerdings nicht. Ich ging die wenigen Treppenstufen nach unten und klopfte an die Tür.

»Ist offen«, rief eine männliche Stimme. Ich trat ein und staunte nicht schlecht. Überall an den Wänden hingen fertige und halbfertige Geigen und Gitarren in den verschiedensten Formen und Größen. Es roch angenehm nach Holz, Patschuli und einem weiteren vertrauten Duft aus meiner Kindheit, den ich aus meiner Erinnerung aber eher mit Fahrradgeschäften in Verbindung brachte. Als dann ein älterer Herr in Arbeitskleidung nach vorne trat und fragte, ob er mir helfen könne, war mein erster Gedanke: Heiliger Bimbam, ich bin in der Werkstatt von Meister Eder gelandet. Ich erklärte dem freundlichen Mann, dass ich seit zehn Jahren in der Nachbarschaft wohne und nur zufällig vorbeigekommen wäre, dass ich Schriftsteller sei, jegliche Form von künstlerischem Handwerk bewundere und mich Orte wie diese schon immer verzauberten. Ich hätte an Cornelia Funke und ihr Kinderbuch *Tintenherz*, an Pumuckl und natürlich an Harry Potter denken müssen, der seinen handgefertigten Zauberstab ja an einem ähnlich magischen Ort erhalten hatte. Der Geigenbauer lachte nur über meine Worte und bot mir einen Kaffee an, den ich dankend annahm. Er freute sich wohl über diesen unerwarteten Besuch, holte einen Teller mit Keksen aus der kleinen Küche, und ich erzählte ihm von meiner Challenge. Am Ende unseres Gesprächs fragte ich ihn, ob er mir eine Lebensweisheit mit auf den Weg geben könne, die ihm selbst geholfen habe, und er antwortete: »Wenn du liebst, was du jeden Tag tust – und sei es, dass du Geigen für einen kleinen Kreis von Menschen baust –, wird es dir lebenslang an nichts mangeln.«

Ich musste wieder an Numo denken, den alten Mann aus der Favela, und an Heinrich Böll und seine Geschichte vom Fischer und dem Touristen. Wenn es darum geht, hinter das Geheimnis eines glücklichen und erfolgreichen Lebens zu kommen, hätten die drei sich wohl einstimmig auf folgenden Satz geeinigt: »Finde eine Tätigkeit, in der du gut bist und die dir Freude bringt – und dann bleibe dabei.«

> »In jedem Menschen steckt das Talent eines Genies.
> Es gibt keine Auserwählten.
> Du musst nur herausfinden, worin du großartig bist,
> und diese Quelle anzapfen.«
>
> JAY-Z

Ich spazierte weiter in das Café, bestellte mir ein vegetarisches Sandwich, einen frisch gepressten Saft und setzte mich ans

Fenster. Ich freute mich, dass der Platz noch nicht besetzt war. Von dort konnte ich bequem die Menschen beobachten, die draußen vorbeiliefen, und bekam gleichzeitig alles mit, was drinnen passierte. Während ich auf mein Essen wartete, verlor ich mich etwas in meinen Gedanken. Ich dachte über die Videos nach und was ich nun mit ihnen machen sollte. Seltsamerweise tauchte auch eine Erinnerung auf, an die ich schon ewig nicht mehr gedacht hatte: der Moment, als ich im Alter von fünfundzwanzig Jahren aus meinem Traumjob beim Radio gefeuert wurde. Was war damals geschehen? Um es kurz zu machen: Ich war ein kleiner Rebell und habe meiner Chefin etwas zu oft in ihre Suppe gespuckt. Damals sah ich das natürlich anders. Ich fühlte mich ungerecht behandelt, witterte eine Verschwörung und suchte die Schuld selbstverständlich nur bei den anderen. Ich hatte mein berufliches Schlaraffenland gefunden und durfte plötzlich nicht mehr mitspielen. Eine Welt brach für mich zusammen, und ich dachte damals tatsächlich, nie mehr einen derart coolen Job zu bekommen. Es war ein einziges Unglück! Vielleicht kennst du ja dieses Gefühl der Hilflosigkeit, wenn etwas Unerwartetes passiert, was dir komplett den Boden unter den Füßen wegzieht. Lass mich dir dazu eine Geschichte aus dem alten China erzählen.

Der Bauer und sein Sohn

Ein chinesischer Bauer bestellte mit dem einzigen Pferd, das er besaß, seinen Acker. Am Abend lief das Pferd jedoch davon. Als die Menschen aus dem Dorf davon erfuhren, kamen sie zum Bauern und sagten: »Was für ein Unglück!

Jetzt musst du die harte Arbeit mit deinem Sohn ganz alleine machen.« Doch der Bauer zuckte nur mit den Schultern
und sagte: »Ob das ein Glück oder ein Unglück ist, wird
sich noch zeigen.«

Zwei Tage später stand das Pferd wieder in seinem Stall.
Ihm war eine Herde Wildpferde gefolgt. Auf einen Schlag
besaß der Bauer nun sechzig Pferde. Die Menschen aus
dem Dorf sagten: »Was für ein Glück du hast! Du bist jetzt
ein reicher Mann.« Doch der Bauer zuckte wieder mit den
Schultern und sagte: »Ob das ein Glück oder ein Unglück
ist, wird sich noch zeigen.«

Am kommenden Morgen versuchte der Sohn des Bauern,
eines der Wildpferde zu zähmen. Der stolze Hengst, der
noch nicht an Menschen gewöhnt war, warf den jungen
Mann ab, der sich dabei sein linkes Bein brach. Das hatte
zur Folge, dass der Junge nicht mehr auf dem Feld arbeiten
konnte. Der Bauer musste nun alles selbst erledigen. Die
Menschen aus dem Dorf sagten: »Was für ein Unglück! Allein ist das doch viel zu beschwerlich. Du ackerst dich noch
zu Tode.« Doch der Bauer zuckte nur mit den Schultern
und sagte: »Ob das ein Glück oder ein Unglück ist, wird
sich noch zeigen.«

Wenig später brach ein Krieg aus, und der Kaiser zog alle
jungen Männer zum Militärdienst ein. Nur nicht den Sohn
des Bauern, denn der hatte ja ein gebrochenes Bein. Die
Menschen aus dem Dorf sagten: »Was für ein Glück du
hast!« Wieder zuckte der Bauer mit den Schultern und
sprach: »Ob das ein Glück oder ein Unglück ist, wird sich
noch zeigen.«

Mir half diese kleine Geschichte damals sehr, um besser zu verstehen, dass Glück und Unglück immer nur temporäre Zustände sind, die sich schon nach kürzester Zeit in ihr Gegenteil umkehren können. Leider erkennt man das erst in der Retrospektive, also wenn man auf den Moment des vermeintlichen Unglücks zurückblickt. Wenn du »schlechte Nachrichten« bekommst, beispielsweise deinen Job verlierst, den Flug zum wichtigen Meeting verpasst, einen Unfall hast oder von deinem Freund verlassen wirst, denke immer daran: Jedes Glück kann auch ein Unglück sein, und jedes Unglück kann sich später als großes Glück erweisen.

Wenn du keinerlei Erwartungen hast, können Dinge, die auf den ersten Blick fürchterlich erscheinen, zu einer großen Chance werden. Wäre ich zum Beispiel nicht gefeuert worden, hätte ich wahrscheinlich nie meine Komfortzone verlassen, um nach Berlin zu ziehen. Ich hätte nicht *Dieses bescheuerte Herz* und all die anderen Bücher geschrieben, hätte auch nicht all die großartigen Menschen kennengelernt, die mein Leben so unglaublich bereichert haben. Auch dieses Buch hier würde nicht existieren, und mit großer Wahrscheinlichkeit würdest du nicht einmal wissen, dass es mich gibt. Du siehst: Was damals noch ein großes Unglück war, sollte sich als das größte Geschenk meines Lebens entpuppen. Rick Rubin, einer der coolsten und einflussreichsten Musikproduzenten aller Zeiten, hat einmal gesagt: »Lehne die Dinge nicht sofort ab, wenn sie passieren. Nimm Abstand, tritt einen Schritt nach hinten und beobachte sie für eine Weile, finde heraus, welche Bedeutung sie haben … die Bedeutung hinter der Bedeutung.« Dieser Ratschlag eines alten Mannes mit langem weißem Bart, dem Künstler wie Adele, Jay-Z oder Mick Jagger ihre musikalische Karriere anvertrauen, ist pures Gold wert.

Das Café leerte sich allmählich. Ich freute mich, noch den ganzen Abend vor mir zu haben. In diesem Tag steckte schon so viel Leben, und nicht ein Mal hatte ich den Drang verspürt, nach meinem Smartphone zu greifen. Ich hatte es zwar dabei, aber es befand sich noch immer im Flugmodus. Ich bezahlte mein Essen und bekam einen Zehn-Euro-Schein und etwas Münzgeld zurück. Die Münzen ließ ich als Trinkgeld zurückgehen, nahm den Schein in die Hand und betrachtete ihn eine Weile.

Du bist reicher als 75 Prozent der Weltbevölkerung

Morgen früh, so dachte ich, wenn die vierundzwanzig Stunden abgelaufen sind, werde ich laut meiner Challenge nicht mehr am Leben sein. Aber was ist mit all den Menschen, denen noch ein weiterer Tag bleibt? Oder ein ganzes Jahr? Oder fünfzig Jahre? Was ist mit all jenen Menschen, die auf dem Weg zur Arbeit wieder gedankenversunken in ihre Smartphones gucken und die vielen kleinen Glücksmomente übersehen, während sie verzweifelt auf die großen warten? Wenn du morgen früh also das Glück haben solltest, deine Augen öffnen zu dürfen, möchte ich dich an eine Kleinigkeit erinnern:

Falls sich in deinem Geldbeutel ein einziger Zehn-Euro-Schein befindet, bist du reicher als 5,5 Milliarden Menschen auf der Welt. Du hast richtig gehört: Du bist reicher als 75 Prozent der Weltbevölkerung. Natürlich darfst du aus diesen zehn Euro gerne hundert Euro, tausend Euro, zehntausend Euro oder noch mehr machen, wenn das dein Wunsch ist. Aber vergiss auf dem Weg dahin niemals, dankbar dafür zu sein, diese Chance überhaupt zu bekommen. Während meiner Zeit in den Favelas von

Rio de Janeiro konnte ich mit eigenen Augen sehen, wie ein Leben aussieht, wenn du bettelarm bist und nichts besitzt. Ich habe aber auch Kinder gesehen, die abends am Strand voller Leidenschaft Fußball gespielt haben und die in diesen Momenten glücklicher nicht hätten sein können. Die Perspektive zu wechseln ist ein großes Geschenk. Es hilft dir, auf dem Boden zu bleiben und demütig zu sein in Zeiten, in denen es oft nur noch um mehr geht: mehr Geld, mehr Likes, mehr Aufmerksamkeit, mehr Anerkennung. Du bist schon jetzt ein Glückskind. Bitte vergiss das nicht, wenn du heute Abend im Bett liegst und deine Augen schließt.

> *»Wer eine Frage stellt, ist ein Trottel für eine Minute.*
> *Wer gar nicht erst fragt, bleibt ein Trottel ein Leben lang.«*
> KONFUZIUS

Als ich nach Hause kam, pflückte ich einen Gedanken aus der Luft, der mich selbst ein wenig überrascht hat: »Was kann ich noch tun, um in meinen letzten Stunden so vielen Menschen wie möglich zu helfen?« Zuerst fiel mir nichts Sinnvolles ein. Zu viele Fragen schwirrten nach diesem erkenntnisreichen Tag in meinem Kopf umher. Doch dann dachte ich: Wenn sie mich beschäftigen, dann könnten sie für andere womöglich auch interessant sein. Also setzte ich mich wieder vor meinen Plattenspieler, wo immer noch der Block mit den Notizen lag, legte »Try A Little Tenderness« von Otis Redding auf, schlug eine neue Seite auf und begann, dreißig Fragen aufzuschreiben.

Lies dir diese Fragen in Ruhe durch. Du musst sie nicht beantworten, jedenfalls nicht sofort. Es reicht, sie sich überhaupt zu stellen. Ich bin ohnehin der Meinung, dass eine gute Frage wichtiger als eine gute Antwort ist. Was ist schon gut oder richtig? Richtige Antworten mag es in der Welt der Mathematik geben, aber im Leben? Da helfen einem die Fragen weiter, da sie Raum für Entfaltung lassen, für Fantasie und die buntesten Farben. Sie geben dir die Möglichkeit, groß zu träumen und die Antworten selbst zu gestalten. Wenn diese Antworten in deiner Vorstellung nämlich noch nicht feststehen, ist auch alles möglich – und noch so viel mehr!

Falls du meine Vierundzwanzig-Stunden-Challenge nachmachen willst und dafür etwas Inspiration brauchst, kannst du die Fragen auch gerne mit in diesen Tag nehmen.

Dreißig Fragen für deine Challenge *24 Hours To Live*

1. Wenn die durchschnittliche menschliche Lebensdauer lediglich vierzig Jahre betrüge (mein aktuelles Alter), wie würdest du dann dein Leben leben, beziehungsweise was hättest du anders gemacht?
2. Was ist schlimmer: zu scheitern oder es nicht zu versuchen?
3. Wie alt würdest du dich schätzen, wenn du nicht wüsstest, wie alt du bist?
4. Wenn Glück eine Währung wäre, welche Art von Arbeit würde dich reich machen?
5. Machst du, woran du tief im Herzen glaubst, oder bist du auf deinem Weg faule Kompromisse eingegangen?
6. Falls du einen Partner hast: Liebst du ihn noch? Wenn nein, wovor hast du Angst? Wenn ja, wann hast du es ihm das letzte Mal gesagt?

7. In welchem Maße hast du den Verlauf deines Lebens durch eigenständige und proaktive Entscheidungen tatsächlich kontrolliert?

8. Stell dir vor, du triffst dich mit drei Menschen, die du respektierst und bewunderst, zum Mittagessen. Plötzlich fangen sie an, sich über eine enge Freundin von dir lustig zu machen, ohne zu wissen, dass du sie kennst. Die Kritik ist geschmacklos und ungerechtfertigt. Wie reagierst du?

9. Wenn du deinem Kind nur einen Ratschlag mit auf den Weg geben dürftest, wie lautete er?

10. Gibt es etwas, von dem du weißt, dass du es anders machst als die meisten Menschen?

11. Wie erklärst du es dir, dass jene Dinge, die dich glücklich machen, nicht alle anderen Menschen auch glücklich machen?

12. Warum bist du »du«?

13. Warst du immer der Freund, den du dir für dich selbst gewünscht hast?

14. Wofür bist du am meisten dankbar?

15. Wenn du dich entscheiden müsstest: Würdest du lieber alle deine alten Erinnerungen verlieren oder niemals wieder neue machen können? (Ich liebe diese Frage!)

16. Ist deine größte Angst, wegen der du schon unzählige schlaflose Nächte hattest, jemals wahr geworden?

17. Wann hast du das letzte Mal deine Lieblingsmenschen angerufen und ihnen Worte der Wertschätzung gesagt?

18. Was ist deine glücklichste Kindheitserinnerung, und was macht sie so besonders?

19. Zu welchem Zeitpunkt deiner jüngsten Vergangenheit hast du dich am wohlsten und lebendigsten gefühlt?

20. Gib einen Tipp ab: Warum lebst du?

21. Ist dein größter Lebenstraum bereits in Erfüllung gegangen?

22. Wenn du diese eine Sache, die dir so wichtig ist, noch nicht erreicht hast, was also hast du zu verlieren?

23. Ist es möglich, ohne auch nur einen Hauch des Zweifels zu wissen, was gut und was böse ist?

24. Hättest du lieber weniger Arbeit zu erledigen oder mehr Arbeit, die dir Spaß macht?

25. Wenn du wüsstest, dass alle Menschen, die du kennst, morgen sterben würden, wen würdest du heute noch besuchen?

26. Was liebst du? Und hat irgendeine deiner Handlungen der letzten vierundzwanzig Stunden diese Liebe zum Vorschein gebracht?

27. Wirst du dich in fünf Jahren daran erinnern, was du gestern getan hast? Was ist mit dem Tag davor? Oder dem Tag davor?

28. Große Entscheidungen stehen in deinem Leben an. Sei ehrlich: Triffst du sie selbst, oder lässt du lieber andere für dich entscheiden?

29. Wenn am Ende deines Lebens alles gesagt und alles getan ist, wirst du dann mehr gesagt haben, als du getan hast?

30. Stell dir vor, du müsstest dich zwischen zwei Optionen entscheiden. Option 1: Du hättest für die ganze Welt einen magischen All-Access-Pass. Du könntest wie ein

Geheimagent mit Superkräften an alle Orte reisen und alle Menschen treffen, die jemals gelebt haben, und du würdest auf all deine Fragen die absolut wahre Antwort erhalten, dürftest aber mit niemandem darüber reden, keine Fotos in den sozialen Medien posten und auch sonst nichts mit deinem neugewonnenen Wissen anstellen. Option 2: Du hättest ein relativ normales Leben, keinen übertriebenen Luxus, aber von allem genug, und du dürftest zwei- bis dreimal im Jahr an einem außergewöhnlichen Highlight teilnehmen, das du ausgiebig mit der Welt, deinen Freunden und in den sozialen Netzwerken teilen könntest.
Welche Option wählst du?

Wie geht es dir, nachdem du diese Fragen gelesen hast? Denkst du noch über die letzte nach? Sie gehört definitiv zu meinen Lieblingsfragen. Ich bin immer wieder überrascht, wie unterschiedlich die Antworten ausfallen, wenn ich sie in meinem Freundeskreis oder auf Partys stelle. Eine Unterhaltung mit Jesus, Anne Frank, Gandhi, Rosa Parks, Sokrates, Jeanne d'Arc oder Beethoven ... unbeschreiblich, aber niemandem davon erzählen dürfen? Ein privates Abendessen mit Michele Obama, Madonna oder Bill Murray ... atemberaubend, aber keine Fotos auf Instagram posten dürfen? Ich bin sehr auf deine Antworten gespannt. Erzähl sie mir. Du weißt ja, wo du mich findest.

Der Tag meiner Challenge war nun fast vorbei. All die Fragen und Gedanken hatten viel Energie gekostet, und ich war schon kurz davor, ins Bett zu gehen, als ich mir noch einmal meine

Notizen vornahm und die Namen meiner Lieblingsmenschen sah, für die ich die Videos aufgenommen hatte. Wenn es wirklich meine letzte Nacht auf Erden wäre, würde ich sie jetzt auf jeden Fall noch anrufen, dachte ich und suchte auch schon nach meinem Handy. Ich entriegelte den Flugmodus und wählte die erste Nummer.

»Hey, ich weiß, es ist schon spät. Ich habe gerade an dich gedacht und wollte nur kurz deine Stimme hören, bevor ich gleich einschlafe. Ich hab dich lieb. Es ist schön, dass es dich gibt. Das wollte ich dir einfach mal wieder sagen. Gute Nacht (...).«

Jedes Telefonat dauerte nur ein paar Minuten, und immer konnte ich am anderen Ende der Leitung ein Lächeln spüren. Diese Stimmung, die mir so guttat, wollte ich mir noch eine Weile bewahren. Ich fühlte Liebe und das Bedürfnis, noch mehr von mir dazulassen. Ich öffnete meinen Laptop und schrieb an meine Facebook-Pinnwand:

Fünfzehn wertvolle Erinnerungen

1. Sag »Ich liebe dich«, wenn du es fühlst.
2. Umgib dich mit Menschen, die dich inspirieren.
3. Halte die Dinge einfach.
4. Folge deinem Herzen, auch wenn dich niemand versteht.
5. Gehe an Orte, an denen du geliebt und nicht ignoriert wirst.
6. Du willst aufgeben? Erinnere dich daran, warum du angefangen hast.
7. Lebe DEINEN Traum, nicht den von anderen.

8. Gib immer ein bisschen mehr, als du bekommst (du wirst es schon bald verstehen).
9. Steh vom Sofa auf und zeig der Welt, dass es dich gibt.
10. Lass die Vergangenheit in der Vergangenheit (genau dort ist ihr Platz).
11. Beginne, dein eigenes Glück als Priorität #1 einzustufen.
12. Mach etwas zum ersten Mal.
13. Sei dankbar für die Dinge, die bereits Teil deines Lebens sind.
14. Vertraue dir.
15. Keine Ausreden mehr.
P.S. Und nimm das Leben, wie es ist!

Um den Regenbogen zu sehen, brauchst du den Regen. Um nachts die Sterne zu sehen, brauchst du die Dunkelheit. Verschließe dich nicht vor diesen Wahrheiten. Hab Geduld, zerstöre die Mauer, die du um dich errichtet hast, und lerne, dich aufrichtig zu entschuldigen. Vergib, auch wenn du recht hast. Und bitte: Lass dein Gepäck zurück! Glaube an die wahre Liebe, auch wenn sie nicht für immer hält. Geh niemals im Streit von einem anderen Menschen weg. Und wenn dein Leben gerade einer Achterbahn gleicht, setz dich nach vorne in die erste Reihe, strecke beide Arme in die Luft und genieße die Fahrt.

Ein bisschen kam es mir vor, als hätte ich die Antwort auf die Frage geschrieben: »Was würdest du deinem achtzehnjährigen Ich gerne sagen?« Ja, das war's! Nun gab es nichts mehr zu tun. Ich hatte das Gefühl, mein Bestes gegeben und alles gesagt zu haben, was ich sagen wollte. Jedenfalls unter den gegebenen Umständen. Ich hatte einen zauberhaften Tag erlebt und mehr über mich erfahren, als ich es vorher für möglich gehalten hätte. Ich war kreativ, hatte geschrieben und meinen Gefühlen Ausdruck verliehen. Ich war ganz bei mir. Vielleicht muss man dem Tod nahe sein, um das Leben wirklich zu spüren. Vielleicht brauchen wir diese Grenzerfahrungen. Vielleicht müssen wir uns hin und wieder aus dem Wahnsinn des Alltags herausreißen, um zu verstehen oder zumindest eine vorsichtige Ahnung zu erhaschen, wer wir sind und wozu wir hier sind. Immerhin ist der Mensch die einzige Spezies, die ein Bewusstsein hat. Wir können mit unserem Geist erfassen, dass es uns gibt, dass wir leben. Falls es dafür einen Grund gibt und Gott sich dabei etwas gedacht hat, dann kann ich mir nicht vorstellen, dass wir nur deswegen geboren werden, um morgens aufzustehen, das Klo zu benutzen, Rechnungen zu bezahlen, irgendwann in Rente zu gehen und wieder zu verschwinden. Mein Lieblingslied von Nicki Minaj heißt *Moment 4 Life*. Laut meiner *iTunes*-Statistik habe ich es schon 681 Mal gehört. Auch dafür gibt es einen Grund. Das Lied beginnt mit diesen Textzeilen:

»*I fly with the stars in the skies*
I am no longer trying to survive
I believe that life is a prize
But to live doesn't mean you're alive«

»*Ich fliege mit den Sternen am Himmel*
Ich versuche nicht länger zu überleben
Ich glaube, dass das Leben ein Gewinn ist
Aber zu leben bedeutet nicht, dass du auch lebendig bist«

In der arte-Dokumentation »The Great Pretender« über Freddie Mercury erzählt Brian May, der Gitarrist von Queen, davon, wie er sich während der Aufnahmesessions zu »Made in Heaven« fühlte, dem letzten Studioalbum der Band. Der Gesundheitszustand von Freddie Mercury war zu diesem Zeitpunkt durch seine AIDS-Erkrankung schon sehr schlecht, und allen Mitgliedern von Queen war völlig klar, dass ihr Sänger bald sterben würde. »Während der Aufnahmen herrschte eine ganz besondere Stimmung, die sich auch auf die Songs übertragen hat«, erzählt Brian May. »Unser letztes Album war auch deswegen unser bestes, weil wir alle wussten, dass es das letzte sein würde.« Wenn du weißt, dass du mit deinem Buddy wahrscheinlich nie mehr gemeinsam in einem Raum sein wirst, um das zu tun, was euch am meisten Freude bringt, dann verschwindet dein Ego, und du empfindest nur noch Dankbarkeit für den Augenblick. Du lässt dich komplett fallen, tauchst ab ins Jetzt, spielst dein Instrument, empfindest ein tiefes Gefühl des Friedens, der Leichtigkeit, des Glücks – und alles wird eins. Du fliegst mit den Sternen am Himmel … und fühlst dich lebendig.

Mein Mantra in dieser Nacht

Ich vertraue auf meine Fähigkeit zu wissen, was gut für mich ist, ohne zu verzweifeln, wenn die Dinge einmal nicht so gut laufen. Ich verstehe, dass es immer Platz für Verbesserung gibt, und verpflichte mich dazu, stets mein Bestes zu geben, um in allen Bereichen meines Lebens zu wachsen. Ich bin nicht besser als irgendwer. Es ist ganz klar, dass ich nicht bin wie irgendwer, und ich versuche jeden Tag, diese

Erkenntnis noch deutlicher herauszustellen. Größe ist das Wort, das für mein Leben stehen soll, weswegen ich keine Ausreden gelten lasse, wenn ich etwas nicht erreiche. Ich werde mich noch mehr anstrengen. Ich bin hier, um etwas zu schaffen, das größer ist als ich. Wenn ich auf diesem Weg ins Straucheln gerate, werde ich mich an diese Worte erinnern. Ich werde mich daran erinnern, wer ich bin, und ich werde mich daran erinnern, dass meine Mission größer ist als die Fehler, die ich begehe. Ich werde niemals aufgeben, und ich werde meine Siege wie auch meine Niederlagen in vollen Zügen genießen. Ich werde es immer versuchen. It's all good!

Mit diesen schönen Gedanken schlief ich ein.

Was ist ein gelungenes Leben?

Es war ein langer Weg. Doch nun fühlte ich mich wieder in der Spur. Endlich! Je besser es mir ging, umso größer wurde der Wunsch in mir, anderen ebenso in die Spur zu helfen. Auch dir. Auch mit diesem Buch. Deswegen möchte ich dich in der zweiten Hälfte noch intensiver motivieren, dich direkt einbinden und dir viele Anregungen an die Hand geben, um deine Lebensqualität aktiv zu steigern. Mein Herzenswunsch ist wirklich, dass du glücklich und zufrieden bist und dein Leben am Ende als gelungen bezeichnen würdest. Aber was genau ist ein gelungenes Leben? Mit dieser Frage habe ich mich in den letzten Jahren immer wieder auseinandergesetzt. Wenn man sich mit Menschen unterhält, die kurz vor dem Tod stehen und über den Sinn ihres vergangenen Lebens nachdenken, hört man häufig die Kernaussage:»Ich habe keine Angst vor dem Sterben, aber vor dem Nicht-mehr-da-Sein.« Diese Menschen, die keine Zeit mehr zu verlieren haben, weil sie fast abgelaufen ist, sind in der Endphase ihres Lebens oftmals sehr klar. Sie beschäftigen sich nicht mehr mit Banalitäten, sondern stellen sich ganz einfache und sehr konkrete Fragen:

- Was bleibt von mir?
- Habe ich Spuren hinterlassen?
- Hat mein Leben etwas bewirkt?
- Wird man sich an mich erinnern?

Eine der wichtigsten Fragen, die du dir schon jetzt stellen kannst, wenn du über dein restliches Leben nachdenkst, lautet:»Worauf will ich einmal stolz sein?«

Wenn du *deine* Antwort auf diese Frage findest und dein Leben um sie herum aufbaust, wirst du deinem persönlichen Glück einen gewaltigen Schritt näher kommen. Ich sage es gerne noch einmal: Manchmal reicht es schon, sich die Frage zu stellen, sie wirken zu lassen und Dankbarkeit zu empfinden. Mir ist schon klar, dass das ein großes Thema ist, das einen schnell überfordern kann, aber es geht hier um nichts Geringeres als den Rest deines Lebens. Es wird in deinem Leben nie etwas Wichtigeres geben, weswegen es durchaus Sinn macht, den ein oder anderen Gedanken zu investieren. Ich wünsche mir von Herzen, dass du dir über die Bedeutung deines Lebens bewusst wirst und erkennst, dass dein Ziel – deine Spur im Sand – gar nicht so weit von dir entfernt liegt. Selbst wenn du beim nächsten Versuch wieder stolperst und hinfällst, steh auf, klopf dir den Sand aus dem Gesicht und mach weiter. Nur so lernst du, wirst stärker und letztlich zu einem besseren Menschen.

Merke dir folgende Faustregel: Ist es nicht tödlich, ist es auch nicht schlimm! Ist deine Bewerbung an der Kunsthochschule abgelehnt worden? Nicht schlimm! Bist du durch die Führerscheinprüfung gefallen? Nicht schlimm! Bist du bei der Beförderung übergangen worden? Nicht schlimm! Hat dein Freund mit dir Schluss gemacht? Auch nicht so schlimm! Akzeptiere es, leg dich schlafen und versuche am kommenden Tag, hinter die wahre Bedeutung dieser neuen Situation zu gelangen. Ich weiß, dass vor allem Liebeskummer grausam sein kann. Und falls du in diesem Augenblick mittendrin stecken solltest, weiß ich auch, dass ich nichts sagen oder schreiben könnte, um dich von deinem Leid zu befreien. Dein Herz wird sich aber bald beruhigt haben, das weiß ich ganz sicher. Dann könntest du wieder zu dieser Textstelle zurückkehren und dir zwei Fragen stellen:

- Warum möchtest du mit einem Menschen zusammen sein, der sich darüber nicht ebenso freuen würde wie du?
- Wie sähe die gleiche Situation ohne die Stimme in deinem Kopf aus, ohne die Mutmaßungen und Interpretationen?

Erinnere dich an die Geschichte von dem chinesischen Bauern: Was jetzt ein Unglück zu sein scheint, kann sich noch als großes Glück erweisen. Schon sehr bald wirst du erkennen, dass es einen Grund dafür gibt, warum es diese Person nicht in deine Gegenwart geschafft hat. Hast du jemals jemanden so stark geliebt, dass du alles für ihn getan hättest? Ja? Sehr gut, dann weißt du ja, wie es geht. Mach dich zu diesem Jemand. Mach dich wieder zu deiner Nummer eins und ziehe in die Welt hinaus, um den Spaß deines Lebens zu haben.

»Das habe ich noch nie vorher versucht. Also bin ich völlig sicher, dass ich es schaffe.«

PIPPI LANGSTRUMPF

Denke immer daran: Jeder Tag, an dem du hinfallen, wieder aufstehen und es weiter probieren darfst, ist ein großes Geschenk. Ändere deine Perspektive, und du änderst deine Welt.

Über das Gefühl, mit der Welt nicht Schritt halten zu können

Um eines klarzustellen: Du bist nicht zu langsam, du bist auch nicht zu alt, du stehst lediglich am Beginn deiner Reise. Das ist ein gewaltiger Unterschied. Und glaube mir, dieser Weg, von dem ich rede, ist lang. Ich bin vierzig Jahre alt. Es gibt Menschen, die jetzt sagen: »Puh, ganz schön alt.« Ich sage: »Ich fange gerade erst an und kann locker noch fünfzig Jahre leben.« Lass mich dir erklären, warum es keinen Sinn macht, dein Alter und dein Tempo mit dem der anderen zu vergleichen.

Jemand hat im Alter von zweiundzwanzig Jahren sein Studium beendet, brauchte aber weitere fünf Jahre, um einen gut bezahlten Job zu finden. Ein anderer Jemand war mit siebenundzwanzig bereits der Geschäftsführer einer großen Firma, starb jedoch im Alter von fünfzig Jahren an einem Herzinfarkt. Und wieder ein anderer Jemand wurde erst mit fünfzig zum Geschäftsführer befördert, während sein Nachbar nie befördert wurde und dennoch bis ins hohe Alter von neunzig Jahren ein glückliches und zufriedenes Leben führte. Der Jemand links von dir ist verheiratet, der Jemand rechts von dir wurde gerade von seinem Partner verlassen, hinter dir gibt es viele Jemands, die Kinder haben, und vor dir ebenso viele, die keine haben. Barack Obama hat sein Präsidentenamt mit fünfundfünfzig abgegeben, während Donald Trump es mit siebzig übernommen hat. Paulo Coelho galt im Alter von vierzig Jahren als gescheiterter Schriftsteller, während er heute zu den erfolgreichsten Autoren aller Zeiten zählt. Charles Darwin hat seine revolutionäre Evolutionstheorie erst mit einundfünfzig veröffentlicht.

Betrachte dein Alter stets im großen Zusammenhang deines ganzen Lebens. »Ich bin dreiundfünfzig«, klingt nur für denjenigen alt, der keine Träume mehr hat. Es gibt einen zweifachen Oscar-Preisträger und James-Bond-Bösewicht aus Österreich, der es als Charakterdarsteller in Deutschland viele Jahrzehnte ziemlich schwer hatte, dem kaum jemand eine große Karriere prophezeite, und doch gelang ihm der große internationale Durchbruch – du wirst es dir denken können – im Alter von dreiundfünfzig Jahren. Sein Name? Christoph Waltz.

Du siehst, jeder Mensch lebt in seiner eigenen Zeitrechnung. Sei nicht neidisch auf jene, die schneller, schöner oder stärker sind als du. Jeder von uns, auch ich, trägt seine eigenen Kämpfe aus, von denen du nichts weißt. Wir sind alle verschieden und haben unterschiedliche Bedürfnisse und Ziele. Was bedeutet früh? Was bedeutet spät? Verglichen mit wem? Verglichen mit was? Manche möchten Karriere machen, andere sehen ihre Bestimmung darin, Kinder großzuziehen, wieder andere versuchen, beides in Einklang zu bringen. Wo immer du gerade stehst, ist exakt der Ort, an dem du sein sollst. Acht Milliarden Menschen können ohnehin nicht zum gleichen Zeitpunkt das Gleiche tun, in der gleichen Reihenfolge, nach dem gleichen Plan. Du bist also weder zu spät noch zu früh. Du bist gut in der Zeit, in *deiner* Zeit. Atme durch und gehe weiter deinen Weg, in der Geschwindigkeit, die für dich gut ist. Und höre auf Nelson

Mandela, der gesagt hat: »Du hast nicht nur das Recht, glücklich zu sein. Es ist sogar deine Pflicht.«

Als Freiheitskämpfer saß er während der Apartheid in Südafrika fast dreißig Jahre lang im Gefängnis. Erst im hohen Alter von zweiundsiebzig Jahren wurde er entlassen und schließlich der erste schwarze Präsident seines Landes. Und dieser Mann, der alle Gründe hätte, verbittert und voller Hass zu sein, sagt, dass es deine Pflicht sei, ein glückliches Leben zu führen, unter welchen Umständen auch immer.

Karma, Baby!

Ich möchte dir von einem Mädchen erzählen, das im Alter von drei Jahren von ihrem Vater verlassen wurde. Ihre Mutter, die zu dem Zeitpunkt selbst noch ein halbes Kind war und gerade erst volljährig wurde, musste sie unter größten Mühen alleine großziehen. Das Mädchen, das gerne sang, träumte nie davon, berühmt oder gar ein großer Star zu werden. Im Gegenteil, sie konzentrierte sich immer darauf, anderen Musikern zu helfen. Zu sehen, wie die Träume vieler ihrer Freunde in Erfüllung gingen, erfüllte sie mit Freude. Das reichte ihr. Eines Tages lud einer dieser Freunde ein Demotape mit drei ihrer Songs auf der Online-Plattform Myspace hoch. Dort schlummerte es zwei Jahre lang, weitestgehend unbemerkt. Bis ein Mitarbeiter der Plattenfirma XL Recordings es im Jahr 2006 zufällig hörte und die junge Frau ohne zu zögern unter Vertrag nahm. Heute ist Adele einunddreißig Jahre alt, hat für ihren James-Bond-Titelsong »Skyfall« sowohl einen Oscar als auch einen Golden Globe gewonnen, und in ihrem Wohnzimmer stapeln sich fünfzehn Grammy Awards. Sie hat in ihrer erst kurzen Karriere drei Alben aufgenommen, über einhundert Millionen Tonträger verkauft und zählt damit schon jetzt zu den erfolgreichsten Sängerinnen des 21. Jahrhunderts. Und alles begann damit, dass sie anderen half, ihre Träume zu leben. In meinen Augen ist sie genau deswegen ein Vorbild.

Ich verrate dir jetzt ein Geheimnis des Glücks: Ich habe noch nie einen Menschen getroffen, der sich schlecht gefühlt hat, weil er einem anderen Menschen geholfen hat. Nicht umsonst wird Jesus mit den Worten zitiert:»Geben ist seliger als Nehmen.« Stell dir vor, wie unsere Welt aussähe, wenn wir ein völlig neues Statusmodell entwickeln würden – wenn es nicht darum ginge, »was wir erreicht, angehäuft oder erlebt haben«, sondern darum,»welchen Effekt wir auf andere hatten.« Und stell dir vor, wir hätten keine Buchhalter und Steuerberater für unsere Gewinne und Ausgaben, sondern Buchhalter und Berater, deren Aufgabe es wäre, all die positiven und negativen Auswirkungen unserer Handlungen auf andere zu dokumentieren? Oft denken wir ja nur über die positiven Auswirkungen unserer Handlungen nach und verdrängen dabei die negativen. Deswegen nimm dir ein paar Minuten und denke darüber nach: Ganz objektiv betrachtet, wie sieht deine Karma-Balance aus?

Ich kann mir vorstellen, was du gerade denkst:»Das klingt in der Theorie ja ganz gut, aber in der Praxis haben gute Menschen in der heutigen Zeit, in der jeder nur noch an sich denkt, keine Chance. Sie werden ausgenutzt und umgerannt, vergessen und übersehen.« Mag sein, dass du diesen Eindruck hast, und in vielen Bereichen des Berufslebens ist das bestimmt auch wahr. Ich glaube dennoch, dass jemand, der andere Menschen kleinmacht, niemals wahre Größe erlangen wird. Karma trifft jeden, auch die Arschlöcher. Niemand kann sich davon freikaufen. Ich finde dieses Prinzip ziemlich beruhigend.

Achte darauf, dich nicht zu beklagen, nicht zu jammern und niemals schlecht über andere zu reden. Eliminiere jegliches Leid aus deinen Gedanken. Richte deine Aufmerksamkeit stattdessen auf das Gute im Leben, verbreite Liebe und Freude und sei ein aufmerksamer Zuhörer. Das ist der bessere Weg zu einem friedvollen Leben.

Manchmal folge ich Menschen auf Instagram einfach nur, um zu sehen, wie ich auf gar keinen Fall werden möchte. Ich nutze sie als Warnung. Du wirst diese Menschen nicht ändern können (was übrigens auch nicht deine Aufgabe ist), aber du kannst deine Einstellung gegenüber diesen Menschen ändern. Darüber hast du die volle Kontrolle. In der Art, wie du über andere denkst, liegt ein weiterer Schlüssel zum Glück begraben – und in der Gewissheit, dass nichts für immer ist. Stell dir einen Vogel vor. Er ernährt sich während seines Vogellebens von vielen kleinen Ameisen. Sobald er stirbt und zu Boden fällt, kommen viele kleine Ameisen und ernähren sich von ihm. Aus einem Baum kann man eine Million Streichhölzer herstellen, aber nur ein Streichholz ist notwendig, um eine Million Bäume abzubrennen. Du siehst: Lebensumstände können sich jederzeit ändern. Das gilt für den Vogel und für die Ameise gleichermaßen wie für den Baum. Deswegen handeln wir Krieger des Lichts stets respektvoll, verletzen niemanden und werten andere nicht ab. Denke immer daran: Du magst zwar heute in einer mächtigen Position sein, aber die Zeit ist mächtiger, als du jemals sein wirst. Das gilt für den Chef und für den Praktikanten gleichermaßen.

Ich möchte dir von einer geheimnisvollen Welt erzählen. Wenn jemand in dieser Welt etwas Verletzendes, Böses oder Falsches getan hat, nehmen ihn die anderen in ihre Mitte und erzählen ihm von all den guten Taten, die er jemals in seinem Leben vollbracht hat. In dieser geheimnisvollen Welt glaubt man, dass jeder Mensch im Grunde seines Herzens gut ist, dass jeder sich Liebe, Sicherheit, Frieden, Geborgenheit, Anerkennung und Glück wünscht. Seine Verfehlung wird nur als ein Hilferuf gewertet. Auf diese Weise verbinden die Menschen ihn wieder mit seiner wahren Natur, sodass er sich daran erinnert, wer er wirklich ist … bis er die ganze Wahrheit erkennt, von der er sich vorübergehend getrennt hatte.

Wenn Menschen dich schlecht behandeln, hat das nichts mit dir zu tun. Sie zeigen dir damit nur ein Spiegelbild ihrer eigenen hässlichen Seele. Nimm es niemals persönlich, sondern wünsche ihnen von Herzen gute Besserung. Mit dieser Einstellung wird sich vieles in deiner Welt sofort zum Positiven wenden. Auch die Menschen werden sich ändern, und unglaubliche Dinge werden passieren. Du wirst sehen.

Eine der mächtigsten Waffen im Umgang mit unangenehmen Menschen heißt Vergebung. Es ist so viel leichter, anderen zu vergeben, wenn du verstehst, dass jeder Mensch sein Bestes gibt, und zwar nach seinem jeweiligen Grad an Bewusstsein. Ein Mensch, der sich in einem mentalen Zustand der Frustration befindet, wird frustrierte Handlungen vollziehen. Es gibt Menschen, die keinen Zugang zu ihrer Liebe finden und deswegen in einer Welt voller Hass leben. Es ist nicht deine Aufgabe, diese

Menschen zu ändern, sondern zu erkennen, dass dieser Hass keinen Einfluss auf dein Gefühlsleben haben darf. Vergib ihnen für ihre Dummheit, auch wenn es ihnen nicht leidtut. Mach es nur für dich, für dein Karma, für deinen Seelenfrieden. Für dein Glück.

Glück entsteht durch das Lösen von Problemen

Ein Leben ohne Probleme! Für viele ist genau das ein Ideal. Wie klingt es für dich? Auf den ersten Blick sicher traumhaft, aber gehst du etwas in die Tiefe, sieht es schon anders aus. Es gibt einen Grund, warum sich zum Beispiel die Sorgen jener Menschen, die unerwartet einen hohen Geldbetrag im Lotto gewinnen, nicht in Luft auflösen. Stell es dir einfach mal vor. Was würdest du tun, wenn es in deinem Leben keine Herausforderungen mehr gäbe? Denn nichts anderes ist ein Problem: eine neue Situation, für die man eine Lösung finden will. Also, wie sähe dein Leben ohne Probleme aus?

Ich habe den Mitarbeitern der kleinen Postfiliale in meiner Straße diese Frage gestellt und in glänzende Augen geguckt. »Ich würde nur noch in meinem Haus am Strand liegen, mit meinen Kumpels Erdbeer-Margaritas trinken und mein Leben chillen«, sagte einer der Jungs, und seine Freunde nickten. Zugegeben, das ist eine schöne Vorstellung … für zehn Minuten. Wie lange, glaubst du, würde das gut gehen? Das machst du eine Woche, einen Monat, vielleicht ein halbes Jahr, und dann? Irgendwann wäre dir derart langweilig, dass du beginnen würdest, dir deine eigenen Probleme künstlich zu erschaffen, einfach nur deswegen, um deinem Dasein einen Sinn zu geben und etwas zu tun zu haben. Ein Leben ohne Probleme ist also erstens nicht möglich und zweitens auch nicht erstrebenswert. Die Kunst besteht darin, herauszufinden, für welche Probleme es sich lohnt, morgens aufzustehen, um an ihnen zu wachsen.

Wenn ich an einem neuen Buch schreibe, sitze ich manchmal stundenlang einfach nur da und überlege: Wie kann ich diese Geschichte erzählen? Wie kann ich dieses Problem lösen? Wo finde ich den Ausweg? Es gibt Tage, an denen mich diese Situationen verzweifeln lassen, aber ich weiß am Ende immer, wofür ich es tue. Ich kenne mein Ziel. Ich liebe es, und ich hasse es, aber selbst, wenn ich es hasse, liebe ich es. Ich kämpfe und verzweifle, denke nach und meditiere, schreibe etwas und lösche es wieder: kämpfen, schlafen, kämpfen, schlafen. Ich liebe diese Herausforderungen. Ich will jedes Mal aufs Neue herausfinden, ob ich es schaffen kann.

Love the process, the fight, the struggle! Finde heraus, wofür es sich zu leiden lohnt. Finde heraus, wofür du dir an einem Sonntagmorgen den Wecker stellen würdest, selbst wenn du es nicht müsstest. Vielleicht verbirgt sich in dieser Antwort das Glück, nach dem du schon so lange suchst. Denke immer daran: Glück ist nicht das Eliminieren von Problemen, sondern der Akt, den Problemen deines Lebens einen übergeordneten Sinn zu geben.

> »Hart für etwas zu arbeiten, das einem nichts bedeutet, nennt man Stress; hart für etwas zu arbeiten, das man liebt, nennt man Leidenschaft.«
> SIMON SINEK

Magische zehn Minuten: Was sind deine Werte?

Vor zwanzig Jahren wurde eine Gruppe von Studenten der Stanford University in die Weihnachtsferien geschickt – mit der Aufgabe, während dieser Zeit ein Tagebuch zu führen. Eine Hälfte der Gruppe sollte über ihre wichtigsten persönlichen Werte schreiben, über ihre Ziele und Träume im Leben und wie die Erlebnisse eines jeden Tages mit ihnen in Verbindung stehen. Die andere Hälfte der Gruppe sollte lediglich die positiven Ereignisse des Tages notieren. Als die Studenten nach der Pause an die Universität zurückkehrten und ihre Tagebücher abgaben, machten die Wissenschaftler bei der Auswertung eine interessante Entdeckung. Jene Studenten, die über ihre persönlichen Werte geschrieben hatten, waren in der Folgezeit seltener krank, wesentlich motivierter und hatten eine positivere Lebenseinstellung als die Studenten, die sich nur mit den schönen Ereignissen in ihrem Leben beschäftigt hatten. Im Laufe der Jahre wurden diese Ergebnisse in fast einhundert weiteren Studien bestätigt. Die Stanford-Professorin Kelly McGonigal schreibt dazu in ihrem Buch *The Upside of Stress*: »Es hat sich herausgestellt, dass das Schreiben über seine Werte eine der effektivsten psychologischen Methoden ist, die je untersucht wurde. Es gibt den Menschen kurzfristig ein Gefühl der Kontrolle. Sie fühlen sich mächtiger, stolzer und stärker. Sie empfinden sich auch gegenüber anderen als liebevoller, verbundener und empathischer. Es erhöht die Schmerztoleranz, verbessert die Selbstbeherrschung und reduziert unerwünschte Gedankenspiele nach einem stressigen Erlebnis. Auf lange Sicht hat sich gezeigt, dass das Schreiben über Werte den Notendurchschnitt anhebt, Arztbesuche reduziert, die mentale Gesundheit verbessert und bei allem Möglichen hilft, von Gewichtsverlust über das Aufhören mit Rauchen bis hin zur Verringerung des Alkoholkonsums. Es hilft Menschen, angesichts von Diskriminierung durchzuhalten, und reduziert Selbstsabotage. Diese Vorteile waren in vielen Fällen das Ergebnis einer einzigen Veränderung des Mindsets. Menschen, die nur einmal zehn Minuten lang über ihre Werte schreiben, profitieren dadurch oft auch noch Monate oder gar Jahre später.«

Aber warum sollte eine so einfache Aktion so unglaubliche Ergebnisse liefern? Ein Hauptgrund dafür ist, dass dir das Schreiben über deine persönlichen Werte und ihre Verbindung zu schwierigen und stressigen Ereignissen in deinem Leben hilft, deren Bedeutung zu entschlüsseln. Wenn du also den großen Kontext hinter all den kleinen Kämpfen besser verstehst, dann sind sie nicht mehr so schmerzhaft, weil du dir wieder in Erinnerung gerufen hast, wofür du es tust. Wenn du plötzlich einen Sinn dahinter erkennst, dass es unbedingt notwendig ist, für die kommenden drei Monate Tag und Nacht an diesem Projekt zu arbeiten, dann wirst du auch mental besser vorbereitet sein, mit diesem Stress umzugehen. »Stresserfahrungen waren für die Studenten nicht mehr nur belastend«, schreibt Kelly McGonigal, »sie wurden sogar zum Ausdruck ihrer Werte … kleine Dinge, die sie vorher eher aus dem Gleichgewicht gebracht hätten, bekamen nun eine Bedeutung.«

Wenn dir zum Beispiel die Werte Familie, Dankbarkeit und Mitgefühl sehr wichtig sind – und du dir darüber auch im Klaren bist –, wird es dir unter Umständen nicht mehr ganz so schwerfallen, deine kranke Mutter zu pflegen. Wenn auf deiner Liste Werte wie Spontanität, Selbstbestimmung oder Gelassenheit stehen, wird dir eine Kündigung wahrscheinlich nicht so schnell den Boden unter den Füßen wegziehen. Wenn dir eher

Erfolg, Karriere und Status etwas bedeuten, wirst du weniger Schwierigkeiten damit haben, auf Schlaf und Freizeit zu verzichten und zwölf Stunden am Tag im Büro zu verbringen. Als mein Vater noch jung war, lauteten drei seiner wichtigsten Werte Absicherung, Familie und Wissen. Also wurde er Lehrer an einer Schule, baute ein Haus und gründete eine Familie. So wichtig ihm die finanzielle Sicherheit war, war es für mich wiederum, frei zu sein. In meiner Werteskala stehen zum Beispiel Freiheit, Abenteuer und Spiritualität an oberster Stelle. Dafür opfere ich gerne andere Werte wie Leistung oder Reichtum. Du siehst also, jeder lebt sein Leben nach anderen Werten und setzt andere Prioritäten. Entscheidend ist jetzt herauszufinden, was dir persönlich wichtig ist, und im zweiten Schritt zu überprüfen, inwiefern diese Werte mit deinem tatsächlichen Leben übereinstimmen.

Um dir eine Idee zu geben, was Werte überhaupt sind, habe ich dir eine kleine Liste zusammengestellt. Sie ist unvollständig, dient lediglich als Orientierungsstütze und darf von dir gerne erweitert werden:

Authentizität, Leistung, Abenteuer, Autorität, Autonomie, Schönheit, Kühnheit, Mitgefühl, Harmonie, Herausforderung, Genuss, Sport, Natur, Kompetenz, Kreativität, Neugierde, Religion, Ruhm, Gesundheit, Freundschaft, Familie, Spaß, Glück, Tiere, Ehrlichkeit, Seelenfrieden, Gerechtigkeit, Reisen, Wissen, Leadership, Liebe, Loyalität, Frieden, Ausgeglichenheit, Anerkennung, Status, Verantwortung, Musik, Essen & Trinken, Sicherheit, Selbstachtung, Ehrenamt, Spiritualität, Erfolg, Wohlstand, Sex, Veränderung, Dankbarkeit, Demut, Toleranz, Leistung, Optimismus,

Selbstständigkeit, Freiheit, Wissen, Wandel, Geld, Besitz, Geborgenheit, Zärtlichkeit, Wärme, Kultur, Nähe, Gemeinschaft, Kommunikation, Geduld, Kinder, Achtsamkeit …

Hast du deine Werte identifiziert? Dann könntest du dir nun folgende Fragen stellen:

- Passen meine wichtigsten Werte zu meinem aktuellen Leben?
- Harmonieren die Werte meines Partners (falls ich einen habe) mit meinen Werten?
- Harmonieren meine Werte mit den Werten jener Menschen, mit denen ich die meiste Zeit verbringe, oder sollte ich mir einen neuen Freundeskreis suchen?
- Was kann ich kurzfristig verändern, um meinen Werten mehr Raum zu geben?
- Wer kann mir bei der Umsetzung helfen?
- Wenn ich meinen Alltag betrachte, welche Tätigkeiten kann ich sofort streichen?
- Mit wem kann ich über meine Werte reden?

Wir werden älter, unsere Lebensumstände verändern sich, und mit ihnen verschieben sich oftmals auch die Prioritäten unseres Wertesystems. Wenn du achtzehn bist, liegt dein Fokus auf anderen Dingen als mit achtunddreißig oder achtundfünfzig. Es wäre furchtbar langweilig, wenn es nicht so wäre. Alles fließt und wandelt sich, deswegen lohnt es tatsächlich, sich hin und wieder mit einem Stift und etwas Papier hinzusetzen, seinen Status quo zu überprüfen und gegebenenfalls entsprechende Maßnahmen zu ergreifen.

Dazu passt meine Quizfrage des Tages: In welchem Zustand befindest du dich gerade? Bist du entspannt und zufrieden mit deinem aktuellen Leben? Oder willst du lieber mit einer Idee, die in deinem Kopf herumschwirrt, die Welt erobern? Oder einfach nur Spaß haben und deine innere Pippi Langstrumpf oder den kleinen Peter Pan in dir reanimieren? Denke ruhig kurz darüber nach. Ich beschreibe dir derweil die drei Säulen des Glücks.

Die drei Säulen des Glücks

Erste Säule: Zufriedenheit. Sie ist für mich ein sehr unaufgeregter Zustand, in dem man kaum Input von außen braucht. Die Dinge laufen gut, Körper und Geist sind in Harmonie, du reflektierst über dein Leben, genießt den Augenblick und fühlst dich rundum wohl in deiner Haut, ohne dass viel passieren muss. Du sitzt vielleicht im Garten mit einer Tasse Tee und beobachtest die Bienen, wie sie von Blume zu Blume fliegen, oder du liest ein gutes Buch oder spazierst einfach so durch die Gegend – ohne Ziel, ohne Plan, ohne Druck. Du hast das Tempo aus deinem Leben genommen und genießt diesen Zustand der Langsamkeit in vollen Zügen.

Zweite Säule: Wachstum. Es kennzeichnet den Zustand, in dem du dich bewusst verändern willst, um deine Grenzen zu verschieben. Du lernst, stehst unter Strom, bist aufgeregt, stellst Altes infrage, reißt baufällige Brücken ein und baust neue auf. Es herrscht positives Chaos: Umbruch, Wandel, Abenteuer. Die Ideen sprudeln nur so aus dir heraus, und neue Projekte werden augenblicklich in Angriff genommen. Das Energielevel ist hoch, du bist motiviert, brauchst nicht viel Schlaf und hast das Gefühl, dass ALLES möglich ist.

Dritte Säule: Lebensfreude. Damit meine ich Augenblicke der Blödelei, des puren Spaßhabens. Wenn ich mit meinen Freunden nach Südfrankreich zum Surfen oder in die Berge zum Snowboarden fahre und an nichts denke, nur diesen Moment erlebe. Wenn ich meine Freundin mit zwei Tickets für ein ausverkauftes Guns'n'Roses-Konzert überrasche. Wenn ich spontan nach Liverpool fliege, um dort ein Fußballspiel mit Jürgen Klopp zu sehen, die Beatles zu hören und eine Portion Fish'n'Chips zu essen. Wenn ich mit meiner kleinen Cousine eine Wasserschlacht im Garten mache. Wenn ich am Wochenende mit wildfremden Menschen durch die Nacht tanze. Wenn ich mir erlaube, verrückt zu sein.

Das Glück zu zweit

Vor allem in Partnerschaften ist es wichtig, dass diese drei Säulen des Glücks miteinander harmonieren. Wenn ich mich gerade voll im Zustand des Wachstums befinde, mein Partner sich aber in der Zufriedenheit eingekuschelt hat, kann es, wenn man nicht offen darüber redet, schnell zu Schwierigkeiten und Missverständnissen kommen. Oft basieren diese aber nicht auf der Wahrheit, sondern lediglich auf falschen Erwartungen und Annahmen. Eines sollte man sich immer wieder klarmachen: Die eigene aktuelle Vorstellung vom Leben ist nicht besser als die des Partners, sie ist nur anders. Daher ist es klug, darüber zu reden.

»In wahrer Liebe kannst du nicht länger sagen:
Das ist dein Problem!«

Thich Nhat Hanh

Die Lösung liegt in der Kommunikation. Wenn du deinen Partner so annimmst, wie er ist; wenn du aufhörst, alles zu jeder Zeit kontrollieren zu müssen, deine Gedanken, seine Gedanken, dein Verhalten, sein Verhalten. Wenn du dich immer mal wieder zurücknimmst, durchatmest und die Situation annimmst, wie sie ist – ohne Interpretation. Wenn du einfach bist, beobachtest, ohne recht haben zu müssen; wenn du ehrlich zu dir und deinem Partner bist. Immer dann entstehen magische Momente der Leichtigkeit, in denen du plötzlich alles tun und sagen kannst, ohne Angst haben zu müssen, dass deine Worte falsch verstanden werden. Alles ist auf einmal möglich, weil du nicht fordernd bist, nicht aggressiv, nicht wertend. Auf einmal ist es nicht mehr entscheidend, wer recht bekommt. Ihr überlegt gemeinsam, was ihr tun könnt, damit es euch als Team noch besser geht. Die beiden Fragen, um die ihr euch dreht, lauten plötzlich:

- Was kann ich tun, um dich noch besser zu verstehen?
- Wie kann ich mich noch besser um dich kümmern?

Allein mit diesem Mindset wird deine Beziehung einen unglaublichen Sprung machen. Der Schlüssel zum Glück liegt immer in der Kommunikation. Für dich geht es darum, die Muster herauszufinden, nach denen du handelst, und mit ihnen zu spielen: »Moment mal, ich bin doch gerade mit meinem Schatz im

Urlaub. Warum fühle ich mich gestresst? Was passiert gerade? Was hat mein Freund vorhin gesagt, weswegen ich mich aufgeregt habe? War das wirklich so schlimm, oder habe ich seine Worte nur so interpretiert?« Wenn du in diesen Momenten laut »Stopp!« rufst, um dem Problem seine Energie zu entziehen, und auf der Stelle offen über die Sache redest, wirst du nicht nur deine falschen Denkmuster erkennen und entlarven, sondern auch ganz individuelle Methoden entwickeln, um sie umzuschreiben – und zwar nicht alleine im stillen Kämmerlein, sondern zusammen mit deinem Partner. Merkst du, wie wunderschön das sein kann?

Nehmen wir an, deinem Partner geht es gerade nicht gut. Du siehst, wie ihn etwas beschäftigt, weswegen er leidet, aber aus falschem Stolz, Unsicherheit, Angst oder sonstigen Gründen redet er nicht darüber. In diesem Moment könntest du dich neben ihn setzen und sagen:»Baby, ich bin mir nicht sicher, ob du gerade eine stressige Zeit hast und ob dich etwas belastet, aber ich bin für dich da, falls ich dir helfen kann. Ich möchte, dass du weißt, dass du eine Wahl hast.« Alleine daran erinnert zu werden, dass dieser Zustand der Schwere wieder vorbeigehen wird, neu zu wissen, dass man tatsächlich eine Wahl hat, dass jemand für einen da ist, wenn man das möchte – ohne Druck, ohne Zwang, ohne das Gefühl, etwas zum Ausgleich tun zu müssen, all das bringt einen Menschen dem Zustand der Leichtigkeit automatisch näher. Auf einmal schwimmt er nicht mehr mittendrin in seinem Leid und wird durch seine negativen Gedankenstrudel in die Tiefe gesogen, sondern steht bereits am Ufer. Was er jetzt nur noch tun muss, ist, mit einem kräftigen Satz aus dem Wasser zu springen.

Wenn du merkst, dass auf dich kein Druck ausgeübt wird, kann die Anspannung nachlassen, und du kannst in wenigen

Sekunden alles loslassen, was dich vorher blockiert hat. Denn du erkennst wieder, dass es nur deine Gedanken waren, die dich gestresst haben. Es waren nur deine Gedanken, die dich im Schmerz gefangen hielten. Es waren nur deine Gedanken, die dich glauben ließen, dass dieses oder jenes geschehen ist, weswegen sich dein Selbstwertgefühl kurz im Keller befunden hat.

Laut einer Studie der Stanford University basieren 90 Prozent unseres täglichen Glücksempfindens nicht auf echten Tatsachen, sondern auf subjektiven Wahrnehmungen. Das ist schon eine ziemliche Hausnummer, weshalb es durchaus angebracht ist, seinen Gefühlen hin und wieder zu misstrauen. Bevor du dich also in wilden Annahmen verlierst, warum dein Partner dich auf jeden Fall verlassen wird oder sonstige Katastrophen passieren werden, schicke all diese negativen Gedanken, die sich heimlich in dein Leben geschlichen haben, lieber erst mal weg und frag bei deinem Partner nach, wie er diesen einen Satz vorhin, der dir gerade Bauchschmerzen bereitet, wirklich gemeint hat. Du glaubst nicht, wie viele Beziehungen durch diese eine Frage: »Schatz, wie meinst du das?«, bereits gerettet wurden.

Sobald du aufhörst, deinen negativen Gedanken Glauben zu schenken, und in Momenten der Schwere keine Zeit verlierst und sofort aktiv wirst, um dich von deinen wirren (und in neun von zehn Fällen falschen) Interpretationen zu trennen, wird sich dein ganzes Leben zum Positiven ändern. So viele Menschen leiden, weil sie permanent darüber nachdenken, was sie alles verlieren könnten, was ihnen entgehen könnte oder was sie niemals haben werden. Aber das ist nicht wahr. Es wird nur dann wahr, wenn deine destruktiven Gedanken weiter die Kontrolle behalten und du ein Leben führst, das nicht mit deinen wahren Werten im Einklang steht. Hör auf dein Herz, denn das will stets dein Bestes, und achte auf die Schwingungen, die du von ihm empfängst. Energie lügt nicht.

Erfolg neu definieren mit Steve »The Woz« Wozniak

Steve Wozniak hat auf diese Energie gehört. »The Woz«, wie er liebevoll genannt wird, ist neunundsechzig Jahre alt und Computeringenieur. Gemeinsam mit Steve Jobs hat er die Firma Apple gegründet. Seine Geschichte ist absolut wunderbar. Aber alles der Reihe nach. Zuerst möchte ich dir von Alex Banayan und seinem fantastischen Buch *The Third Door. The wild quest to uncover how the world's most successful people launched their careers* erzählen. Leider ist das Buch noch nicht auf Deutsch erschienen, aber wer weiß, vielleicht ändert sich das ja hiermit. Ich hoffe es.

Sowohl für das »Forbes«-Magazin als auch den »Business Insider« zählt Alex bereits zu den *Most Powerful People Under 30*. Auch seine Geschichte zeigt, was in diesem Leben alles zu schaffen ist, wenn man auf sein Herz hört. Alex war achtzehn Jahre alt und befand sich in seinem ersten Studienjahr. Einen Tag vor der wichtigen Zwischenprüfung machte er bei der Fernsehshow »Der Preis ist heiß« mit und gewann ein Segelboot. Anstatt weiter zur Uni zu gehen, verkaufte er das Boot und nutzte das Geld, um sich seinen großen Traum zu erfüllen, wie der Untertitel seines Buches bereits verrät: »Die wilde Suche, um herauszufinden, wie die erfolgreichsten Menschen der Welt ihre Karriere begannen.« Alex hatte eine Liste mit seinen persönlichen Werten erstellt und musste feststellen, dass es letztlich nicht *sein* Traum war, an die Universität zu gehen, sondern der seiner Eltern und der Großmutter. Seine Familie war Ende der Siebzigerjahre aus dem Iran nach Amerika geflohen und hatte alles aufgegeben, um ihm eine bessere Zukunft zu ermöglichen. Alex wusste, dass seine Entscheidung, das Studium auf Eis zu legen, eine herbe Enttäuschung für seine Familie sein würde. Aber er wusste eben auch, dass dieses Leben, das nicht seins gewesen wäre, ihn niemals glücklich gemacht hätte. Er wollte nicht länger zur Schule gehen, sondern sich als Entrepreneur ins Abenteuer stürzen und direkt von den Besten der Besten lernen. So zog er los, schrieb unzählige E-Mails, klopfte an noch mehr Türen, ging zu Events, bat alle möglichen Menschen um Hilfe und traf über viele äußerst unterhaltsame Umwege unter anderem Larry King, Warren Buffett, Lady Gaga, Bill Gates, Pitbull, Maya Angelou, Jane Goodall, Jessica Alba, Tim Ferriss, Quincy Jones und eben auch Steve Wozniak. Von dieser Begegnung möchte ich dir berichten, weil sie verdeutlicht, was wahren Erfolg im Leben ausmacht – jedenfalls für mich und im Sinne von »It's all good«.

Kurz vor dem Interview mit Steve Wozniak telefonierte Alex mit einem Bekannten, der nicht verstehen konnte, warum er sich für sein Buchprojekt, das schließlich von den Besten der Besten handeln sollte, mit Steve Wozniak traf, der seiner Meinung nach seit zwanzig Jahren nicht mehr relevant sei und nicht einmal auf der »Forbes«-Liste der reichsten Männer Amerikas stünde. Was sollte man von so einem schon lernen können?

Alex traf »The Woz« in einem Restaurant in Los Angeles und hatte von der ersten Sekunde das Gefühl, dem glücklichsten Menschen der Welt gegenüberzusitzen. Er trug Turnschuhe, Hawaiihemd und Sonnenbrille und bestellte mit der Begeisterung eines kleinen Kindes, das plötzlich im Spieleparadies gelandet war, die halbe Speisekarte. Der Kellner brachte gebratenen Reis,

vegetarisches Chow Mein, chinesischen Hühnchensalat, Ho-
nig-Walnuss-Garnelen, mongolisches Rindfleisch, Sesamhühn-
chen und frittierte Frühlingsrollen. Die beiden begannen zu
schlemmen, und »The Woz« erzählte voller Hingabe aus seinem
Leben; von seiner Frau, seinen Hunden, seinen Lieblingsrestau-
rants, seinen besten Lausbubenstreichen und den Roadtrips, die
er gerade plante. Nach einer Weile wollte er von Alex wissen,
warum er ausgerechnet ihn interviewe, schließlich sei er kein
supererfolgreicher Mogul wie Steve Jobs und auch nicht so bekannt. Alex wurde etwas nervös und hatte keine Ahnung, wie er
darauf reagieren sollte, also nahm er eine Frühlingsrolle und
steckte sie sich tief in den Mund, um nicht antworten zu müssen.

»Als ich ein Kind war«, grinste Wozniak, der wohl zufrieden
mit dieser Antwort war, »hatte ich zwei Ziele in meinem Leben.
Das erste war, durch Technik etwas zu erschaffen, was die Welt
verändern würde. Das zweite war, ein Leben zu meinen Bedingungen zu führen. Die meisten Menschen machen Dinge, weil
die Gesellschaft es ihnen so vorschreibt. Wenn du aber damit
aufhörst und genau nachrechnest – wenn du dir tatsächlich deine eigenen Gedanken machst –, wirst du feststellen, dass es einen besseren Weg gibt.«

Als Alex nachfragte, ob er deswegen so glücklich sei, antwortete Wozniak: »Bingo! Ich bin glücklich, weil ich jeden Tag tue,
was ich tun möchte.«

Seine Frau, die mittlerweile auch mit am Tisch saß, lachte
und sagte: »Oh ja, das tut er wirklich.«

Alex wollte etwas mehr über die Anfangszeit von Apple und
die Unterschiede zwischen ihm und Steve Jobs erfahren, und
Wozniak begann voller Freude, eine Anekdote nach der anderen
zu erzählen. Dabei fiel Alex auf, dass die beiden völlig unterschiedliche Werte hatten. Noch bevor Apple gegründet wurde,

arbeitete Steve Jobs für Atari und bekam den Auftrag, ein Video-spiel zu entwickeln. Jobs wusste, dass Wozniak der bessere Inge-nieur war, also machte er einen Deal mit ihm: Falls Wozniak das Spiel für ihn entwickeln würde, bekäme er dafür dreihundert-fünfzig Dollar – exakt die Hälfte von dem, was Atari ihm bezahl-te. Wozniak war einverstanden und bekam wie vereinbart das Geld. Zehn Jahre später fanden Journalisten heraus, dass Jobs für diesen Auftrag mehrere Tausend Dollar bekommen hatte, und obwohl sogar der CEO von Atari dies öffentlich bestätigte, stritt Jobs es nach wie vor ab. Etwas später, in der Anfangszeit von Apple, schien es für alle klar zu sein, dass Steve Jobs die Position des CEO übernehmen würde, aber nicht so klar war es, welche Rolle »The Woz« im Führungsteam der Firma einnehmen wür-de. Wozniak wusste, dass Managementaufgaben wie Personal-führung und Unternehmenspolitik die absolut letzten Themen waren, mit denen er seine Zeit verbringen wollte. Also bat er da-rum, seine Stelle als Ingenieur zu behalten.

»Die Gesellschaft redet uns ein, dass Erfolg bedeutet, die höchstmögliche Position mit der meisten Macht innezuhaben«, so Wozniak. »Ich hingegen fragte mich: Ist es das, was mich am glücklichsten machen würde?«

Eine weitere Geschichte, die er Alex erzählte, fand im Jahr 1980 statt, kurz bevor Apple an die Börse ging. Jobs und Wozni-ak waren dabei, mehr Geld zu verdienen, als sie es sich je hätten erträumen können. Doch im Rahmen des Börsengangs fand Wozniak heraus, dass Jobs es abgelehnt hatte, einigen der ersten Mitarbeiter von Apple ihre Aktienoptionen auszuhändigen. Für Wozniak waren diese Menschen Familie, die geholfen hatten, die Firma zu dem zu machen, was sie war. Doch Jobs wollte da-von nichts wissen. Wozniak fand dies zutiefst ungerecht und schenkte allen Mitarbeitern, die übergangen wurden, einige seiner eigenen Aktien. Am Tag des Börsenganges machte er sie dadurch zu Millionären.

> *»Innerer Frieden ist der wahre Erfolg.«*
> VOLTAIRE

In der Öffentlichkeit wird Steve Jobs oft als Vorbild genannt. Vor allem für junge Unternehmer, die dabei sind, sich etwas Eigenes aufzubauen, ist er ein Held, ein Gott, ein Genie, das es geschafft hat, das wertvollste Unternehmen der Welt aufzubauen. Auf der einen Seite stimmt das natürlich. Steve Jobs ist unbestritten eine Legende und zählt zu den bedeutendsten Persönlichkeiten der letzten einhundert Jahre. Wenn ich mir jedoch Steve Wozniak ansehe, der mit seinen knapp siebzig Jahren immer noch kindlichen Schabernack mit seiner Frau treibt und dessen wichtigste Werte wie Familie, Loyalität, Spaß, Natur, Genuss oder Gerechtigkeit stets im Einklang mit seinem tatsächlichen Leben standen, dann weiß zumindest ich, wer von beiden das erfolgreichere Leben geführt hat.

Glück ist wie ein Sternenhimmel

Sabine geht seit Jahren zur Gesprächstherapie.

»Wie war es heute?«, fragte ich sie.

»Echt schön, ich hatte eine richtig gute Sitzung«, sagte sie zufrieden. »Ich habe das auch zu meiner Therapeutin gesagt und mich herzlich bei ihr bedankt. Seit langer Zeit habe ich mal wieder einen echten Fortschritt bemerkt. Sie meinte darauf: ›Dieser Augenblick, jetzt gerade, dieses Gefühl des Triumphes, das du empfindest, ist wie ein Stern am Himmel. Nimm ihn und hänge ihn an deinen persönlichen Himmel der Glückssterne.‹«

Ich liebe dieses Bild, weil es für mich ziemlich präzise ausdrückt, was Glück bedeutet: viele kleine Dinge. Der Himmel steht für das Leben, und die Sterne stehen für all die schönen Momente, die wir jeden Tag erleben. Entscheidend ist, dass wir sie wahrnehmen, wenn sie passieren, dass wir sie voller Dankbarkeit einsammeln und sie dann ganz bewusst in unserem Gedächtnis abspeichern. Dass wir sie an unseren Sternenhimmel hängen.

Mit diesem Mindset kann schon ein einziger Stern ausreichen, um dir zwischen all der Dunkelheit Hoffnung zu schenken. Wenn du verstehst, dass auch die Dunkelheit ihre Daseinsberechtigung hat, und erkennst, dass es zwischen den vielen Sternen diesen Raum geben muss, damit du sie überhaupt sehen kannst, dann verliert die Dunkelheit augenblicklich an Macht. Ohne die Dunkelheit wären die Sterne nämlich bedeutungslos.

> *»Monde und Jahre vergehen, aber ein schöner Moment leuchtet das Leben hindurch.«*
> FRANZ GRILLPARZER

Drei Monate nach dem Börsengang von Apple, der Steve Wozniak zum Multimillionär gemacht hat, stürzte er mit einem Flugzeug ab und überlebte schwerverletzt. Wochenlang lag er im Krankenhaus und litt unter anterograder Amnesie, was bedeutete, dass er sich neue Informationen nie länger als zwei Minuten merken konnte. Er hatte kurzfristig sein Gedächtnis verloren und konnte in seiner internen Festplatte keine neuen Daten mehr abspeichern – ein sehr langer Moment der Dunkelheit für »The Woz«. Doch auch während dieser schweren Zeit gab es die kleinen Momente des Glücks, winzige Fortschritte, die er jeden Abend an seinen Sternenhimmel hängen konnte.

Du siehst, es gibt kein Leben ohne Probleme. Sie verändern sich nur. In gewisser Weise sind sie sogar notwendig, um in uns Glück und Dankbarkeit zu erzeugen. Probleme sind nichts anderes als Aufgaben, die es zu lösen gilt. Und haben wir sie gelöst, warten schon wieder die nächsten.

> *»Kein Pessimist hat jemals die Geheimnisse der Sterne entdeckt oder ist zu einem noch nicht entdeckten Land gesegelt oder hat einen neuen Himmel der menschlichen Seele eröffnet.«*
> HELEN KELLER

Neulich rief mich einer meiner besten Freunde aus München an. Er erzählte mir, dass er sich so gut wie schon lange nicht mehr fühlte. Vor vielen Jahren hatte er sich von einem wohlhabenden Bekannten zehntausend Euro geliehen, um einen finanziellen Engpass zu überbrücken. Heute nun hatte er das Geld abgehoben, war unangemeldet bei seinem Bekannten vorbeigefahren und hatte ihm mit einem fetten Grinsen zweihundert nagelneue Fünfzig-Euro-Scheine auf den Tisch gelegt. Als ich ihn fragte, welche Wörter er benutzen würde, um diesen Augenblick zu beschreiben, antwortete er: »Stolz, Zufriedenheit, Glückseligkeit.« Sein Bekannter hatte den Betrag längst abgeschrieben, aber für meinen Kumpel war es von großer Bedeutung, dieses Geld zurückzuzahlen.

»Stolz«, »Zufriedenheit«, »Glückseligkeit« sind nicht einfach nur Begriffe, sie zählen zu seinen wichtigsten persönlichen Werten. Er hatte eine schwere Zeit durch viel Fleiß und Durchhaltevermögen gut überstanden, ohne seinen Traum aufzugeben.

Seine Schulden zurückzuzahlen war für ihn nicht nur Ehrensache, sondern ein symbolischer Akt des Triumphes, der seinen Sternenhimmel für einen kurzen Augenblick zum Leuchten brachte.

Ich habe Mitleid mit all den superreichen Housewives, die den ganzen lieben Tag in ihren riesigen Häusern sitzen, mit dem SUV zum Shoppen in die Stadt fahren, keine Aufgaben und keinerlei Herausforderungen haben. Oder mit Menschen, die zehn Stunden am Tag vor dem Fernseher sitzen, weil sie nichts zu tun haben. Das Fehlen von Problemen kreiert immer sein eigenes Elend. Du brauchst Probleme, weil sie deinem Leben letztlich einen Sinn geben. Sie geben deinen Taten eine Bedeutung. Such dir die besten und schönsten und größten Probleme der Welt aus und verbringe deine Zeit mit ihnen. Reife mit ihnen und reiß dir deinen süßen Arsch für sie auf – voller Freude und Optimismus.

Die Märchenelfe aus dem Park

Bei einem Spaziergang durch den großen Tiergarten in Berlin kam ich an einer älteren Dame vorbei, die gerade ihren Notenständer aufgestellt hatte und aufgeregt durch ihr Notenbuch blätterte, auf dem handschriftlich geschrieben stand: »Die Musik meines Vaters.« In ihrer Hand hielt sie eine Querflöte. Ich hatte dieses Instrument seit meiner Kindheit nicht mehr gesehen, und sofort stiegen schöne Erinnerungen an meine Nachbarin Angela in mir auf, der ich damals ab und zu beim Spielen zusehen durfte. Ich blieb stehen, um der Dame einen Augenblick zuzuhören. Sie trug ein langes grünes Kleid und sah aus wie eine verwunschene Märchenelfe. Sie traf zwar nicht jeden

Ton – sie verspielte sich sogar ziemlich oft –, dennoch dachte ich mir: »Wie schön, dass sie jetzt hier steht und für mich und all die anderen Menschen, die nach mir an diesen Ort kommen werden, ihre Musik spielt.«

Als sie mit ihrem ersten Lied fertig war, applaudierte ich und legte die erste Münze in den Instrumentenkasten, der vor ihr auf dem Boden lag. Ich machte ihr ein Kompliment über das kreative Outfit, das sie für ihren Auftritt gewählt hatte, fragte, ob ich ein Foto von ihr schießen dürfe, und wünschte ihr einen wunderbaren Tag.

»Siehst du, es war doch eine gute Idee hierherzukommen«, rief sie ihrer Begleitung zu, einem älteren Herren mit Mütze – wahrscheinlich ihr Lebensgefährte –, der ein paar Meter weiter auf einer Parkbank saß und sich sicherheitshalber hinter einer Zeitung versteckt hielt. Offensichtlich war ihm das Treiben seiner Frau nicht ganz geheuer.

Mit einem Lächeln ging ich weiter und stellte mir vor, was sich in den Stunden vor dem Auftritt in der Wohnung des Paares wohl abgespielt hatte. Liebevoll hatte sie ihr Kleid aus dem Schrank geholt und über den Ankleidestuhl gelegt. Vielleicht schon am Abend vorher. Der Koffer mit ihrem Instrument stand ordentlich neben ihren Schuhen an der Eingangstür. Um ganz sicher zu sein, hatte sie, bevor sie sich auf den Weg in den Park aufmachte, noch mehrmals geprüft, ob ihre Noten auch wirklich in der Seitentasche steckten. Es gab ein Lieblingslied. Ihr Vater hatte es ihr früher oft vorgespielt. Damit würde sie ihr kleines Konzert aber nicht beginnen, sondern es sich für einen besonderen Moment aufheben. Das Ganze war sehr aufregend. Sie konnte deutlich ihren Herzschlag spüren. Schon am Abend vorher, wenn sie nur daran dachte. Es war ihr wichtig, aus dem Notenbuch ihres Vaters zu spielen und somit eine unsichtbare

Spur der Liebe zu hinterlassen. Durch diese Energie spürte sie, dass sie noch am Leben war. An diesem Tag im Park hatte sie einen weiteren Glücksmoment eingesammelt und mir dadurch ebenfalls einen geschenkt.

»Jeder Erfolg beginnt mit der Entscheidung,
es zu versuchen.«
ARNOLD SCHWARZENEGGER

Wenn du glücklich sein möchtest, dann musst du mit voller Absicht glücklich sein. Wenn du morgens aus dem Bett aufstehst, dann kannst du nicht abwarten und hoffen, dass dieser Tag schon irgendwie gut werden wird. Du musst jeden Tag aufs Neue eine aktive Entscheidung treffen, was für einen Tag du heute durchleben wirst. Der Besitzer des NBA-Basketball-Teams Dallas Mavericks und Self-Made-Milliardär Mark Cuban hat einmal gesagt: »Wache jeden Morgen mit einem Lächeln auf, weil du weißt, dass du heute Spaß daran haben wirst, über dich selbst hinauszuwachsen. Du wirst Dinge tun, vor denen andere Angst haben.« Nimm dir ein Beispiel an der Märchenelfe aus dem Park. Geh hinaus in die Welt und zeig ihr, dass es dich gibt. Du musst nicht perfekt sein. Niemand wird dich auslachen, wenn du den Spaß deines Lebens hast und deiner Bestimmung folgst. Tu es nur für dich, für deinen Seelenfrieden und gewinne deinen ersten Fan.

Beginne mit einem Fan!

Im Autoradio lief »Smells Like Teen Spirit« von Nirvana, und eine Freundin, die neben mir auf dem Beifahrersitz saß, drehte die Musik auf und sang lautstark mit.

»Ahhh, ich liebe dieses Lied«, sagte sie und trommelte mit den Händen gegen das Seitenfenster.

»Weißt du, wer das singt?«, fragte ich.

Sie hatte keinen blassen Schimmer.

»Das ist Kurt Cobain, die Legende. Du weißt schon, Nirvana.«

»Ja, klar«, grinste sie nur.

»Wirklich? Wie heißt der Drummer?«

»Boah, weiß nicht.«

»Ich gebe dir einen Tipp: Er ist heute der Sänger der Foo Fighters.«

Meine Freundin, die zu dem Zeitpunkt, als der Song zum ersten Mal auf MTV lief, noch nicht geboren war, zuckte nur mit den Schultern. Sie wusste es einfach nicht. Und seien wir ehrlich: Obwohl »Smells Like Teen Spirit« wahrscheinlich das wichtigste Lied der Neunzigerjahre war – so etwas muss man nicht unbedingt wissen. Worauf ich hinauswill, ist Folgendes: Nirvana ist eine der bedeutendsten und einflussreichsten Rockbands aller Zeiten, eine Band, die das Lebensgefühl einer Generation wie keine andere geprägt hat – und nicht einmal die hat es geschafft, alle Menschen auf diesem Planeten zu erreichen. Du kannst niemals alle für dich gewinnen. Erstens ist das bei fast acht Milliarden Menschen auf dieser Erde ohnehin völlig unmöglich und zweitens auch nicht deine Aufgabe. Deine Aufgabe besteht darin, jene Herzen zu erreichen, die du erreichen kannst.

In einem Interview mit der BBC wurde Jay-Z gefragt, ob er sich darüber gefreut habe, dass Beyoncé ihm während seines Konzertes mit den Händen ein Herzzeichen zugeworfen hätte. Jay-Z konnte sich an den Moment erinnern und antwortete mit einem Lächeln im Gesicht:»Das war kein Herzzeichen von meiner Frau, sondern mein Markenzeichen, das Symbol meiner Plattenfirma Rockefella Records.« Der Journalistin war dieser Fauxpas etwas peinlich, doch Jay-Z, immerhin einer der größten Weltstars unserer Zeit, reagierte völlig entspannt und sagte:»Sie brauchen sich nicht dafür zu entschuldigen. Ich bin dankbar über dieses Feedback. Das bedeutet nämlich, dass noch viel Arbeit vor mir liegt.«

Beginne mit einem einzigen Menschen. Mach ihn zu deinem Fan! Und wenn du darin gut bist, steigere dich: fünf, fünfzig, einhundert. Nach oben gibt es keine Grenzen. Aber höre sofort damit auf, dir über alle Menschen in deinem Umfeld Gedanken zu machen. Mache dir nur über diesen einen Menschen Gedanken, den du jetzt erreichen kannst, dem du in diesem Moment dein Herz schenken kannst. Und wenn du selbst dieser eine Mensch bist … beginne mit ihm, verzaubere ihn. Sogar Michael Jackson ist auf deiner Seite. Diese Worte des King of Pop sind nur für dich:»Glaube an dich, lerne von den Größten und verbessere dich. Sei ein Forscher. Zerlege deine Welt und setze sie neu zusammen. Auch wenn die ganze Welt gegen dich ist oder dich auslacht oder sagt, dass du es nicht schaffen wirst, was auch immer – glaube an dich! Einige der größten Persönlichkeiten der Menschheitsgeschichte wurden genauso behandelt. ›Du wirst es nicht packen, du wirst es nirgendwohin schaffen‹, sagten sie zu ihnen … Gott pflanzt seine Saatkörner in die Menschen hinein, um seine Liebe auf die Erde zu schicken. Du bist so ein Saatkorn, genau wie ich, um den Menschen Glückseligkeit zu bringen, um für einen Moment der Wirklichkeit zu entfliehen, um ihnen ein bisschen Freude zu schenken, Magie.«

Das magische Kind

Erinnere dich an die Zeit, als du noch ein Kind warst. Wie war das damals? Du bist voller Abenteuerlust aus der Tür gerannt, hast die anderen Kinder aus der Nachbarschaft gesehen, bist zu ihnen rübergegangen und hast sofort angefangen, mit ihnen zu spielen, zu singen, ihnen zu helfen. Es gab kein Abwarten, kein Aufschieben, kein Ego. Erinnere dich an diese Zeit, als Angst und Scham noch keine Bestandteile deines Lebens waren. Hol dieses Gefühl zurück in dein Bewusstsein, als es nur darum ging, Freude zu empfinden, im Sandkasten zu buddeln, auf Bäume zu klettern, um Äpfel zu pflücken, und mit deinen Freunden die Magie des Augenblicks zu erleben. Auch wenn du schon erwachsen bist, dieses magische Kind steckt noch immer in dir. Es steckt in uns allen. Es ist jener verborgene Teil, der ganz natürlich auf die unsichtbaren Energien des Universums eingestellt ist. Dieses magische Kind liebt es, in der Natur zu sein, auf Berge zu klettern, Wälder zu durchkämmen und durch Bäche zu waten, wo es sich mit den Geistern von Pflanzen und Tieren und vielleicht auch Elfen und Feen verbinden kann. Dieses magische Kind liebt es zu träumen, sich die verrücktesten Dinge vorzustellen und wild zu fantasieren. Es mag Zauberstäbe und Kristalle, Raumschiffe und Lichtschwerter.

Als Erwachsene haben wir dieses Kind in uns verstoßen, weil wir befürchten, dass es albern und dumm wirken könnte. Doch es kann eine unglaubliche Erfahrung sein, mit diesem magischen Kind wieder in Kontakt zu kommen. Es bringt, so wie Michael

Jackson es gesagt hat, wieder Wunder und Augenblicke des Erstaunens in unser Leben zurück, denn das Leben ist Magie – eine große Sammlung von kleinen Glückssternen. Denke immer daran: Das Glück liegt in deiner Verantwortung. Mach nicht deine temporären Umstände für dein Unglück verantwortlich, sondern überlege, was du heute ganz konkret für dein Glück tun kannst – mit einer ersten kleinen Tat und einem Hauch von Magie.

> *»Große Veränderungen beginnen immer mit einem kleinen ersten Schritt. Es kann kein neuer Wald entstehen, wenn niemand den ersten Baum pflanzt.«*
>
> JOHN STRELECKY

Wenn du glaubst, dass kleine Taten keine Wirkung zeigen

Jadav Molai Payeng wuchs auf Majuli auf, der größten Flussinsel der Welt. Sie liegt im Norden Indiens, im Bundesstaat Assam, und hat in den letzten hundert Jahren bereits ein Drittel ihrer Fläche verloren. Vor allem während der starken jährlichen Monsunregenfälle steigt der Fluss Brahmaputra kontinuierlich an, überflutet Dörfer und ganze Landstriche und nagt an Majulis Ufern, was zu immer mehr unfruchtbaren Sandbänken führt.

Als Molai sechzehn Jahre alt war, machte er auf einer dieser riesigen Sandbänke eine fürchterliche Entdeckung: unzählige tote Schlangen, die von der Strömung angespült worden waren. Da es keine Bäume gab, unter denen die Schlangen schützenden Schatten hätten finden können, waren sie qualvoll in der sengenden Hitze verendet. In Trauer um die toten Tiere und weil er befürchtete, dass es den Bewohnern seiner Insel eines Tages ähnlich gehen könnte, begann er das größte Projekt seines Lebens. Um den Fluten entgegenzuwirken und seine geliebte Insel zu retten, pflanzte er als Aufforstungsmaßnahme eigenständig jeden Tag einen Baum – vierzig Jahre lang.

Heute befindet sich auf der ehemals unfruchtbaren Sandbank eine sechs Quadratkilometer große Waldlandschaft, der »Molai-Wald«. Das entspricht einer Fläche von achthundertvierzig Fußballfeldern. Durch die Aktion eines einzigen Jungen, der sein Glück selbst in die Hand genommen hatte, konnte sich an diesem Ort nicht nur die Pflanzenwelt wieder regenerieren, es entstand auch neuer Lebensraum für unzählige Tierarten wie Elefanten, Affen, Kühe, Königstiger, Indische Nashörner, Hirsche, Hasen und Vögel. Der ehemalige Präsident Indiens, A. P. J. Abdul Kalam, verlieh Jadav Molai Payeng für sein einzigartiges Engagement sogar den tollen Titel »Forest Man of India«. Molai, der mit seiner Frau, drei Kindern, Büffeln und Kühen in einer bescheidenen Hütte auf einer Farm lebt, habe nur ein Zeichen setzen wollen, was ein einziger Mann ausrichten könne, verriet er dem National Public Radio. Niemand könne Gott sehen, für ihn sei Gott die Natur, und das würde ihm Inspiration und Kraft geben. »Solange der Wald überlebt, überlebe auch ich.«

Siehst du, was möglich ist? Oder möchtest du weitere Geschichten?

Glück ist ... wenn Gelegenheit auf Vorbereitung trifft

Der 4. August 2018 war ein Samstag und begann für die dreiundzwanzigjährige Emma Posman ziemlich unspektakulär. Die Sängerin hatte frei und bummelte gemütlich durch die Einkaufsstraßen von Salzburg. Bis um sechzehn Uhr ihr Handy klingelte. Am anderen Ende der Leitung war ihr Gesangslehrer, der lediglich vier Worte sprach: »Die Königin ist krank.«

Der jungen Belgierin stockte augenblicklich der Atem, denn sie wusste natürlich, wer damit gemeint war: Albina Shagimuratova, die russische Star-Sopranistin, die während der Salzburger Festspiele im Großen Festspielhaus die Königin der Nacht aus Mozarts »Zauberflöte« singen sollte. An diesem Abend, um neunzehn Uhr. Dann hörte Emma Posman die Frage, die ihr Leben verändern sollte: »Kannst du für sie einspringen?«

Emma Posman, die erst zwei Jahre zuvor ihre Ausbildung am Königlichen Konservatorium in Gent beendet hatte, war mit dieser Rolle zwar vertraut, hatte sie bisher aber lediglich im Rahmen eines Jugendprogramms vor Kindern und deren Eltern aufgeführt. Noch nie hatte sie auf einer derart großen Bühne gestanden, noch nie hatte sie so eine gewaltige Verantwortung zu tragen. Man muss wissen, die Salzburger Festspiele gelten als das weltweit bedeutendste Festival der klassischen Musik und darstellenden Kunst. Die Aufführung der Zauberflöte war der Höhepunkt der Saison und wurde in mehreren Ländern live im Fernsehen übertragen. Die ganze Welt würde zusehen. Emma rutschte das Herz in die Hose, aber sie wusste auch, dass sie vielleicht nie mehr so eine Chance bekommen würde. Ohne darüber nachzudenken, sagte sie zu und stand drei Stunden später auf der größten Bühne ihres Lebens.

Sie sei noch nie so nervös gewesen, verriet sie später in einem Interview, aber in exakt jener Sekunde, als sie die Bühne betrat, machte es bei ihr klick, und der Zauber des Augenblicks begann zu wirken. In den Tagen danach wurde sie sowohl für ihren Mut als auch für ihren grandiosen Auftritt weltweit gefeiert. Die Kritiken sprachen von einem neuen »Stern am Opernhimmel«. Natürlich war ihr Auftritt nicht perfekt, aber das hatte unter den gegebenen Umständen auch niemand erwartet. Emma stand an diesem Abend auf der Bühne und hat ihr Bestes gegeben. Ende der Geschichte! Sie hätte absagen können, und jeder hätte es verstanden. Hat sie aber nicht. Sie hat ihre Angst überwunden und ist vor einem Millionenpublikum live ins kalte Wasser gesprungen. Sie hat alles getan, um später einmal voller Stolz sagen zu können: »Ich habe die Chancen meines Lebens ergriffen und alles aus mir herausgeholt. Es gibt nichts zu bedauern. Die Kleinigkeiten drumherum, all die Erfolge und Misserfolge, sind nur Schall und Rauch, bedeutungslos. Ich bin meiner Bestimmung gefolgt.«

Eine schöne Geschichte, oder? Was machst du nun damit? Was bedeutet sie dir? Was lernst du daraus? Es gibt einen Grund, warum ich dir all diese Erfolgsgeschichten erzähle. Ich möchte dir damit aufzeigen, dass es uns allen gleich geht, dass jeder von uns einmal dort stand, wo du gerade stehst. Ich musste die Geschichten von Rudolf Schenker, Paulo Coelho und meinem kleinen Bruder Daniel hören, lesen und persönlich miterleben, um meine eigene umzuschreiben. Ich musste all diese verrückten Dinge in Rio sehen, um die Prioritäten in meinem Leben neu zu setzen. Auch bei dir muss es bei all den Informationen, die ich dir gebe, nur ein einziges Mal klick machen. Genau für diesen einen Moment schreibe ich dieses Buch.

Hast du gewusst, dass am Anfang seiner Karriere nicht eine Plattenfirma 2Pac unter Vertrag nehmen wollte? Wir reden hier von der größten Hip-Hop-Legende aller Zeiten, Tupac Amaru Shakur, und auch er wurde zuerst abgelehnt. Von allen! Seine Reaktion? Er schleppte das Tour-Equipment für die damals sehr erfolgreiche Gruppe Digital Underground, baute deren Bühne auf, half beim Organisieren und wartete geduldig auf seine Chance. Als er sie bekam, weil er vor Ort (und vorbereitet) war, nutzte er sie und ließ ab diesem Moment nicht einen Tag ungenutzt verstreichen. In den Jahren zwischen 1991 und 1996 schrieb 2Pac über siebzig Songs und hat an der Seite von Samuel L. Jackson, Queen Latifah, Janet Jackson, Maya Angelou und Mickey Rourke in sieben großen Hollywoodproduktionen mitgespielt. Er verkaufte über fünfundsiebzig Millionen Tonträger, neun seiner Alben erreichten Platin-Status, und als er starb, hatte er fertige Songs für weitere sieben Alben in der Schublade. Und das im zarten Alter von fünfundzwanzig.

Du musst kein Rap- oder Opernstar werden, keine weltweite Ikone, keine Berühmtheit, über die man in der Zeitung liest. Natürlich nicht, denn darum geht es nicht. Das weißt du auch. Es geht einzig und allein darum, dass du deine kostbare Lebenszeit nicht vergeudest, DEIN LEBEN lebst und deiner Bestimmung folgst. 2Pac's Bestimmung war es, mit seiner Musik Hoffnung in die Welt zu tragen und eine Stimme für all die vergessenen Menschen zu sein, denen niemand Beachtung schenkt. Was ist deine?

Dieser Podcast? Nimm ihn auf.

Dieser Blog? Starte ihn.

Diese Geschichte? Schreib sie auf.

Diese Idee? Setze sie um.

Dieser Job? Schnapp ihn dir.

Diese App? Entwickle sie.

Diese Gabe? Nutze sie.

Dieses Leben? Erlebe es.

Wie viele Erfolgsgeschichten musst du noch hören, bis du anfängst, deine eigene zu schreiben?

Magische sieben Atemzüge

Ich habe drei einfache Fragen an dich: Wie redest du mit dir? Welche Worte wählst du, wenn du selbst über dich sprichst – sowohl laut als auch in Gedanken? Und würdest du mit anderen Menschen auch in diesem Tonfall reden? Ich vermute nicht. In den allermeisten Fällen würde es dir nicht einmal im Traum einfallen, solche verletzenden Worte zu deinen Freunden, Eltern, Nachbarn oder Arbeitskollegen zu sagen. Aber mit dir kannst du es ja machen. Na, erkennst du dich wieder?

Challenge: Das Katastrophen-Tagebuch

Lass uns einen Versuch starten. Du musst dafür nichts vorbereiten und kannst sofort damit beginnen. Jedes Mal, wenn du dir ab sofort ganz sicher bist, dass du etwas vermasselt hast, wenn du glaubst, eine Sache richtig in den Sand gesetzt zu haben, oder felsenfest der Meinung bist, dass du gefeuert wirst, von deinem Partner verlassen wirst, den Job nicht bekommst, deine Freunde dir die Freundschaft kündigen, du obdachlos wirst, einen Korb bekommst oder deine Zukunft aus einer fiesen Mischung aus Dunkelheit, Einsamkeit und Schmerz besteht, schreib es genau so und in allen Details in ein extra Büchlein: dein Katastrophen-Tagebuch.

Verwende dafür ein schlichtes Tagebuch, nichts Aufwendiges, ein kleines Buch mit weißen Seiten reicht völlig aus. Wichtig ist, dass du immer in das gleiche Tagebuch schreibst, um später in der Retrospektive darin blättern zu können. Keine Sorge, du musst keine Romane verfassen. Oft reichen schon ein paar wenige Sätze aus.

Beachte dabei folgende drei Punkte:

---

1. Notiere Datum und Uhrzeit.
2. Beschreibe, was du getan hast beziehungsweise was genau im Augenblick der »Katastrophe« so schrecklich ist.
3. Notiere die Konsequenzen, die du erwartest, da deine Welt, wie du sie bisher gekannt hast, ja nun zu Ende geht.

Ab sofort machst du das jedes Mal, wenn du glaubst, dass eine neue »Katastrophe« eintritt – ausnahmslos! Du zögerst nicht, sondern greifst augenblicklich zu deinem »Tagebuch des Grauens« und schreibst deine Gedanken auf. Auf wundersame Weise werden nun zwei Dinge passieren:

1. Du wirst ziemlich schnell feststellen, dass all deine gedanklichen Vorhersagen über deinen persönlichen Weltuntergang nicht eintreten und nie eingetreten sind.
2. Sobald du beginnst, das ganze Bild zu sehen, wird sich dein gedankliches Hamsterrad, das die Situation stets schlimmer macht, als sie wirklich ist, von Tag zu Tag langsamer drehen und schließlich ganz seinen Schwung verlieren.

Probiere diese Challenge einen Monat lang aus, und du wirst sehen, wie sich deine Lebensqualität allein durch diese kleine Veränderung deiner Routine drastisch verbessern wird. Hab etwas Geduld, aber mehr als dreißig Tage solltest du nicht brauchen, um diese nervenzermürbende Angewohnheit des Katastrophisierens aus deinem Leben zu verbannen. Und auch die Selbstgespräche dürften freundlicher werden.

Denke immer daran: Es ist nicht wirklich schlimm, was in diesen Momenten passiert. Es fühlt sich manchmal einfach nur so an.

Unsere Gefühle entscheiden

Dein Leben ist die Summe deiner Entscheidungen. Ein Satz, den man schnell überlesen kann, aber denkt man etwas genauer über seine tiefere Bedeutung nach, stellt man schnell fest, was für eine Macht in ihm steckt. Hirnforscher haben herausgefunden, dass wir an jedem Tag circa zwanzigtausend Entscheidungen treffen. Die meisten davon passieren unbewusst und derart schnell, dass wir sie gar nicht erst wahrnehmen. Unser Gehirn wäre maßlos überfordert, müsste es jedes Mal aktiv entscheiden, morgens den Wecker auszustellen, die Zähne zu putzen, den Kaffee zu kochen, die Mails zu lesen, die U-Bahn zu nehmen oder bei einer roten Ampel auf die Bremse zu treten. Ohne einen Gedanken darüber zu verlieren, machen wir es einfach, wir schalten auf Autopilot und gehen fast ebenso gedankenversunken durch den Tag.

Natürlich wird es dein Leben nicht sonderlich beeinflussen, ob du dich beim Bäcker bewusst oder unbewusst für ein Käsebrötchen oder eine Zimtschnecke entscheidest. Aber was ist mit größeren Entscheidungen? Was ist mit all den Problemen, über die du sehr wohl nachdenkst und wegen denen du vielleicht sogar schlaflose Nächte hast? Hast du dich jemals gefragt, warum du sie nicht einfach angehst und löst? All diese Dinge, von denen du ganz genau weißt, dass sie dein Leben wirklich verbessern würden: der Gang zum Steuerberater, das Gespräch mit deinem Chef, der Verkauf des Hauses, der Termin beim Zahnarzt, das Meditationswochenende in den Bergen. Die Antwort mag dir vielleicht überraschend vorkommen, aber es sind unsere Gefühle, die uns immer wieder einen Strich durch die Rechnung machen. Wir treffen nämlich fast alle unsere Entscheidungen nicht mit Logik, nicht auf der Grundlage unserer wichtigsten Lebensziele, auch wenn wir das annehmen. Wir treffen sie aufgrund der Gefühle, die wir zum Zeitpunkt der Entscheidung empfinden.

»Ich registriere, was ich fühle, nicht, was da ist.«

ALEXANDER KLUGE

Anstatt die Dinge zu tun, von denen wir tief im Herzen wissen, dass sie uns auf lange Sicht zu einem erfüllteren Leben führen werden, wählen wir die vermeintlich leichtere Option, um uns sofort aus einer Stresssituation zu befreien. Laut dem berühmten Neurowissenschaftler António Damásio basieren neun von zehn Entscheidungen, die wir jeden Tag bewusst treffen, auf unseren Gefühlen.

1. Fühlen
2. Denken
3. Handeln

So sieht der Ablauf einer Entscheidung aus. Zuerst fühlen wir, dann denken wir über das Gefühl nach, interpretieren es (oft falsch) und handeln. Jedes Mal, wenn wir uns entscheiden müssen, zählen wir uns im Bruchteil einer Sekunde alle Vor- und Nachteile unserer Entscheidungen auf, um letztlich doch auf unseren Bauch zu hören. Und wie handelt unser Bauch? Nach seinem Gefühl. Interessanterweise ist diese Erkenntnis relativ neu. Bis weit ins 20. Jahrhundert hinein nahmen Wissenschaftler noch an, dass Menschen rational entscheiden wurden. Nur der Verstand sei in der Lage, gute Entscheidungen zu treffen, hieß es. Gefühle stünden dabei nur im Weg. Es war António Damásio, der für ein Umdenken sorgte.

Einem seiner Patienten wurde aufgrund eines Tumors ein Teil des präfrontalen Cortex, also des Stirnlappens, entfernt.

Der Eingriff hatte schwerwiegende Folgen. Zwar wurden die kognitiven, motorischen und sensorischen Fähigkeiten des Patienten in keiner Weise beeinflusst – sein Denkvermögen und seine Intelligenz nahmen überhaupt keinen Schaden, allerdings hatte er nach der Operation die Fähigkeit verloren, Gefühle zu empfinden und damit auch: Entscheidungen zu treffen. Wollte er zum Beispiel einen Brief schreiben und hatte die Wahl zwischen einem roten und einem blauen Stift, wusste er nicht, was er tun sollte. Er konnte keine Entscheidung treffen, da er nichts mehr fühlte. Somit konnte bewiesen werden, dass es zwischen unseren Entscheidungen und unseren Gefühlen einen direkten Zusammenhang gibt. Auf den Punkt gebracht: Ohne Gefühle ist unser Verstand handlungsunfähig.

Was Damásio entdeckt hat, ist von großer Bedeutung, um zu verstehen, warum die Dinge in deinem Leben vielleicht nicht exakt so rund laufen, wie du es gerne hättest. Wenn du vor dem Kühlschrank stehst, fragst du dich nicht, was du essen solltest, sondern du fragst dein Gefühl, was es essen will. Das ist ein riesiger Unterschied und der Grund, warum Veränderungen oftmals so schwer sind. Natürlich wissen wir, dass wir spät am Abend eher Gemüse essen sollten, aber unser Gefühl hat größere Lust auf die Lasagne mit dem knusprigen doppelten Käsebelag – und es trifft die Entscheidung für uns. Bevor wir merken, was passiert ist, schauen wir auch schon auf einen leeren Teller. Das Tückische ist nämlich, dass deine augenblicklichen Gefühle fast nie im Einklang mit deinen Werten und langfristigen Zielen stehen.

Fakt ist: Wenn du nur dann handelst, wenn du wirklich Lust darauf hast, wirst du in deinem Leben nicht viel erreichen, und vieles, wonach du dich tief in deinem Herzen sehnst, wird eine Wunschvorstellung bleiben. Du musst also lernen, wie du das, was du fühlst, von den Handlungen, die du unternimmst, trennen kannst. Den ersten Schritt hast du längst getan, denn du weißt jetzt über diese Vorgänge in deinem Körper Bescheid. Wissen ist Macht. Auch in diesem Fall.

> »*Menschen entscheiden nicht über ihre Zukunft, sie entscheiden über ihre Gewohnheiten, und ihre Gewohnheiten entscheiden über ihre Zukunft.*«
>
> F. M. ALEXANDER

In den letzten elf Jahren habe ich elf Bücher geschrieben. Glaubst du ernsthaft, ich hatte immer Lust dazu? Glaubst du wirklich, ich muss nicht jeden Tag aufs Neue gegen meine Gefühle ankämpfen, die mir immer wieder die besten Vorschläge unterbreiten, von denen sie ganz genau wissen, dass sie mir jetzt auf jeden Fall mehr Spaß machen würden: auf die Party gehen, neue Serien auf Netflix gucken, Freunde sehen. In diesen Momenten, in denen ich das Gefühl habe, dass JETZT der perfekte Moment wäre, um alles hinzuschmeißen, trenne ich mich gedanklich sofort von der Situation, schließe meine Augen und erinnere mich an meine wahren Träume, die in der Hierarchie über diesen temporären Vergnügungen stehen. Ich stelle mir vor, wie ich mich fühlen werde, ein fertiges Manuskript durch meinen Drucker zu jagen, mir dabei feierlich ein Glas Whiskey einzuschenken, mich voller Dankbarkeit nach hinten zu lehnen und Warren Zevon zu hören. Dann beruhige ich mich, höre auf meinen Atem, spiele über mein Soundsystem »Lose Yourself« von Eminem, mache dabei ein paar Situps und stelle mir jedes Mal die gleiche Frage: Was würden Jane Goodall, Muhammad Ali und all die anderen Superhelden und Superheldinnen jetzt tun? Da ich die Antwort kenne, gehe ich zurück an meinen Schreibtisch, atme noch einmal durch und erledige die Arbeit, die erledigt werden muss. Schritt für Schritt. Das ist alles andere als eine komplizierte Wissenschaft, sondern einzig und allein Willenskraft: Schalte die Welt um dich herum aus, wenn sie dich ablenkt, und get the fuckin' job done! Es ist so wichtig, sich immer wieder an diese Tatsache zu erinnern: Du kannst nicht kontrollieren, was du fühlst, aber du kannst kontrollieren, wie du mit diesem Gefühl umgehst.

Ein Lied, sieben Atemzüge und die Frau von der Bushaltestelle

Das beste Mittel gegen negative Gefühle ist ein beherztes und schnelles Handeln! Es war ein warmer Sommertag in Berlin. Ich hatte mich gerade mit Freunden zu einem späten Mittagessen getroffen und befand mich auf dem Nachhauseweg. Das Radio lief, die Sonne schien, und ich träumte während des stockenden Feierabendverkehrs entspannt vor mich hin. Dann sah ich sie. Sie stand an einer Bushaltestelle. Ich war sofort wieder voll da. Eigentlich hatte ich aus dem Augenwinkel nur ihre Silhouette erkannt, aber die reichte schon aus, um meine Aufmerksamkeit zu bekommen. Auf meinen ersten Gedanken: ›Wow, was für eine tolle Frau!‹, folgte augenblicklich der zweite: ›Aber nicht für dich. Never ever!‹ Die Ampel an der großen Kreuzung am Schlesischen Tor sprang auf Rot, und ich kam ungefähr auf Höhe der Frau zum Stehen. Mein Herz begann schneller zu schlagen. Vor mir befanden sich vier Autos, hinter mir vielleicht fünfzig. Was tun? Ich dachte an Daniel und wie er damals das Mädchen im Einkaufscenter angesprochen hatte. »Wenn du nicht fragst, heißt die Antwort immer Nein«, hatte er danach zu mir gesagt.

Ein Satz, der wahrer nicht sein konnte. Was würde er jetzt tun? Dämliche Frage!

Ich sah mich um. Keine Parkmöglichkeiten. Im Radio wechselte das Lied, und Youssou N'Dour begann mit Neneh Cherry ihren Welthit »Seven Seconds« zu singen. Die Stimme in meinem Kopf machte alles, um mir die Idee wieder auszureden, die sich langsam in mir formiert hatte. »Junge, fahr weiter!«, rief sie. »Bei der hast du sowieso keine Chance. Die spielt in einer völlig anderen Liga. Mach dich nicht lächerlich. Außerdem, was willst du ihr sagen? Du wirst jämmerlich scheitern. Mach dir keinen Stress und fahre einfach nach Hause. So wie geplant. So wie immer.« Ich sah aus dem Beifahrerfenster. Sie hatte sich mittlerweile auf die Bank der Bushaltestelle gesetzt – Kopfhörer in den Ohren, Smartphone in der Hand, in Gedanken versunken. Sie war bildschön und sah ein bisschen aus wie Scarlett Johansson in »Lost in Translation«. Wie gesagt, nicht meine Liga.

Mein erster Impuls war, der Stimme in meinem Kopf zuzustimmen, aber dann fiel mir plötzlich eine alte Weisheit des Samurai und Zen-Mönchs Tsunemoto Yamamoto ein, die ich schon unzählige Male gelesen hatte: »Denke scharf nach und entscheide innerhalb von sieben Atemzügen.« Nachdenken war gerade schwierig, scharf nachdenken ausgeschlossen, atmen schaffte ich gerade so. Aus den Boxen vernahm ich wieder die beiden Stimmen: »Seven seconds away … Just as long as I stay … I'll be waiting.« Sieben Atemzüge, sieben Sekunden! Jetzt verstand ich den Zusammenhang meiner Gedanken. Ich war nur sieben Sekunden von meinem Glück entfernt, sieben Atemzüge, nur so lange sie noch dort saß. Mir zitterten die Hände. Doch dann stellte ich meiner Stimme eine entscheidende Gegenfrage: »Woher weißt du denn, dass sie in einer anderen Liga spielt? Woher weißt du, dass ich bei ihr keine Chance habe? Gib mir einen Beweis, Arschloch!« Ich bekam keine Antwort. Mir blieb allerdings auch nicht mehr viel Zeit, um es herauszufinden. Aber wie sollte ich es anstellen? Sieben Atemzüge! Schon als Kind wollte ich immer ein Samurai sein, also begann ich zu zählen: Eins, zwei, drei ...

»Scheiß drauf!«, unterbrach ich mich selbst, zog die Handbremse an, stellte die Kupplung in den Leerlauf, sprang aus dem Auto, ließ die Fahrertür offen und ging direkt auf die Frau zu. Mein Herz raste wie wild, auch weil ich noch immer keinen Schimmer hatte, was ich zu ihr sagen sollte. Ich versuchte schon während des Gehens Augenkontakt herzustellen, lächelte und winkte ihr zu. Leicht verdutzt nahm sie ihre Kopfhörer aus den Ohren und sah mich an. Da saß ich bereits rechts neben ihr.

»Ja, bitte?«, fragte sie.

»Ach, nichts«, antwortete ich und gab mir Mühe, meine Nervosität zu verbergen, was mir nicht wirklich gelang. »Ich hab dich nur gerade hier sitzen gesehen und spontan die Eingebung bekommen, dir Gesellschaft zu leisten. Du sahst so gelangweilt aus. Das konnte ich natürlich nicht zulassen. Nicht heute, nicht an diesem wunderschönen Tag.«

»Ähh, wie bitte?«

Ihrem Blick nach zu urteilen, hatte sie keine Ahnung, was hier gerade vor sich ging. Ich ehrlich gesagt auch nicht. Die Ampel sprang auf Grün um, und die ersten Autos begannen schon zu hupen. Fuck!

»Du, also, pass auf, es ist so«, lächelte ich und stand wieder auf. »Ich würde nichts lieber tun, als weiter mit dir auf den Bus zu warten, aber die ganzen Menschen, die gerade wie verrückt hupen, machen das wegen mir. Das kleine schwarze Auto, das da vorne an der Ampel alles blockiert, ist nämlich meins. Ich würde dich gerne wiedersehen. Melde dich einfach, wenn du magst. Und entschuldige, dass ich dich gerade so überfallen habe, aber das war meine einzige Chance. Ich hätte dich sonst nie mehr wiedergesehen. Einen schönen Tag noch. Ach, und hier ist meine Nummer. Ich heiße Lars.«

Ich gab ihr eine Visitenkarte, lief schnell zum Auto zurück, winkte ihr noch einmal zu und brauste davon. Mein Herz klopfte bis zum Anschlag, und ich kam aus dem Grinsen nicht mehr heraus. Die positive Energie, die ich durch diese Aktion selbst in mir kreiert hatte, zog sich durch den restlichen Tag, und selbst Tage später kribbelte es noch in mir. Als hätte ich eine magische Sonne in mir angeknipst. Ich strahlte von innen. Kaum zu glauben, aber ich hatte es wirklich getan.

> »Wir gehen voran, öffnen neue Türen und tun neue Dinge, weil wir neugierig sind, und dank der Neugier betreten wir neue Wege.«
>
> WALT DISNEY

In dem Buch »Hagakure«, das Tsunemoto Yamamoto vor über dreihundert Jahren in Japan verfasst hat und das vom legendären Ehrenkodex der Samurai handelt, heißt es: »Denke scharf nach und entscheide innerhalb von sieben Atemzügen (…) langes Überlegen stumpft den scharfen Rand einer Entscheidung ab (…) In sieben von zehn Fällen stellen sich die Dinge, die zögerlich ausgeführt wurden, als falsch heraus. Von einem Samurai wird schnelles Handeln erwartet bei allem, was er in Angriff nimmt (…) Ein verwirrter Geist führt zu keiner klaren Entscheidung. Ein Mann ohne nagende Zweifel, von frischem und hohem Geist, kann innerhalb von sieben Atemzügen zu einer Entscheidung kommen.«

Zum Glück leben wir heute nicht mehr in einer Welt, in der jeder noch so kleine Fehler sofort über Leben und Tod entscheidet. Und natürlich sollte man auch nicht jede Entscheidung in sieben Atemzügen treffen, jedenfalls nicht, wenn man eine wirklich gute Wahl treffen möchte. Ob man zum Beispiel einen Kredit aufnimmt, ein Haus kauft oder in ein anderes Land auswandert, sollte schon gut durchdacht sein. Was wir aber von Tsunemoto Yamamoto lernen können, ist, wie man sich in Momenten des Zögerns selbst überlisten kann, um schnell und entschlossen zu handeln. Die Aktion an der Bushaltestelle hat mir nämlich eine Sache mehr als deutlich gemacht: Immer, wenn ich eine gute Entscheidung für mein Seelenwohl treffen müsste, es aber doch nicht tue, geht es mir schlecht. Und es fühlt sich immer wie eine Befreiung an, wenn ich es tue.

Dass sich die Traumfrau von der Bushaltestelle nie bei mir gemeldet hat, war am Ende gar nicht so wichtig. Vielleicht war sie nur zu Besuch in der Stadt oder frisch verliebt oder frisch getrennt und noch nicht bereit, sich auf etwas Neues einzulassen, vielleicht stand sie nicht auf Männer, vielleicht stand sie auch einfach nicht auf mich. Was immer es war, es spielt keine Rolle. Ich hatte meine Angst überwunden und etwas getan, was ich in der Form so noch nie probiert hatte. In dem Augenblick, als ich mein Auto verließ, habe ich die Kontrolle über mein Leben zurückerlangt, die ich vorher an meine Gefühle und Gedanken verloren hatte. Es ging nicht darum, ihre Nummer zu bekommen oder mir von ihr ein Ja für mein Ego abzuholen, sondern darum, meine persönlichen Grenzen zu verschieben, alte Gewohnheiten abzulegen und die Magie des Lebens zu spüren, wegen der wir alle hier auf dieser wunderschönen Erde sind. Zu wissen, eine Chance nicht vertan zu haben, unabhängig von ihrem Ausgang, ist eines der schönsten Gefühle überhaupt. Wähle immer die Option, vor der du dich am meisten fürchtest, weil genau diese Option dir helfen wird, in deiner Persönlichkeit zu reifen. Das habe ich in jenem Moment gelernt. Und glaube mir, genau in jenen Momenten, wenn du nicht nachdenkst, sondern einfach machst, liegt der meiste Spaß.

Die sieben Tugenden der Samurai

Jemand sagte einmal zu mir, ich würde in einer Traumwelt leben und dass das echte Leben keine Fernsehserie aus Hollywood sei. Ich sah ihn an und fragte: »Warum nicht? Warum kann das echte Leben nicht so sein? Was ist überhaupt echt? Wer entscheidet das? Und warum können wir diese besondere Magie, die wir fühlen, wenn wir uns Filme von Disney oder Marvel ansehen, nicht auch in unser ›echtes Leben‹ holen? Warum soll ich aufhören, diese Träume zu träumen?«

Die Scarlett-Johansson-Situation an der Ampel war so ein Hollywood-Moment für mich. Vielleicht wirkte es von außen nicht so, aber für mich fühlte es sich so an – und nur darauf kommt es an. Frag dich selbst: Welche Geschichten möchtest du später einmal über dein Leben erzählen? Ich fühlte mich wie James Dean, Steve McQueen und Ryan Gosling zusammen und schuf mir durch ein schnelles und beherztes Handeln eine wunderschöne Erinnerung, die für immer bleibt. An diesem Tag wurde mir einmal mehr bewusst, dass ich das Drehbuch meines Lebens selbst schreiben kann, durch jede einzelne Tat. Die Grenzen befinden sich nur im Kopf. Dort sitzt der wahre Feind. Doch mit der Unterstützung eines senegalesischen Sängers und eines Samurai aus dem alten Japan entdeckte ich durch Zufall eine Geheimwaffe, um diesen Feind für immer in die Flucht zu schlagen.

Youssou N'Dour sang von sieben Sekunden, und Tsunemoto Yamamoto schrieb von sieben Atemzügen, also beschäftigte ich mich mit dieser Zahl und war ziemlich überrascht von dem, was ich herausfand. Gott erschuf die Welt in sieben Tagen, mit ihnen die sieben Todsünden und sieben Weltwunder. Für Verliebte gibt es den siebten Himmel, in dem sie schweben können, und später das verflixte siebte Jahr, in dem diese Liebe auf den Prüfstand gestellt wird. In dem deutschen Pop-Klassiker von Karat, den auch Peter Maffay sang, heißt es: »Über sieben Brücken musst du geh'n«, um danach das Licht zu sehen. Die Zahl Sieben symbolisiert die Veränderung. Sie steht für Hoffnung und nach Ablauf einer bestimmten Zeitspanne für ein besseres Leben. In allen Weltreligionen ist die Sieben eine heilige Zahl. Menschen, deren Geburtsdatum eng mit dieser Schicksalszahl verbunden ist, sollen darüber hinaus sehr spirituell veranlagt sein. Ich könnte noch weitere Verbindungen zur Sieben aufzählen, aber dann würden wir schnell in die Welt der Esoterik abrutschen. Einen weiteren Fakt finde ich dann aber doch ziemlich erstaunlich. Im Ehrenkodex der Samurai stehen nämlich ebenfalls sieben Tugenden im Vordergrund:

- Gi: Aufrichtigkeit und Gerechtigkeit
- Yu: Mut
- Jin: Güte
- Rei: Höflichkeit
- Makoto: Wahrheit
- Meiyo: Ehre
- Chūgi: Treue

Diese sieben Werte beschreiben im Prinzip punktgenau, was ich dir auch mit diesem Buch ans Herz legen möchte: Sei aufrichtig, mutig, freundlich, bleib dir selbst treu und lebe deine Wahrheit. Als ich über all diese Zusammenhänge nachdachte, fiel mir etwas Wichtiges auf: In jenem Moment, als ich aus dem Auto stieg, um die fremde Frau anzusprechen, hat sich in mir etwas verändert. Der Samurai hatte den Schalter in meinem Kopf umgelegt und mir dadurch eine wertvolle Erkenntnis geschenkt. Kurz bevor wir etwas tun möchten, wovor wir Angst haben, fallen wir nämlich meist in eine Art Schockstarre. Wir warten dann zu lange ab, verpassen damit den magischen Moment und geben im nächsten Schritt unseren Gefühlen und Gedanken die Erlaubnis, uns für dieses Zögern zu bestrafen. Vielleicht meinte Tsunemoto Yamamoto das mit seinen berühmten Worten: »Entscheide innerhalb von sieben Atemzügen!« Sobald eine neue Situation in dein Leben tritt, musst du schneller handeln als die Stimme in deinem Kopf, die schon darauf wartet, dich von deinem Vorhaben abzubringen. Yamamoto hat erkannt, dass dieses Programm, das in jedem Menschen steckt, nicht sofort abgespult wird, sondern dass es ein kurzes Zeitfenster gibt, um gegenzusteuern. In seiner Welt waren das sieben Atemzüge, jene sieben Sekunden, die in einem Kampf den Unterschied ausmachten zwischen Leben und Tod. In unserer Welt kann es den Unterschied ausmachen zwischen einem glücklichen, erfüllten und hoffnungsfrohen Leben und einem Leben voller Verbitterung, Frust und Einsamkeit.

Mach dir einen Spaß daraus, beobachte einen Tag lang deine eigenen Gedanken und führe eine Strichliste. Jedes Mal, wenn du still und leise eine Ausrede vorschiebst, um etwas nicht zu tun oder nicht laut auszusprechen, obwohl du es gerne würdest, machst du einen Strich auf deine Liste. Überprüfe in diesem Augenblick ganz genau, wie du dich fühlst, und notiere auch das. In den meisten Fällen werden es nur kleine Entscheidungen sein, aber genau die sind es, die in der Summe unser Leben ausmachen: Gehe ich zum Sport? Verteile ich dieses Kompliment?

Melde ich mich im Meeting zu Wort? Schreibe ich diese E-Mail? Gehe ich alleine auf die Tanzfläche? Klingle ich beim Nachbarn? Sag ich meine Meinung? Kaufe ich dieses Buch? Halte ich mich an meinen Plan? Springe ich aus dem Auto und spreche sie an?

Oft haben wir durch den antrainierten Fluch des Zögerns schon Jahre oder Jahrzehnte vergeudet, weswegen wir felsenfest glauben, uns von dieser Gewohnheit nicht mehr lösen zu können. Das stimmt aber nicht. Es fühlt sich einfach nur so an. Ich kann mich noch gut an die Zeit erinnern, als ich wochenlang in meiner Wohnung saß, nichts zu tun hatte und noch weniger auf die Reihe bekam. Die einfachsten Tätigkeiten kamen mir so vor, als müsste ich einen dreifachen Marathon laufen. Ein Jahr lang habe ich es nicht geschafft, einen Termin beim Bürgerbüro zu organisieren, das nur eine Querstraße von mir entfernt lag. Ich wusste, dass es eine Strafe von bis zu tausend Euro mit sich ziehen würde, wenn man seinen Wohnsitz nicht rechtzeitig ummeldet, und dennoch tat ich es nicht. Als meine Freundin Saskia von Berlin nach New York zog, um dort ihren Traum zu leben, überließ sie mir ihr altes Auto, da sie es nicht mehr brauchte. Ich wusste, dass die Batterie des kleinen schwarzen Lupo (aus dem ich gesprungen war, um … du weißt schon), nicht mehr die beste war und bald ihren Geist aufgeben würde, falls ich das Auto nicht regelmäßig bewegte, und dennoch ließ ich es drei Monate unbenutzt vor dem Haus stehen. Nachdem der ADAC gekommen war und mir eine neue Batterie eingebaut hatte, parkte ich das Auto um und ließ es weitere acht Monate stehen – mit dem Resultat, dass sich auch diese Batterie wieder entlud und ausgetauscht werden musste. Es war offensichtlich, dass ich das Auto nicht brauchte, und doch schaffte ich es nicht, es zu verkaufen oder zu verschenken oder abzumelden. Das gleiche Spiel, wenn in meiner Wohnung etwas repariert werden musste. Selbst wenn es nur eine Glühbirne war, die ausgetauscht werden musste, ich machte es nicht. Der Grund dafür war einfach: Es lag nicht daran, dass ich es nicht konnte, ich fühlte mich einfach nicht danach. Ich hatte all diese Dinge schon so oft auf morgen verschoben, dass sich daraus eine Gewohnheit entwickelt hatte. Schon war ich, ohne es mitzubekommen, in der »Gewohnheitsschleife« gefangen.

Ein kleiner Samurai-Trick

Was wurde also zu meiner Geheimwaffe? Nach der Aktion an der Bushaltestelle beschloss ich, mir etwas mehr Hollywood-Action in mein Leben zu holen, und entwickelte meine eigene kleine Superhelden-Methode. »Entscheide dich innerhalb von sieben Atemzügen« sollte dabei mein neues Mantra werden. Ich stellte mir vor, dass ich ab sofort stets von einem unsichtbaren Samurai begleitet werden würde. Wo immer ich war, er stand schon bereit, um sein Schwert gegen mich zu ziehen und mir den Kopf abzusäbeln. Ich hatte verstanden, dass ich den unbewussten Reflex des Zögerns überwinden musste, und brauchte ein Hilfsmittel, um genau diesen einen Schritt zu gehen, der jedes Mal aufs Neue so schwer war. Ich hatte keine Lust, immer wieder gegen meine eigenen negativen Gedanken anzukämpfen, also nutzte ich die Technik der sieben Atemzüge, um diese erst gar nicht zu Wort kommen zu lassen. Wann immer ich mich also in einer neuen Situation befand und zum ersten Mal bewusst registrierte, dass ich jetzt eigentlich etwas tun müsste, aktivierte ich meinen Samurai und wusste, dass ich ab diesem Augenblick nur noch sieben Atemzüge Zeit haben würde, um zu handeln. Früher habe ich mich oft tagelang vor einem wichtigen

Gespräch gedrückt, habe eine E-Mail nicht geöffnet oder einen Termin verschoben. Heute aktiviere ich sofort meinen kleinen Samurai und habe die Situation somit auf der Stelle entschärft.

Natürlich klingt das alles sehr nach einer verrückten Jungsfantasie, und ich gebe zu, dass sie das auch ist. Vielleicht findest du sie albern. Doch Pippi Langstrumpf ist auch albern. Ich bin gerne albern. Diese Albernheit hat jedenfalls dazu geführt, dass ich die wichtigen Dinge in meinem Leben nicht mehr aufgeschoben habe, dass Unsicherheiten, Ängste und Ausreden nicht länger ihr Unwesen in meinem Kopf treiben konnten und ich nicht mehr mit Kopfschmerzen des Bedauerns ins Bett gegangen bin, weil ich mal wieder eine Chance vertan und mich deswegen schlecht gefühlt habe. Ich war es leid, weiterhin mein Leben zu vergeuden. Manchmal braucht man einfach einen kleinen Schubs von außen, um ins kalte Wasser zu springen. Aber sobald du begriffen hast, wie viel schöner, besser und aufregender dein Leben dadurch wird, dass du wieder selbst am Steuer stehst, wirst du nie mehr etwas anderes wollen. Du wirst auf einmal mutig und voller Tatendrang durch dein Leben gehen und für alles bereit sein, was dort auf dich wartet. Und nein, du musst auch jetzt noch nicht alle Antworten kennen. Du musst nur deine Angst überwinden, aus dem Auto aussteigen und … du weißt schon.

Aus unzähligen Gesprächen der letzten Jahre weiß ich, dass vor allem das Ansprechen fremder Menschen häufig zu den schwierigsten Disziplinen zählt. Jedenfalls glauben wir das. Ich möchte dir hier kurz zehn kleine Wahrheiten mitgeben, die dir auf deinem Weg helfen werden. Ich bin sogar davon überzeugt, dass sie dein Leben für immer verändern werden … wenn du den Sprung ins kalte Wasser wagst.

Zehn wertvolle Erinnerungen

1. Niemand beobachtet deinen Versuch, auf einen Menschen, den du noch nicht kennst, zuzugehen. Und vor allem verurteilt dich niemand dafür. Die Wahrheit ist: Alle haben Angst, deswegen wissen auch alle, wie mutig das ist, was du gerade tust.

2. Richte deinen Fokus nicht auf das Ergebnis oder deinen heimlichen Wunsch, sei es in Form einer Telefonnummer oder einer anderen Form von sozialer Bestätigung. Wenn es dir um nichts anderes geht – und darin liegt das Geheimnis –, als mit einem fremden Menschen ein interessantes Gespräch zu führen oder ihm ein schönes Kompliment zu machen oder für einen kurzen Augenblick einen Gedanken zu teilen, dann liegt die Wahrscheinlichkeit bei 100 Prozent, dass du damit erfolgreich sein wirst. Und zwar exakt in der Sekunde, in der du dein Handeln startest. Du kannst nur dann verlieren, wenn du eine Erwartung hast. Tausche sie gegen Dankbarkeit ein, und alles wird gut.

3. Mach dir keine Sorgen darüber, falls du am Anfang nervös bist: Viele Menschen werden deswegen sogar noch freundlicher zu dir sein. Mach es einfach zum Thema, ganz entspannt, ganz locker. Probiere es hiermit: »Hey, ich bin ein bisschen schüchtern und würde es mich normalerweise niemals trauen, einfach so einen fremden Mann anzusprechen, aber mit dir muss ich jetzt einfach reden. Ich kann es mir auch nicht erklären. Irgendetwas sagt mir, dass ich es sonst bereuen würde. Hallo, ich bin

Melli.« Ich garantiere dir, dass die Menschen positiv auf dich reagieren werden. Warum? Weil du authentisch bist. Damit machst du deinem Gegenüber ein unfassbar wertvolles Kompliment, weil du ihm offen und direkt signalisierst, dass er etwas Besonderes ist. Gleichzeitig gibst du eine kleine Schwäche zu, die du aber überwunden hast, nur um ihn kennenzulernen. Du warst ehrlich, und Ehrlichkeit ist immer ein Zeichen von Selbstbewusstsein. Du verstellst dich nicht, sondern sagst einfach frei heraus, was du willst. Damit hast du übrigens auf der Stelle einen sympathischen ersten Gesprächsaufhänger. Oft reagieren die Menschen dann nämlich so: »Ach, wirklich? Kann ich gar nicht glauben, dass du schüchtern bist.« Darauf könntest du dann zum Beispiel mit einem Lächeln erwidern: »Das Leben ist viel zu kurz für vertane Chancen, findest du nicht? Ich bin jedenfalls noch in der Übungsphase. Hast du ein paar Tipps für mich?« Schon hast du einen kleinen Lacher auf deiner Seite, und das Gespräch kann beginnen.

4. Eine Abweisung ist niemals eine Aussage über dich als Menschen. Es ist lediglich ein Feedback für etwas, was du getan oder gesagt hast. Das ist ein riesiger Unterschied.

5. Konzentriere dich nur auf deine Fortschritte. Du musst nicht perfekt sein. Perfekt ist ohnehin langweilig (aber das weißt du ja mittlerweile).

6. Falls du Angst davor hast, von fremden Menschen in aller Öffentlichkeit gedemütigt zu werden, so kann ich deine Bedenken hiermit vollständig entkräften. Nie-

mand wird etwas sagen, was gemeiner, kränkender, bösartiger, fieser und verletzender ist als all die Dinge, die du dir jeden Tag selbst über dich erzählst.

7. Eine der wichtigsten Regeln, die kaum jemand kennt: Geh davon aus, dass du an jedem Ort, an dem du dich befindest, akzeptiert und willkommen bist. Auch wenn du davon nicht überzeugt bist, tu einfach so lange so, bis deine eigene Erfahrung dir das Gegenteil beweist.

8. Es gibt mehr Menschen, als du dir vorstellen kannst, die nur darauf brennen, dich kennenlernen zu dürfen.

9. Die einzige Niederlage besteht darin, es nicht versucht zu haben. Der Schmerz und die Enttäuschung darüber, dass du keinen Mut bewiesen und dich damit selbst verraten hast, ist unendlich viel größer als jedes Wort, das irgendjemand jemals zu dir sagen könnte.

10. Zum Schluss noch einmal als Erinnerung, weil es so wichtig ist: Das Leben ist um ein Vielfaches amüsanter, köstlicher und zauberhafter, wenn du deinen Mund öffnest und mit all den tollen Menschen redest, mit denen du auf magische Weise zur gleichen Zeit am gleichen Ort deine Lebenszeit verbringst.

Wenn du dich traust, deine Ängste zu überwinden, zu dir stehst und den kleinen Samurai mit seinem Zauberschwert aktivierst, werden Dinge passieren, die du niemals für möglich gehalten hättest. Denke an Paulo Coelhos berühmte Worte: »Nur wer an Wunder glaubt, dem geschehen sie auch.« Absagen, kurzfristige Niederlagen und Menschen, die dich auf diesem Weg nicht begleiten möchten, weil ihre Bestimmung eben eine andere ist, gehören dazu.

Eine Faustregel fürs Leben: Absagen niemals persönlich nehmen

Ein paar einfache Fragen: Magst du jeden Menschen? Würdest du mit jedem Menschen gerne ein Bier trinken oder sogar ins Bett gehen? Und hast auch du schon einmal einem Menschen signalisiert, dass du gerade leider keine Zeit für ihn oder gar Interesse an ihm hast? Ich verwette meine schöne italienische Espressomaschine, dass deine Antwort heißt: »Nein, nein und ja.« Warum sollten also für dich andere Regeln gelten als für alle anderen Menschen auf dieser Welt? Ein entscheidender Faktor für ein gutes Leben ist, Absagen niemals persönlich zu nehmen. Unter keinen Umständen! Ein Nein ist keine unverrückbare Tatsache, die eine universelle Gültigkeit hat, sondern lediglich die aktuelle Meinung einer einzelnen Person. Wenn du also im Café, in der Straßenbahn oder im Supermarkt jemanden freundlich ansprichst, weil dir irgendetwas an ihm gefällt und er oder sie unfreundlich auf dich reagiert, dann reicht es, dass du dir nur eine Sache merkst: Diese Reaktion hat nichts mit dir zu tun. Es ist eine Reflexion seiner traurigen Seele, nicht deiner. Wäre diese Person im Einklang mit sich und ihrem Leben, würde sie sich dir gegenüber anders verhalten.

Diese Erkenntnis kannst du übrigens auf alle Bereiche des Lebens übertragen: Glückliche Menschen, die ihren inneren Frieden gefunden haben, beleidigen nicht. Glückliche Menschen brüllen niemanden an und kritisieren auch nicht unangemessen hart. Glückliche Menschen behandeln andere Menschen nicht schlecht, diskriminieren sie nicht und schreiben auch keine zynischen, herabwürdigenden Kommentare. Menschen, die auf Freundlichkeit mit Unfreundlichkeit reagieren, sind aus der Balance geraten. Bleib in solchen Momenten gelassen und gib ihnen niemals ihre negative Energie zurück, sondern entschuldige dich für die Störung oder das Missverständnis und wünsche ihnen noch einen schönen Tag. Dann gehst du weiter. Solche Formen der Ablehnung sind absolut bedeutungslos, sie sind unsichtbar. Schon im nächsten Augenblick, wenn du weitergehst, befindet sich das Nein bereits in der Vergangenheit und ist somit nicht mehr existent. Es gibt keine Liste, auf der dieses Feedback aufgezählt wird, warum also seine Gedanken damit belasten? Am Ende des Tages ist es doch so: Einen guten Menschen zu verletzen wird den Täter immer mehr verletzen, wenn dieser erst einmal begreift, dass es nicht viele ehrliche, loyale und authentische Menschen da draußen gibt. Tut er es dennoch, hat er gerade einen großen Verlust erlitten. Er hat also viel mehr verloren als du. Du hast mit deinem Versuch Liebe in die Welt geschickt, und nichts anderes ist von Bedeutung. Denke immer daran: Es muss nur die Eine oder der Eine deinen Weg kreuzen, mit dem du diese tiefe Verbundenheit spürst, der Mensch, der dein Seelenverwandter sein könnte, um allen Absagen, die du jemals in deinem Leben bekommen hast, einen Sinn zu geben: Sie haben dich direkt zu ihm geführt.

Stell dir vor, du sprichst mit zehn Menschen, und zehn Mal lachen sie dir spöttisch ins Gesicht, aber beim elften Versuch steht plötzlich dein Traumprinz oder deine Traumprinzessin vor dir. Wäre es die Mühe nicht wert? Ich sage nicht, dass du dich auslachen lassen sollst, was übrigens ohnehin nicht passieren wird, aber ich sage: Geh raus ins Leben, höre dir ein paar »Nein danke, aber süß, dass du gefragt hast« an, und du wirst gar nicht darum herumkommen, eines Tages auf den Partner deiner Träume zu treffen, der verlegen zurücklächelt und Ja zu dir sagt. Verändere deinen Blickwinkel und nutze deine Chancen – es gibt so viele davon.

Und hör damit auf, permanent nach einem möglichen Partner Ausschau zu halten. Das wirkt verzweifelt und gekünstelt, und niemand mag verzweifelte und gekünstelte Menschen. Richte deine Aufmerksamkeit auf deine wahren Ziele und achte darauf, dass du auf dem Weg dahin deine Lebenslust nicht verlierst. Sei im Jetzt, lerne, sammle Wissen und Weisheit und wachse in deiner Persönlichkeit. Hab Spaß am Leben mit Dingen und Menschen, die dir guttun. Mit dieser magischen Aura des »Nichtmüssens« wird die richtige Person zum richtigen Moment durch die Tür kommen und dich finden.

Dein Selbstbewusstsein: Zen oder Fake?

Vielleicht liest du schon eine Weile in diesem Buch und denkst dir: »Hmm, das klingt alles gut, aber ich kenne mich besser, ich habe einfach nicht dieses Selbstbewusstsein, ich stehe nicht gerne im Mittelpunkt, ich bin eher der ruhige Typ. Niemals wäre ich in der Lage …« Hey, ich verstehe dich und weiß auch, wer gerade spricht. Es ist nur die Stimme in deinem Kopf. Denn was braucht man eigentlich, um sein Selbstbewusstsein zu stärken? Also was ist es, was du gerade glaubst, nicht zu haben?

Wenn ich diese Frage stelle, höre ich oft ähnliche Antworten: Anerkennung von anderen, Geld, beruflicher Erfolg, soziale Bestätigung, schicke Urlaube, ein Auto, eine eigene Wohnung, ein Haus, eine Ehe, eine hohe Zahl an Instagram-Followern. Kurz: Statussymbole, die man vorzeigen kann. Ich nenne das Fake-

Selbstbewusstsein, weil das alles materielle oder äußerliche Dinge sind, die dir augenblicklich wieder weggenommen werden können. Dein Geld kann verloren gehen, dein Job, der dir deinen Lebensstil ermöglicht, kann dir gekündigt werden, deine Instagram-Follower können sich wieder von dir »entfolgen«. Wenn dein Selbstbewusstsein also darauf basiert, was du an Besitztümern angehäuft hast oder was du nach außen hin darstellst, wird dein Glücksempfinden auch immer von diesen Dingen abhängig sein. Anders ausgedrückt: Du bist ein Sklave des Geldes, der Anerkennung und des Applauses und wirst stets wie ein Windhund hinter ihnen herjagen. Du wirst nie echten Seelenfrieden erlangen, weil dein inneres Glückskartenhaus jeden Tag einzubrechen droht, und zwar ohne dass du die Kontrolle darüber hast.

Zen-Selbstbewusstsein hingegen trägst du in dir. Es ist immer da, unabhängig davon, was um dich herum passiert. Du brauchst keine Bestätigung von außen, um dich gut zu fühlen. Du kannst kritisiert oder gar ausgelacht werden, an deinem Zustand des inneren Friedens wird sich deshalb nichts ändern. Dieses Selbstbewusstsein ist entscheidend, weil es dich niemals im Stich lassen wird. Es fungiert als unsichtbarer Schutzschild, der jegliche negative Energie von dir fernhält. Zen-Selbstbewusstsein erlangst du nicht, indem du dich durch deinen Job, dein Geld oder deinen gesellschaftlichen Status definierst, sondern einzig und allein durch dein Wachstum als Persönlichkeit.

Und wie wächst man? Indem man hinfällt, daraus lernt, wieder aufsteht, das Gelernte anwendet, hinfällt, lernt, wieder aufsteht. Mit diesem Mindset, also der Art und Weise, über dich und das Leben zu denken, wird es dir immer gutgehen, weil du Rückschläge plötzlich nicht mehr als etwas Negatives betrachtest, sondern als unabdingbaren Teil deines Wachstums. Jede

Niederlage ist eine wichtige Erfahrung auf deinem Weg zur Meisterschaft. Aus diesem Grund habe ich den Begriff »Scheitern« völlig aus meinem Wortschatz gestrichen und ihn durch einen neuen ersetzt: »Feedback.« Scheitern hat etwas Finales. »Ich bin gescheitert« klingt sehr endgültig. Jedenfalls interpretiert unser Gehirn das so. Feedback jedoch ist die sachliche Analyse einer Situation. Nicht mehr und nicht weniger. Ohne Wertung. Erkennst du den gigantischen Unterschied?

Ein Zen-Meister und sein Schüler saßen im Garten des Klosters und sprachen über das Leben. Da fragte der Schüler: »Wie wird man erfolgreich?«

Der Zen-Meister antwortete: »Zwei Wörter.«

Und der Schüler fragte: »Wie lauten sie?«

Und der Zen-Meister sagte: »Richtige Entscheidungen.«

»Aber wie trifft man richtige Entscheidungen?«, fragte der Schüler.

»Ein Wort«, antwortete der Zen-Meister.

»Welches wäre?«, fragte der Schüler.

»Erfahrung«, sagte der Zen-Meister.

Und der Schüler fragte: »Aber wie bekommt man Erfahrung?«

»Wieder zwei Wörter«, antwortete der Zen-Meister.

»Wie lauten sie?«, fragte der Schüler.

Und der Zen-Meister sagte: »Falsche Entscheidungen.«

Um dir endgültig die Angst vor dem ersten Schritt zu nehmen und dich zu motivieren, ab sofort dein Zen-Selbstbewusstsein zu stärken, möchte ich dir jetzt die drei Szenarien beschreiben, die eintreten können, wenn du jemanden siehst, den du attraktiv findest. Ob deine Angst bleibt oder vergeht, hat in Wahrheit nämlich nur etwas mit ebenjenen richtigen und falschen Entscheidungen zu tun.

Szenario eins: Du unternimmst etwas und hast sichtbaren Erfolg. Herzlichen Glückwunsch! Du hast deine Angst überwunden, Mut bewiesen und wurdest mit einem Ja belohnt. Vielleicht geht ihr gemeinsam einen Kaffee trinken und tauscht sogar eure Telefonnummern aus. Du fühlst dich wohl in deiner Haut und könntest die ganze Welt umarmen. Warum? Weil sie oder er dir eine Bestätigung von außen gegeben hat. Dein Ego wurde gestreichelt.

Szenario zwei: Du unternimmst etwas und hast keinen sichtbaren Erfolg. Vor dieser Möglichkeit fürchten sich die meisten und malen sich die schlimmsten Dinge aus, die passieren könnten. Aber du hast Mut bewiesen, und Mut wird immer belohnt. Dein Level an Zen-Selbstbewusstsein ist bereits in der Sekunde, in der du vor ihm oder ihr standest und deinen Mund geöffnet hast, gewachsen. Warum? Weil du deine Angst überwunden hast. Das allein reicht aus, um die Sonne in dir zum Leuchten zu bringen. Zur Erinnerung: Wir sprechen Menschen nicht an, um ein Ja zu hören, also um äußere Bestätigung zu bekommen, sondern wir tun es, um Liebe in die Welt zu senden. Indem du jemandem zeigst, dass du ihn siehst, ihn wahrnimmst, machst du nämlich genau das. In diesem Augenblick spürst du, dass du auf dich zählen kannst. Du erlangst plötzlich ein tiefes Gefühl an innerer Zufriedenheit, weil du dir selbst entsprochen hast. Dieser Aspekt, es versucht zu haben, baut dein wahres Zen-Selbstbewusstsein auf. Du bist in deiner Persönlichkeit gewachsen. Du hast erkannt, dass es nicht darum geht zu gewinnen (in Form von Bestätigung/Zuspruch/Anerkennung), sondern deinem wahren Ich Ausdruck zu verleihen. Du hast wie ein Champion gehandelt, und dieses Mindset wird dich vielleicht schon beim nächsten Versuch direkt in die schönsten und wildesten und aufregendsten Abenteuer deines Lebens katapultieren.

Szenario drei: Du unternimmst nichts. Das ist die Variante, die es um jeden Preis zu vermeiden gilt, weil sie nur dazu führt, dass du nachts nicht schlafen kannst. Du wirst enttäuscht nach Hause fahren und dich grün und schwarz ärgern, weil du dich wieder einmal nicht getraut hast. Damit gibst du deinen Selbstzweifeln Futter, und die destruktiven Gedanken werden minütlich größer und mächtiger. Indem du nichts unternommen hast, hast du nicht nur eine einmalige Chance verstreichen lassen, du hast etwas viel Gravierenderes getan: Du hast zu dir selbst Nein gesagt! Und dieses Nein ist um Längen schlimmer als die fieseste Abfuhr von außen. Du hattest die Möglichkeit zu lernen und hast es vermasselt. Diese Niederlage führt einzig und allein dazu, dass deine negativen Glaubenssätze Raum gewinnen und du beim nächsten Mal wieder mit gesenktem Kopf an ihm oder ihr vorbeiläufst. Ein Teufelskreis, den es unter allen Umständen zu durchbrechen gilt. Denke immer daran: Es ist besser, nach der Uhrzeit zu fragen, als gar nichts zu sagen. Ich möchte mein Leben jedenfalls nicht ständig unter das Motto stellen: »Was wäre passiert, wenn …«, und ich kann mir nicht vorstellen, dass es dir anders geht.

Noch einmal: Es sind nur deine Gedanken, die zwischen Sieg und Niederlage entscheiden, und der Sieg beginnt immer im Kopf. Erst wenn du bereit bist, kleine Risiken einzugehen, wenn du es dir in deinen Träumen vorstellen kannst, dass die schönsten Dinge der Welt auch für dich bestimmt sind, wird genau das Realität. Der Hauptgrund, warum so viele Menschen damit Probleme haben, ist, dass sie all die Möglichkeiten, die sie jeden Tag haben, einfach so an sich vorbeiziehen lassen: den hübschen Typen an der Bar, die coole Frau im Café, die spannende Ausschreibung für den Traumjob. Die perfekten Umstände, nach denen du suchst, wird es nie geben. Deine Gefühle werden immer Ausreden finden, warum ausgerechnet heute nicht der passende Zeitpunkt ist: Entweder hast du das falsche Outfit an, oder vom Himmel fallen Regentropfen, oder die Zeit ist noch nicht reif. Die Wahrheit ist: Die Zeit ist niemals nicht reif. Es gibt keinen besseren Augenblick als jetzt. Nicht morgen, nicht in einer Woche. Dieser Moment, jetzt, hier, das ist dein Leben. Wenn sich dir eine Gelegenheit bietet, greif zu! Worauf willst du denn warten? Auf einen besseren Job, eine bessere Figur, bessere Lebensumstände? Das sind alles nur Ausreden, um vor dir das Szenario drei zu rechtfertigen. Niemand weiß das besser als du.

Am Ende des Tages führt alles zu der einen entscheidenden Erkenntnis: Akzeptiere, wer du bist! Denn bevor du dein wahres Ich nicht akzeptierst, wird es auch kein anderer tun. Der Schlüssel zu deinem Glück liegt nicht in weiter Ferne am anderen Ende der Welt, sondern direkt vor deiner Nase. Du musst nur zugreifen. Es kommt nicht darauf an, wie berühmt oder erfolgreich du bist, wie viel Geld du verdienst oder welchen gesellschaftlichen Status du besitzt, sondern dass du begreifst, wie einzigartig und wunderschön du bist. Es gibt fast acht Milliarden Menschen auf der Welt, aber niemanden, der so ist wie du. Vergiss das niemals.

Sieben einfache Wahrheiten
über das Leben

1. Jeder Mensch, den du kennst und jemals treffen wirst, fühlt sich in mindestens einer Sache unsicher. Du bist nicht der Einzige, auch wenn es sich oft so anfühlt.
2. Der einzige Unterschied zwischen Unkraut und einer Blume ist deine Wertung.
3. Wenn es darum geht, eine Entscheidung zu treffen, wirst du dich niemals zu 100 Prozent sicher fühlen. Deswegen gilt folgende Regel: Es ist immer besser, eine Entscheidung zu treffen und danach einen Schritt zurückzugehen, um sie zu korrigieren, als keine Entscheidung zu treffen und sich ein Leben lang zu fragen: »Wo stünde ich heute, wenn ich damals diesen einen Schritt unternommen hätte?« Wenn du dich nicht entscheidest, werden es nämlich andere für dich tun!
4. Es wird immer jemanden geben, der besser ist als du. Du weißt allerdings nicht, was diese Menschen für ihren Erfolg tun mussten oder durchgemacht haben. Deswegen gilt die Regel: Vergleiche dich erst gar nicht. Mit niemandem. Niemals.
5. Nichts ist für immer. Situationen ändern sich. Sachverhalte ändern sich. Menschen ändern sich. Du änderst dich. Wenn es dir gerade nicht supergut geht, denke an die berühmten Worte eines Weisen, die für jeden Menschen gelten, der jemals einen schlechten Tag hatte: »Auch das geht vorbei!«

6. Ein Mensch, der sich angenommen, verstanden, akzeptiert und gesehen fühlt, wird immer mehr für dich tun, als er müsste.

7. Niemand ist für dein Glück verantwortlich (außer du selbst).

Die Sache
mit der Zeit

Eines Abends kam eine Frau spät von der Arbeit nach Hause. Ihr kleiner Sohn war noch wach und überraschte sie an der Wohnungstür.

»Mama, Mama«, sagte er aufgeregt. »Darf ich dir eine Frage stellen?«

»Na klar, was ist denn los?«, nuschelte sie müde und erschöpft.

»Mama, wie viel Geld verdienst du in einer Stunde?«

»Das weiß ich nicht genau«, sagte die Frau genervt, während sie ihre Arbeitsschuhe auszog und unter den Schrank stellte. »Außerdem könntest du damit ohnehin nichts anfangen, denn was immer ich dir antworten würde, du wärest noch viel zu jung, um das zu verstehen.«

»Aber Mama«, quengelte der Junge weiter. »Ich möchte es wirklich gerne wissen. Wie viel verdienst du in einer Stunde?«

»Na, wenn es dich glücklich macht. Lass mich kurz überlegen. Ich verdiene etwa zwanzig Euro pro Stunde.«

»Oh«, seufzte der Junge und senkte traurig seinen Kopf. Als er ihn wieder hob, sagte er schließlich mit weit aufgerissenen Augen: »Mama, kannst du mir zehn Euro leihen?«

»Aha, deswegen wolltest du also wissen, wie viel Geld ich verdiene«, antwortete die Mutter wütend. »Damit du dir drüben am Kiosk wieder irgendwelchen Blödsinn kaufen kannst. Geh in dein Zimmer und ab ins Bett! Ich arbeite mir nicht Tag und Nacht den Rücken bucklig, um mir dann von dir das Geld aus der Tasche ziehen zu lassen. Hörst du nicht? Abmarsch!«

Der kleine Junge ging auf leisen Sohlen in sein Zimmer und schloss die Tür hinter sich. Die Frau ließ sich im Wohnzimmer erschöpft aufs Sofa fallen und schaltete den Fernseher ein. Je länger sie darüber nachdachte, desto wütender wurde sie. Wie konnte ihr Sohn nur auf die Idee kommen, ihr so eine Frage zu stellen? Der Knirps war erst sechs Jahre alt, und schon drehte sich in seiner kleinen Welt alles nur ums Geld. Das konnte doch nicht wahr sein!

Nach einer Stunde hatte sich die Frau wieder beruhigt. Der Stress, den sie von der Arbeit mit nach Hause gebracht hatte, war verflogen, und ihr kam der Gedanke, eventuell doch etwas überreagiert zu haben. Vielleicht gab es ja wirklich einen guten Grund, wofür ihr Sohn die zehn Euro benötigte. Immerhin war es bisher nur sehr selten vorgekommen, dass er sie um Geld gebeten hatte. Sie ging an die Tür des Kinderzimmers und öffnete sie einen Spalt.

»Schläfst du schon?«, flüsterte sie.

»Nein, Mama«, antwortete der Sohn. »Ich bin noch wach.«

Sie setzte sich zu ihm.

»Ich glaube, ich war vorhin ein bisschen zu streng mit dir. Weißt du, es war ein langer Tag, und ich habe meine aufgestaute Aggression an dir ausgelassen. Ich entschuldige mich. Hier hast du die zehn Euro.«

Der kleine Junge, der nun über beide Ohren strahlte, setzte sich auf und sagte: »Danke, Mama. Du bist die beste Mama auf der ganzen Welt!«

Dann zog er unter seinem Kopfkissen eine Tüte hervor und schüttete den Inhalt auf seiner Bettdecke aus. Als die Frau sah, dass ihr Sohn bereits eine stattliche Anzahl an kleinen Münzen besaß, wurde sie wieder sauer, weil sie sich ausgenutzt vorkam. Der Junge saß vor ihr im Schneidersitz und zählte sein Geld.

»Warum wolltest du Geld von mir, wenn du schon welches hast?«, grummelte die Mutter.

Der kleine Junge hörte auf zu zählen und sah zu ihr auf: »Weil ich nicht genug hatte, aber jetzt habe ich genug. Mama, jetzt habe ich genau zwanzig Euro. Kann ich bitte eine Stunde deiner Zeit kaufen?«

Der Mutter kamen augenblicklich die Tränen. Sie nahm ihren Jungen liebevoll in den Arm und hatte die Botschaft verstanden.

Immer jetzt

Denke immer daran: Du brauchst nicht mehr Zeit in deinem Leben. Du musst nur bessere Entscheidungen treffen. Sei achtsam und äußerst wählerisch, wie und in wen du deine Zeit investierst. Vergeudete Zeit ist viel schlimmer als vergeudetes Geld, denn Geld kann man jederzeit neu verdienen. Zeit hingegen, die man falsch investiert, ist für immer verloren. Du hältst mit deiner Lebenszeit das größte und kostbarste Geschenk in den Händen, das es auf dieser Welt gibt. Steve Jobs hätte dich, ohne mit der Wimper zu zucken, zum Milliardär gemacht, wenn er deine Zeit hätte kaufen können. Warte nicht, bis es zu spät ist und du keine Kraft mehr hast, um morgens aus dem Bett zu springen und all die Dinge zu tun, die auf deiner Wunschliste stehen. Hast du sie schon geschrieben? »The time is now!« Höre auf Róisín Murphy, wenn sie ihren größten Hit singt. Die Zeit ist jetzt. Die Zeit ist immer jetzt.

Im Frühjahr 2017 verbrachte ich meine Zeit auf der wunderschönen »Blumeninsel« Madeira. Ich hatte mir für zwei Monate ein kleines Appartement gemietet, um Sport zu machen, in Ruhe zu schreiben und meinen Schriftstellertraum zu leben. Wenn ich meinen Kopf hob und über den Schreibtisch hinweg aus dem Fenster sah, waren dort dunkelgrüne Eukalyptusbäume, die im Einklang mit dem Wind schwangen. Ich hörte zwitschernde Vögel und dazu das ewig wohltuende Rauschen des Meeres. Wenn ich den Berg zu meiner Linken hinunterkletterte, was ungefähr zehn Minuten dauerte, landete ich in einer kleinen Bucht mit einem herrlichen goldgelben Sandstrand, und in dem Café, in dem die alten Männer des Dorfes Karten spielten und sich ihre Geschichten erzählten, gab es köstliches Gebäck und einen überraschend guten Espresso. Zusammengefasst kann man sagen: ein traumhaftes Fleckchen Erde. Es war perfekt.

Bis mir eines Tages beim Joggen in den Bergen schwindelig wurde, ich das Gleichgewicht verlor und vor meinen Augen eigenartige Lichtblitze auftauchten. Ich setzte mich auf einen Baumstamm, ruhte mich ein paar Minuten aus und ging langsam in die Wohnung zurück. Wenig später wurden meine linke Gesichtshälfte und mein linker Arm taub. Ich begann zu schwitzen, bekam Herzrasen und fand in der folgenden Nacht so gut wie keinen Schlaf. Als sich mein Zustand am nächsten Tag nicht besserte und ich immer unruhiger wurde, bat ich meinen Nachbarn, einen Einheimischen, dem die Wohnung gehörte, mich ins Krankenhaus zu fahren. Mit einem mulmigen Gefühl saß ich kurz darauf in der Notaufnahme und beobachtete das hektische Treiben. Ich war mir meiner Lage völlig bewusst. Ich stand an einer Weggabelung, die mich entweder zurück in mein Paradies führen würde oder in die entgegengesetzte Richtung, ins große Krankenhaus der Inselhauptstadt – und ich hatte bei dieser Entscheidung keinerlei Einfluss. Es lag nicht mehr in meiner Hand.

Eine Ärztin untersuchte mich und machte ein paar einfache Tests, gab mir ein Beruhigungsmittel und behielt mich für den restlichen Tag zur Beobachtung dort. Sie konnte jedoch nichts Lebensbedrohliches feststellen. Meine Befürchtung, dass es sich um die Vorboten eines Schlaganfalles handeln könnte, wurde zum Glück entkräftet. Als am nächsten Morgen die Lähmungserscheinungen sogar noch schlimmer wurden, ließ ich mich von einem Chiropraktiker untersuchen, der sofort herausfand, wo das Problem lag. Beim Sport hatten sich zwei meiner Halswirbel unglücklich verschoben, und diese Blockaden sorgten nun für meine Symptome. Der kräftige Mann nahm meinen Kopf und renkte mich mit zwei beherzten Bewegungen wieder ein. Meine Halswirbelsäule knackste dabei so laut, dass mir angst und bange wurde, aber die Taubheitsgefühle lösten sich augenblicklich in Luft auf.

Zwanzig Minuten später lief ich barfuß am Meer entlang, genoss die Sonne und fühlte mich zutiefst dankbar. All die Sorgen, die ich vorher glaubte zu haben, waren verschwunden. Menschen, die mich enttäuscht hatten; Geschäftspartner, die zu meinem Nachteil eine schlechte Performance abgeliefert hatten; Ergebnisse, die nicht wie erhofft ausfielen – nichts von alldem fand Raum in meinen Gedanken. Alles, was ich fühlte, war Demut und Dankbarkeit dem Leben gegenüber, dass ich diesen Tag, an diesem besonderen Ort, gesund und mit einem Lächeln im Gesicht, erleben durfte. Es hätte auch anders ausgehen können.

Wir sind schockiert, wenn jemand stirbt

Während ich dort am Strand saß und in den Himmel schaute, kam mir Roger Cicero in den Sinn, der beliebte Jazzmusiker, der nur ein paar Jahre älter war als ich und ein Jahr zuvor völlig überraschend an einem Schlaganfall gestorben war. Alle Medien berichteten davon, sein Name war im Twitter-Trend ganz oben, viele meiner Freunde, die ihn persönlich kannten, waren am Boden zerstört, und auch ich habe damals auf meiner Facebook-Seite geschrieben: »Wenn jemand stirbt, nutze diesen Moment, um dich zu erinnern, wie kurz und wertvoll auch dein Leben ist. Verschwende es nicht!« Mir kamen die Tränen bei dieser Erinnerung, und ich schickte erneut ein langes Gebet der Dankbarkeit in den Himmel.

Wir Menschen sind schon eigenartig. Wenn sich eine Tragödie ereignet, wenn jemand stirbt, zu dem wir einen direkten oder indirekten Bezug hatten, werden wir für einen kurzen Moment aus unserem routinierten Alltag herausgerissen. Für einen kleinen Augenblick lassen wir alles stehen und liegen, weil sich innerhalb weniger Sekunden unsere Prioritäten verschoben haben. Das wirklich Wichtige schiebt sich aus dem Unterbewussten nach oben und übernimmt die Kontrolle: Plötzlich spüren wir wieder Dankbarkeit, denken an unsere Liebsten und schreiben eine Nachricht an Oma, die wir aus Zeitmangel (denn wir haben ja nie Zeit!) sonst nicht geschrieben hätten. Unsere täglichen Sorgen scheinen in der Sekunde der Tragödie keine übergeordnete Rolle mehr zu spielen, weil wir intuitiv wissen, dass sie fast alle völlig belanglos sind.

Und dann wachen wir am nächsten Tag auf und machen mit allem genau so weiter wie zuvor: Wir beschäftigen uns wieder mit den unwichtigen Dingen des Lebens, um unserem Ego das Gefühl zu geben, von Bedeutung zu sein. Bis die nächste Tragödie die Schlagzeilen dominiert und wir wieder wie gelähmt vor dem Fernseher sitzen … und wieder … und wieder … und wieder. Ich möchte dir gerne einen Satz mit auf den Weg geben, in der Hoffnung, dass du ihn nicht sofort wieder vergisst:

Höre niemals auf, kleine Dinge für Menschen zu tun, die du liebst, weil es genau diese kleinen Dinge sind, die den größten Platz in ihren Herzen einnehmen.

Dazu nun gleich zehn Ideen, die du ohne viel Mühe umsetzen kannst, um anderen Menschen eine Freude zu bereiten:

1. Schreibe deinem besten Freund, deiner ältesten Freundin oder deinem Seelenverwandten eine Liste mit all den Gründen, warum du ihn oder sie liebst.
2. Erstelle für jemanden, den du magst, ein altmodisches Mixtape mit deinen Lieblingsliedern.
3. Spende oder verschenke ein Kleidungsstück, das du gerne trägst (deine Liebe und deine positive Energie werden sich übertragen!).

4. Rufe einen Verwandten an, mit dem du schon lange nicht mehr gesprochen hast.

5. Schreibe einem Lehrer/Coach/Mentor, der einen großen Einfluss auf dich hatte, und berichte ihm oder ihr von deinen Erfolgen und Fortschritten.

6. Verschenke ein Buch, das dir geholfen hat, deine eigene Welt etwas besser zu verstehen. Teile diese Weisheit und wünsche dem Adressaten auf seinem Weg ebenso viel Erfolg.

7. Schreibe fünf Dinge auf eine Liste, auf die du stolz bist, und hefte sie an deinen Kühlschrank. Du hast in deinem Leben schon so viel erreicht. Manchmal muss man einfach durchatmen, zurückblicken und sich aus vollem Herzen freuen.

8. Lade einen Menschen, den du magst, zu dir nach Hause ein und koche für ihn.

9. Wenn du auf Punkt 8 keine Lust hast, bringe jemandem ein Essen vorbei, der es nötig hat, zum Beispiel einem Obdachlosen.

10. Besuche ein Altenpflegeheim. Über die Hälfte aller Heimbewohner bekommt während des Aufenthaltes keinen oder nur sehr selten Besuch. Bringe die Herzen dieser Menschen wieder zum Leuchten, indem du etwas Zeit mit ihnen verbringst und ihnen signalisierst: Ihr seid nicht allein, ich sehe euch, und ihr seid noch immer ein wertvoller Bestandteil unserer Gesellschaft.

Die Selbstlüge: »Ich habe keine Zeit.«

Wie oft höre ich Menschen an dieser Stelle sagen, dass sie wirklich gerne würden, aber einfach keine Zeit haben, um all diese Dinge zu tun. Alles klar, ich verstehe. Lass es uns kurz durchrechnen, um etwas mehr Klarheit in die Angelegenheit zu bekommen.

- Die Woche hat sieben Tage = 168 Stunden.
- Du gehst arbeiten und hast eine Fünfzig-Stunden-Woche = 118 Stunden bleiben übrig.
- Du verbringst sieben Stunden beim Joggen oder im Fitnessstudio (als ob du jeden Tag eine Stunde trainieren würdest) = 111 Stunden bleiben übrig.
- Du verbringst 56 Stunden im Bett (wenn du jeden Tag acht Stunden schläfst) = 55 Stunden bleiben übrig.
- Zwischenstand: Du hast 55 Stunden pro Woche zur freien Verfügung!

Selbst wenn du für Essen, Einkäufe, Hausarbeit, Besorgungen, Arzttermine, Schularbeiten der Kinder und so weiter noch einmal zwei volle Arbeitstage (zwei Mal zehn Stunden) abziehst, bleiben dir immer noch 35 Stunden pro Woche übrig, um sie in deinen Traum, deine Hobbys oder in deine Lieblingsmenschen zu investieren. Denke immer daran: Ist es dir wirklich wichtig, findest du einen Weg. Es ist niemals zu spät, alten Ballast abzuwerfen und seinen Alltag neu zu organisieren, um zu dem Leben zu gelangen, das du dir immer gewünscht hast.

An dieser Stelle gibt es nun zwei Arten von Menschen. Die einen nutzen diese Rechnung als Augenöffner, die anderen versuchen sofort, den Denkfehler darin zu entdecken, um sich wei-

ter hinter ihren Ausreden zu verstecken. Zu welcher Gruppe gehörst du?

> *Wir alle werden sterben, jeder von uns, was für ein*
Zirkus! Das allein sollte uns dazu veranlassen, uns zu
lieben, aber das tut es nicht. Wir werden von Banalitä-
ten überrollt und terrorisiert und werden von ihnen
innerlich aufgefressen – für nichts!«

CHARLES BUKOWSKI

Die Kraft der Verletzlichkeit

Das Gift, das dich lähmt, ist das Geheimnis, das du in dir trägst und der Welt verschweigst. Sobald du dieses Geheimnis freilässt und deine Wahrheit laut aussprichst, verwandeln sich deine Unsicherheiten augenblicklich in Selbstvertrauen, und du bist für immer frei. In dem Moment, in dem du akzeptierst, wer du bist, und mit dem Selbstbetrug aufhörst, setzt die Magie ein und dein neues Leben beginnt.

In dem oscarprämierten und halbbiografischen Kinofilm »8 Mile«, in dem Eminem die Hauptrolle spielt, gibt es eine Szene, die dieses Prinzip der schonungslosen Ehrlichkeit perfekt beschreibt. Eminem spielt den dreiundzwanzigjährigen Jimmy alias B-Rabbit, der in einer Fabrik arbeitet und davon träumt, Rapper zu werden. Als Weißer hat er in der Hip-Hop-Welt von

Detroit jedoch keine guten Karten. Er wird verhöhnt, verprügelt und ausgelacht. Trotzdem gibt Jimmy nicht auf. Er will raus aus der Armut und sieht seine einzige Chance darin, einen prestigeträchtigen Rap-Battle zu gewinnen, um dadurch an einen Plattenvertrag zu kommen. Bei einem Battle stehen zwei Rapper auf der Bühne und treten vor einem Publikum gegeneinander an. Der DJ spielt einen Beat, und jeder Rapper hat dreißig Sekunden Zeit, das Publikum mit einem Freestyle zu begeistern. Wer die bessere Show abliefert und am meisten Applaus bekommt, zieht in die nächste Runde ein. Im Prinzip geht es im Battle-Rap darum, sich selbst als König darzustellen und seinen Kontrahenten so hart wie möglich verbal zu zerstören.

Jimmys erster Versuch geht völlig daneben. Er steht auf der Bühne, bekommt aber vor Nervosität kein Wort heraus und wird lautstark ausgebuht. Er schämt sich für seine Niederlage, rennt aus dem Club, kommt allerdings nach ein paar Wochen wieder und stellt sich seinen Ängsten. Beim nächsten Versuch lässt ihn sein Talent nicht im Stich. Er überwindet seine Angst und nach mehreren gewonnenen Runden steht er tatsächlich im Finale. Sein Gegner ist Papa Doc, der Anführer einer Crew und bester Rapper der Stadt. Jimmy muss das Battle eröffnen und macht etwas vollkommen Ungewöhnliches. Anstatt sich selbst als den Größten darzustellen, zählt er all seine Schwächen auf: dass seine Freundin ihn betrogen hat, dass er aus Geldmangel mit seiner alkoholkranken und arbeitslosen Mutter in einem Wohnwagen lebt, dass er Selbstzweifel hat, dass er verprügelt wurde und wie ein Penner lebt. Am Ende seiner Show fordert er seinen völlig verdutzten Gegner noch auf: »Erzähl den Menschen aus dem Publikum jetzt etwas über mich, was sie noch nicht wissen.« Papa Doc ist völlig aus dem Konzept gebracht, gibt auf, und Jimmy gewinnt.

Denke immer daran: Sobald du deine Schwächen offenlegst, kann sie niemand mehr gegen dich verwenden. Deine Schwächen basieren auf deinen Geheimnissen, deine Stärken basieren auf deinen Wahrheiten. Werde wieder Herr über deine Wahrheiten, leg sie frei, und du wirst durch nichts mehr aufzuhalten sein. Seine Verletzbarkeit öffentlich zu machen ist eine völlig unterbewertete Superkraft. Ich bin ein großer Fan davon: Mach deine Schwächen zum Thema und sprich sie laut aus. Dadurch erzeugst du Transparenz und schaffst Vertrauen. Die Menschen werden anfangen, dir zuzuhören, weil du ihnen das Gefühl gibst, in deiner Anwesenheit ebenfalls nicht perfekt sein zu müssen. Niemand mag Menschen, die alles haben, alles können und nicht den kleinsten Makel offenbaren. Warum das so ist? Weil jeder weiß, dass es das Perfekte nicht gibt. Und Menschen, die vorgeben, perfekt zu sein, denen traut man nicht über den Weg.

Die Beastie Boys: Ehrlichkeit gewinnt

Christoph, mein großer Bruder, der 1997 schon als Journalist in München arbeitete, hatte ein Problem. Er sollte am gleichen Tag Will Smith in Miami und die Beastie Boys in Frankfurt interviewen. Da er natürlich in die Sonne flog und so kurzfristig keinen Ersatz finden konnte, rief er seinen kleinen Bruder an und fragte, ob er die Beastie Boys für ihn übernehmen könnte. Ich hatte noch nie in meinem Leben ein Interview geführt und war somit bestens dafür geeignet. Da es noch keine Smartphones mit integrierter Aufnahmefunktion gab, borgte ich mir von meiner Mutter ein ausrangiertes Diktafon aus, an dem die Knöpfe fehlten. Sie erklärte mir, dass das kein Problem sei. Man benötige nur einen spitzen Gegenstand und etwas Geschick, um die Aufnahme zu starten.

Alles andere als perfekt ausgerüstet, packte ich das halbkaputte Aufnahmegerät, ein kleines Schweizer Taschenmesser und meine Beastie-Boys-Schallplatten in eine Tasche, setzte mich in die Regionalbahn nach Frankfurt, befand mich zweieinhalb Stunden später zusammen mit drei erfahrenen und mindestens doppelt so alten Musikjournalisten in der Suite eines Fünf-Sterne-Luxushotels und wartete auf die erfolgreichste Rap-Gruppe aller Zeiten.

Ich war achtzehn Jahre alt und hatte nicht den blassesten Schimmer, was mich gleich erwarten würde. Als Mike D, MCA und Ad-Rock dann das Zimmer betraten und die richtigen Journalisten ihre professionellen Aufnahmegeräte einschalteten, nahm das Schicksal seinen Lauf. Beim hektischen Versuch, mit dem Klappmesser die Aufnahmetaste zu drücken, rutschte ich ab und schnitt mir prompt in den Zeigefinger. Das Blut tropfte auf den Teppichboden, und ich hatte keine Ahnung, was ich jetzt tun sollte. Maximal überfordert und sehr hilflos blickte ich in die Gesichter meiner Kindheitsidole. MCA stand sofort auf und ging mit mir ins Badezimmer, suchte nach einem Pflaster und kümmerte sich um mich. Als wir ein paar Minuten später erneut auf dem Sofa Platz nahmen und mein Adrenalinspiegel wieder auf einem akzeptablen Level war, sagte ich vor allen Anwesenden ganz ehrlich, wie ich mich fühlte: »Leute, das hier ist das erste Interview meines Lebens. Ich kenne die Regeln noch nicht. Sagt mir einfach Bescheid, falls ich etwas falsch mache, okay?« Die Beastie Boys lächelten verständnisvoll, die Profis hingegen runzelten nur mit der Stirn und begannen, ihre Fragen zu stellen. Als ich an der Reihe war, stellte ich einfach Fragen, die mich als Hip-Hop-Fan wirklich interessierten. Meine Naivität schien nicht schlecht anzukommen, und ich bekam von Minute zu Minute mehr Aufmerksamkeit. Die richtigen Journalisten bemerkten das auch und beteiligten sich irgendwann kaum noch aktiv am Interview, sondern ließen mich machen. Am Ende übernahmen sie sogar viele meiner Fragen für ihre Artikel. Alles in allem ein schöner Erfolg für mich. Warum? Weil ich authentisch war, weil ich keine Angst hatte, Fehler zu machen, weil ich ein absoluter Anfänger war und keine Ahnung hatte, was ich da eigentlich tat. Ich brach die Regeln, weil ich sie gar nicht kannte, und hatte genau deshalb mein erstes prägendes Erfolgserlebnis.

An diesem Tag lernte ich: Wenn du ehrlich bist und den Menschen zeigst, dass du dich wirklich für sie interessierst, kannst du gar nicht verlieren. Ein Jahr später standen die Beastie Boys mit ihrem Album »Hello Nasty« übrigens zum ersten Mal in ihrer Karriere auf Platz eins der deutschen Charts, und auf dem weißen DIN-A4-Blatt, das eingerahmt auf dem Boden meines Arbeitszimmers steht, lese ich jeden Tag die handgeschriebenen Worte von Mike D, MCA und Ad-Rock: »You can't, won't & don't stop! You keep on!« »Du kannst, willst und wirst niemals aufgeben! Du machst weiter!«

Feiere deine Siege, verliebe dich in deine Niederlagen!

Natürlich ist es einfach und macht vordergründig auch mehr Sinn, die kleinen und großen Erfolge seines Lebens zu feiern. Was aber ist mit den Niederlagen? Es heißt, dass wir aus ihnen lernen, warum also versuchen wir ständig, sie zu vermeiden? Warum ärgern wir uns über sie, wenn sie es doch sind, die uns wachsen lassen? Ändere auch hier deine Perspektive. Erfreue dich an deinen Niederlagen ebenso wie an deinen Siegen. Feiere deine Siege, aber verliebe dich in deine Niederlagen. Betrachte sie nicht mehr als Feinde, sondern als Lehrmeister. Nimm jede Demütigung, jede Absage, jeden Verlust als Motivation. Nimm diese Energie, schütte sie in deinen Tank und mach dich wieder an die Arbeit. Schritt für Schritt.

Ich liebe es, der Underdog zu sein. Ich liebe es, nicht ernstgenommen zu werden. Ich liebe es, nicht auf die Party eingeladen zu werden. Ich liebe es, Absagen zu bekommen und belächelt zu werden. Und glaube mir, ich werde von vielen Menschen belächelt. In diesen Momenten fühle ich mich wie Sylvester Stallone in »Rocky« oder Eminem in »8 Mile«. Das sind meine Hollywood-Augenblicke, in denen ich mich lebendig fühle. Auf der Straße zu sitzen, keine Chance zu bekommen und sich durch pure Willenskraft nach oben zu kämpfen. Ich bekomme Gänsehaut, wenn ich nur daran denke. Das Problem mit den Niederlagen sind ja nicht die Niederlagen selbst, sondern unsere Gedanken rund um diese Niederlagen. Es sind die Erwartungen, die nicht erfüllt wurden. Es sind die Ängste, was andere jetzt denken könnten – über dich, dein Ansehen, deine Reputation. Und natürlich ist es dein Selbstwert, den du an einen Sieg oder eine Niederlage gekoppelt hast.

»Wenn dir jemand sagt: ›Ich liebe dich‹, und du dann fühlst: ›Oh, ich muss ja doch etwas wert sein‹, ist das eine Illusion. Es entspricht nicht der Wahrheit. Oder jemand sagt: ›Ich hasse dich‹, und du denkst: ›Oh, Gott, ich wusste es; ich bin überhaupt nichts wert‹, dann ist das auch nicht wahr. Keiner dieser Gedanken birgt eine *tatsächliche Realität in sich. Sie sind lediglich Überlagerungen. Wenn jemand sagt: ›Ich liebe dich‹, dann erzählt er dir von sich selbst, nicht von dir. Wenn jemand sagt: ›Ich hasse dich‹, dann erzählt sie dir von sich selbst, nicht von dir. Wir erleben die Welt nicht, wie sie ist, sondern wie wir sind. Wenn wir die Welt durch unsere Gedanken sehen, hören wir auf, das Leben so zu erleben, wie es wirklich ist, und andere so zu erleben, wie sie wirklich sind. Wenn ich an dich denke, ist das etwas, das ich erschaffen habe. Ich habe dich in eine Idee verwandelt und wünsche mir nun, dass du dieser Idee entsprichst. Wenn ich eine Vorstellung von dir habe, die ich glaube, habe ich dich zu etwas sehr Kleinem gemacht. Das ist der Weg der Menschen, das ist es, was wir einander antun.«*

Wahre Worte von Zen-Lehrer Adyashanti. Nichts, was in der Vergangenheit passiert ist oder in der Zukunft passieren könnte, lässt dich leiden, weil es nicht existiert. Was dich leiden lässt, sind deine Gedanken darüber, deine Vorstellungen. Stell dir vor, du gehst zu einer Ärztin, die den Ruf hat, die beste der Welt zu sein und schon etliche »unheilbare« Krankheiten geheilt zu haben. Die Chance, von ihr behandelt zu werden, ist so gering, dass die meisten Menschen den Weg zu ihr gar nicht erst antreten. Die Wartezeit beträgt Jahre. Du hingegen hast durch einen magischen Wink des Schicksals einen Termin bei ihr erhalten. Du sitzt also gespannt vor dieser alten weisen Frau, lässt dich untersuchen und machst dir tausend Gedanken über alle möglichen Diagnosen. Die Ärztin setzt sich nach einer Weile zurück an ihren Schreibtisch und lächelt: »Ich habe zwei Nachrichten für dich. Erstens, ich habe den Grund für deine Beschwerden herausgefunden. Zweitens, es gibt dafür eine gute Heilmethode. Ich werde dir sofort ein Rezept ausstellen.«

Du bist natürlich beruhigt und überglücklich, nimmst das Rezept in die Hand und liest folgende Worte: »Deine Gedanken sind deine Medizin. Achte gut auf sie und denke niemals etwas über dich, von dem du nicht möchtest, dass es auch wirklich passiert. Denke dich gesund.«

Wie würdest du ab diesem Moment über dich, deine Umwelt und dein Leben denken, wenn du wüsstest, dass deine Gedanken, Gefühle und Emotionen die Biochemie deines Körpers direkt beeinflussen? Dein Körper reagiert auf jeden Gedanken, den du denkst: Frieden oder Stress, Liebe oder Angst, Anteilnahme oder Gleichgültigkeit, Vertrauen oder Zweifel. Achte gut auf deine Gedanken, denn sie erschaffen die Realität, die du fühlst, die Welt, die du siehst. Erinnere dich an die Scarlett-Johansson-Situation an der Bushaltestelle: Es geht immer nur darum, in der Gegenwart die bestmögliche Entscheidung zu treffen, ohne sie von einer möglichen Reaktion in der Zukunft abhängig zu machen. Obwohl ich damals kein Ja von der schönen Frau bekam, bin ich trotzdem als Gewinner aus dieser Situation hervorgegangen, weil ich die Kontrolle über meine Gedanken behielt.

Akzeptiere dich, deinen Weg, deine Schwächen, deine Stärken, deine Angst – vor allem deine Angst. Auch sie ist eine starke Verbündete, wenn du sie lässt.

Das ganze Leben ist ein Mindgame. Mir ist es völlig egal, was irgendwer über mich, meine Bücher, mein Leben und meine

Entscheidungen denkt. Alles, was außerhalb meiner selbst passiert, liegt nicht in meiner Macht und hat deswegen auch keine Kontrolle über meinen inneren Seelenfrieden. Es wird immer jemanden geben, der mich nicht leiden kann. Soll ich mir deswegen den Kopf zerbrechen? Wenn ich das täte, hätte ich bereits verloren. Jeder Mensch ist in irgendeiner Sache schlecht, hat schon einmal verloren oder großen Mist gebaut. Warum soll ausgerechnet ich eine Ausnahme sein? So zu denken ergibt keinen Sinn.

Eine kleine Challenge für unterwegs: Nach Rabatt fragen

Wie wäre es, einen Weg zu finden, dich ab sofort auch in unangenehmen Situationen wohlzufühlen? Es ist gar nicht so schwer: Die nächsten zehn Mal, wenn du unterwegs bist und dir irgendwo einen Kaffee holst, fragst du nach einem Rabatt von 10 Prozent. Das ist die Challenge. Du tust es, ohne eine Ausnahme zu machen. Du fragst, auch wenn hinter dir eine lange Schlange steht, auch wenn du den vollen Preis bezahlen könntest. Du machst die Challenge nicht, um Geld zu sparen, sondern um deinen Geist daran zu gewöhnen, sich auch in scheinbar peinlichen Situationen wohlzufühlen. Erwähne während deiner Bestellung nicht, dass es sich um eine Challenge handelt, sondern lächle und stelle deine Frage. Das ist die Bedingung. Wenn die Bedienung ablehnt, sagst du einfach: »Okay, kein Problem. Ich nehme den Cappuccino trotzdem. Vielen Dank.«

Du wirst überrascht sein, wie oft du ein Ja hören wirst. In meinen zehn Selbstversuchen habe ich sechs Mal einen Rabatt bekommen. Das Geld, das du sparst, behältst du natürlich nicht, sondern gibst es in Form von Trinkgeld wieder zurück. Denke immer daran: Lass dich nicht von deinen Ängsten einschüchtern, sondern nutze sie, um das nächste Level zu erreichen.

Ich habe über die Jahre gelernt, dass es mich an keinen Ort der Liebe führt, wenn ich versuche, gegen meine Ängste anzukämpfen. Im Gegenteil, dadurch verstärkt sich die Angst, und die Orte werden nicht heller, sondern dunkler. Man sagt, Angst sei die Abwesenheit von Liebe, die Quelle allen Übels. Und Liebe sei die Abwesenheit von Angst, die Quelle all unserer Größe. Über die Richtigkeit dieser Worte sollen sich die Philosophen streiten, ich bin jedenfalls dazu übergegangen, mit meiner Angst einverstanden zu sein. Ich habe sie akzeptiert als einen Teil von mir, um mir zu dienen und mich und mein Leben besser zu verstehen. Ich erlaube der Angst zu sein, ohne ihr übermäßig viel Raum zu geben. Stattdessen richte ich meinen Fokus auf Mut. Oft wird Mut ja mit Furchtlosigkeit verwechselt, dabei gibt es einen kleinen, aber entscheidenden Unterschied. Furchtlosigkeit bedeutet für mich, von einer Klippe zu springen, ohne vorher darüber nachzudenken. Mut hingegen bedeutet, seine Angst vor dem Sprung anzuerkennen, die Konsequenzen zu betrachten und zu der Erkenntnis zu gelangen, dass es einem derart viel bedeutet, dass man diesen einen Schritt nach vorne trotzdem macht. Es ist dieses Mindset, das über deine Erfolge im Leben entscheidet. Am Ende des Tages musst du dich gut leiden können, niemand sonst. Und dieser Prozess spielt sich nun einmal in deinem Kopf ab, in deinen Gedanken, in deinem Inneren. Deswegen kann mich auch nichts, was von außen an mich herangetragen wird, in meinen Grundwerten erschüttern. Zwei kurze Erinnerungen:

Sei dir deiner Stärken und Schwächen bewusst

Das ist so wichtig: Umarme dich selbst für deine Stärken und Schwächen, Siege und Niederlagen, und zwar voller Aufrichtigkeit. Manche Menschen sind zum Beispiel unfassbar attraktiv, haben einen athletischen Körper, sind hübsch und engelsgleich. Ich bin nichts davon, und das ist okay, ich habe andere Stärken. Vergleiche dich niemals, sondern verstehe, wer, und liebe, was du bist.

Schaffe Raum für positive Energie

Deine Gedanken erschaffen deine Realität. Wie du selbst zu dir sprichst und über dich denkst, deine Glaubenssätze, wie du die Welt siehst, das ist elementar. Natürlich ist das nicht immer leicht zu akzeptieren, denn so viele Faktoren spielen dabei eine Rolle, auf die du keinerlei Einfluss hast: deine DNA, deine Herkunft, deine Hautfarbe, deine Erziehung, unter welchen Umständen du aufgewachsen bist und wie du als Kind all diese Einflüsse interpretiert hast. Man kann sich seine Eltern, sein Umfeld und manch andere Gegebenheiten nicht aussuchen, aber man kann jeden Tag neue Entscheidungen treffen, um gegenzusteuern.

Konkret bedeutet das: Du musst deine Zeit mit Menschen verbringen, die dem Leben gegenüber positiv eingestellt sind, nicht negativ, die optimistisch in die Zukunft blicken, nicht pessimistisch. Dieser Unterschied ist absolut entscheidend für dein Glück, jetzt und für alle Zeit. Du brauchst diese Menschen in deinem Mikrokosmos, die dich nicht verurteilen, die deine Träume unterstützen und dein Potenzial erkennen. Die Energie dieser positiven Umgebung wird dir helfen, aus deinem negativen Gedankenkonstrukt auszubrechen, in dem du momentan vielleicht noch gefangen bist.

> *»Leben jeden Tag im Jetzt, aber mit dem Bewusstsein eines ganzen Lebens.«*
>
> RUDOLF SCHENKER

Nimm das berühmte Glas, das zur Hälfte gefüllt ist. Es ist für deinen Seelenfrieden absolut schädlich, wenn du glaubst, es sei halbleer. Öffne deine Augen und sieh dich mal um – all die Fülle, all die wunderschönen Dinge, all die Wunder. Wenn du sie nicht erkennst, weil du ständig darüber nachgrübelst, dass dir in Zukunft jemand etwas wegnehmen könnte, dass die Liebe verschwinden könnte, der Job, die Sonne, der Erfolg, dann wirst du ein furchtbares Leben führen. Dieser Pessimismus ist zerstörerisch und die schlimmste Art durchs Leben zu gehen, weil du auf diese Weise das Leben niemals wirklich genießen kannst und auch niemals zu den Gewinnern gehören wirst. Wenn du dich in so einem Gedankenkonstrukt befindest, solltest du alles in deiner Macht Stehende tun, um an dieser Situation etwas zu ändern. Das kann eine Therapie sein, ein langes Gespräch mit einem Arzt, ein neuer Freundeskreis, ein Ortswechsel, ein neuer Job, der Gang ins Kloster oder ein Leben als Kung-Fu-Schüler in den Bergen Chinas. Was immer nötig ist, um Raum für diese Energie zu schaffen, du solltest es angehen und keine Sekunde länger zögern. Zwei Fragen können dir dabei behilflich sein:

1. Was für Inhalte konsumierst du? Welche Assoziationen hast du zum Begriff »Diät«? Was fällt dir spontan ein? Woran denkst du? Welche Bilder tauchen vor deinem geistigen Auge auf? Die meisten Menschen, auch ich, denken bei diesem Wort sofort an Ernährung, an einen gesunden Lifestyle, genauer gesagt daran, was man nicht mehr essen darf, um ein gewisses Ziel zu erreichen. Es geht aber nicht nur darum, was für sichtbare Nahrung du in deinen Körper steckst, sondern auch um die unsichtbare Nahrung – das Brainfood: Es geht darum, welche Bücher, Magazine und Blogs du liest, was für Podcasts du hörst, welche Sendungen du dir im Fernsehen anguckst, über welche Themen du dich in der Mittagspause unterhältst, welche Informationen du aufnimmst. Sei dir darüber bewusst, was für Inhalte du in dein Leben lässt. Erinnere dich an das Rezept der geheimnisvollen Ärztin: Deine Gedanken können dich heilen, sie können dich aber auch krank machen. Wenn permanent der Fernseher läuft, hast du ein Problem, weil diese negative Energie von deinem Körper gespeichert wird, ohne dass du es bewusst wahrnimmst. Betrachte deine Gewohnheiten, all die Dinge, die du jeden Tag tust, und frag dich: Helfen diese Gewohnheiten meinen Gedanken, oder sind sie schädlich?

2. Mit wem verbringst du die meiste Zeit? Wenn in deiner Umgebung alles gegen dich spricht, wenn dich niemand versteht und niemand dich beim Erreichen deiner Ziele unterstützen will, kann ich dir nur eins raten: Such dir neue Freunde! Es geht nicht darum, deine alten und vielleicht weniger ambitionierten Freunde gänzlich aus deinem Leben zu streichen, sondern jene Menschen zu identifizieren, die dir guttun, und mehr Zeit mit ihnen zu verbringen. Frag dich selbst:

- Welche Menschen haben einen positiven Einfluss auf mich?
- Mit wem gehe ich Sport machen?
- Mit wem kann ich über meine Zukunftspläne reden?
- Mit wem kann ich träumen?
- Wer macht mich zu einem besseren Menschen?

Der schnellste Weg, um deine Unsicherheiten zu minimieren und dein Selbstvertrauen zu steigern, ist, dich mit Menschen zu umgeben, die dich mit ihrem Optimismus anstecken. Suche nach ihnen und baue dir Schritt für Schritt einen neuen Freundeskreis auf. Tausche dich mit Menschen aus, die deine Idee vom Leben teilen. Du musst den Lärm aus deiner Wahrnehmung verbannen, den die falschen Menschen von sich geben – auch dann, wenn sie aus deiner Familie stammen. Denke immer daran: Die Menschen, mit denen du die meiste Zeit verbringst, haben auch den meisten Einfluss auf dich und bestimmen in der Summe dein Mindset. Wenn du dich in einer ungesunden Umgebung befindest, wirst du dort nur schwer inneren Frieden finden. Wie auch, wenn du jeden Tag deren Gift einatmest?

Wie wäre es mit einer Mini-Challenge? Wenn es Menschen in deinem Leben gibt, die dich mental zu Boden drücken und davon abhalten, dein volles Potenzial zu entwickeln, schreib diese Namen auf eine Liste und überprüfe, wie viel Zeit du pro Woche mit ihnen verbringst – auf Partys, am Telefon, per WhatsApp. Addiere die Stunden, schreib die Zahl auf ein Blatt Papier und erinnere dich jedes Mal daran, wenn du nach einem langen Tag an deine unerfüllten Träume denkst und die Stimme in deinem Kopf dir wieder sagt: »Dafür habe ich keine Zeit!«

Vorsicht vor den Schlangen!

Apropos Gift! Eine junge Frau fuhr mit ihrem Auto über eine Schlange. Sie bremste ab, stieg aus und sah sich das verletzte Tier an. Vorsichtig hob sie es auf und legte es in ihren Kofferraum. Zu Hause angekommen, baute sie ihm ein schönes Terrarium und pflegte es liebevoll wieder vollständig gesund. Die Schlange fühlte sich pudelwohl in ihrem neuen Zuhause und blieb. Die beiden wurden beste Freundinnen.

Eines Abends kam die junge Frau müde und erschöpft von der Arbeit nach Hause. Sie begrüßte ihre Freundin, die sich genüsslich ein Bad in der Abendsonne genehmigte, und begann mit ihr zu plaudern. Alles war wie immer, doch als die junge Frau für einen Moment unachtsam war, biss die Schlange plötzlich zu und injizierte die volle Ladung ihres tödlichen Gifts in den Arm der Frau. Die fiel zu Boden und sah ihre Freundin an. Ihr kamen die Tränen. Sie spürte, wie sie immer schwächer wurde und nicht mehr lange zu leben hatte. Mit letzter Kraft fragte sie die Schlange, die neben ihr saß: »Nach allem, was ich für dich getan habe, tötest du mich? Wieso tust du mir das an? Ist das etwa der Dank dafür, dass ich dein Leben gerettet habe? Ich dachte immer, wir wären Freundinnen.«

Die Schlange hob ihren Kopf und sah die junge Frau verwundert an.

»Ich verstehe dich nicht«, sagte sie. »Du hast doch gewusst, wer und vor allem was ich bin, als du mich in dein Leben gelassen hast – eine Schlange mit Giftzähnen. Ich tue nur, was meiner wahren Natur entspricht. Es war dein Fehler, liebe Freundin. Du warst fahrlässig und hättest dich besser schützen müssen.«

Wie interpretierst du diese kleine Geschichte für dich? Am Anfang neigt man wahrscheinlich dazu, Partei für die junge Frau zu ergreifen. Man hat Mitleid, zeigt Verständnis und erkennt sich vielleicht sogar in ihr wieder. Aber sobald man die Perspektive der Schlange einnimmt, ändert sich das Bild plötzlich. Die Schlange trifft keine Schuld. Sie hat gehandelt, wie sie handeln musste.

Ich verwende diese Geschichte als Warnung, Orientierung und Wegweiser, denn hin und wieder versuchen sich diese Schlangen auch in mein Leben zu schleichen. Menschen, die ihr Gift versprühen, sind per se nicht schlecht, sie handeln lediglich nach ihrem Grad an Bewusstheit. Es ist nicht meine Aufgabe, diese Schlangen oder Energievampire zu ändern. Meine Aufgabe besteht darin, mich von ihnen zu lösen, sie friedlich weiterziehen zu lassen und die Lektion zu lernen. Manchmal muss man Menschen eben nicht nur in den sozialen Medien, sondern auch im echten Leben »entfolgen«. Nutze das folgende Mindset auch für dich:

> Ich bin dankbar dafür, dass diese Menschen für einen kurzen Moment meinen Weg gekreuzt haben, denn sie erinnern mich daran, wie ich nicht werden möchte.

Kleine Makel, echte Liebe und verbrannte Bratkartoffeln

Ich möchte dir eine weitere kleine Geschichte erzählen. Sie handelt von einem neunjährigen Kind und seinen Eltern. Es gab Abendessen, und der kleine Junge war ziemlich überrascht, als seine Mutter angebrannte Bratkartoffeln auf den Esstisch im Wohnzimmer stellte und kommentarlos wieder in der Küche verschwand. Das war er nicht gewohnt. Seine Mutter war nämlich eine exquisite Köchin, der es eigentlich große Freude bereitete, die Familie mit leckerem Essen zu verwöhnen. Noch überraschter war er allerdings von der Reaktion seines Vaters, der ihn anlächelte, dabei durch seine Haare wuschelte und folgende Worte sprach: »Als ich in deinem Alter war, hat meine Mutter, also deine Oma, einmal angebrannten Toast serviert. Wir hatten alle mächtig Kohldampf, vor allem mein Vater, also dein Opa. Er hatte einen langen Arbeitstag bei der Eisenbahn hinter sich und war ziemlich erschöpft. Ich sage dir, die Toasts waren nicht nur angebrannt, sie waren auf einer Seite kohlrabenschwarz. Ich schaute meinen Vater an, ob er deswegen etwas sagen würde, aber er aß den verkohlten Toast mit etwas Butter und einer Scheibe Käse, fragte mich nach meinen Hausaufgaben und wie es beim Fußballtraining lief. Ich weiß nicht mehr, was ich geantwortet habe, aber ich kann mich noch genau erinnern, wie sich meine Mutter bei meinem Vater für die angebrannten Toasts entschuldigte. Seine Antwort werde ich niemals vergessen. Er küsste sie auf die Stirn, nahm sie in den Arm und sagte: ›Mein Liebling, mach dir deswegen keine Gedanken. Ich mag deine angebrannten Toasts.‹ Kurz vor dem Zubettgehen fragte ich meinen Vater, ob er wirklich angebrannten Toast möge, da mir dieses Abendessen ganz furchtbar geschmeckt hatte. Da legte er seinen Arm um meine Schultern und sagte: ›Deine Mutter hatte heute einen anstrengenden Tag im Geschäft. Sie war sehr müde und mit ihren Gedanken woanders. Ein angebrannter Toast tut niemandem weh, verurteilende Worte hingegen schon.‹ Er sah mich eindringlich an und fügte hinzu: ›Das solltest du dir gut merken: Das Leben besteht aus lauter unvollkommenen Dingen und unvollkommenen Menschen. Niemand ist perfekt. Auch ich nicht. Ich vergesse Geburtstage und Hochzeitstage und mache lauter unvernünftige Sachen, so wie jeder Mensch auf dieser Welt. Was ich in all den Jahren mit deiner Mutter aber gelernt habe, ist, die Makel, Fehler und all die Gegensätze seines Part-ners zu feiern, anstatt sie permanent zu erwähnen und zu be-kämpfen. Diese einfache Regel, mein Sohn, ist der wichtigste Schlüssel zu einer gesunden, glücklichen und dauerhaften Be-ziehung. Das Leben ist so unfassbar kurz. Vergeude es nicht mit Dingen, die du später bereust. Liebe die Menschen, die dich gut behandeln, und habe Mitgefühl mit denen, die es nicht tun…‹«

In dem Augenblick kam die Mutter des Jungen zurück ins Wohnzimmer und setzte sich zu ihren Männern an den Tisch. Der kleine Junge dachte noch eine Sekunde über die Erzählung seines Vaters nach, zwinkerte ihm dann zu und sagte mit einem breiten Grinsen im Gesicht:»Hmmm, Mama, deine Bratkartof-feln riechen aber köstlich heute. Danke für dieses Abendessen. Eine doppelte Portion bitte.«

Das Geheimnis eines glücklichen Lebens

Ich liebe dieses Bild so sehr: Ein glücklicher Junge, der von sei-nem Vater gerade eine wertvolle Lektion über das Leben gelernt hat. Er spürte Vertrauen, Geborgenheit, Liebe und fühlte sich als Mensch ernst genommen. Ein glücklicher Vater, der seinem Kind gerade einen wichtigen Wert vermitteln konnte, und eine Mutter, die nach einem anstrengenden Tag in zwei verschmitzte Lausbubengesichter blickte und für einen Augenblick den Stress des Tages vergaß. Auch sie wird eine Form von Glück empfunden haben.

Dennoch ist Glück ein schwammiger Begriff. Man kann Glück auch nicht wirklich messen. Wann genau ist man denn so richtig glücklich, und wie lange hält dieses Gefühl an? Aus welchen Zutaten setzt es sich zusammen? All das ist höchst individuell, weswegen es darüber keine allgemein gültigen Aussagen geben kann. Allerdings kann man drei Bausteine benennen, die zu einem glücklichen Leben führen können.

Erster Baustein:
Deine geplante Lebenszufriedenheit

Stell dir vor, dein bestmögliches Leben wäre eine Zehn und die schlimmste Vorstellung davon eine Eins. Wo würdest du dein Leben aktuell auf dieser Glücksskala einordnen?

Zweiter Baustein:
Deine täglichen Gefühle

Wie erlebst du dein Leben? Das ist eine interessante Frage, weil wir uns nur an etwa 2 Prozent der Ereignisse unseres Lebens tatsächlich erinnern. Unser Gehirn neigt dazu, sich auf der einen Seite nur die Höhepunkte zu merken: deine Hochzeit, die Geburt eines Kindes, die Beförderung, der Hausbau, die bestandene Prüfung, die Geburtstagsfeier auf Sylt, die VIP-Karten zum Champions-League-Finale. Auf der anderen Seite merkt es sich gleichberechtigt all die Tiefpunkte: die Scheidung, der Tod eines geliebten Menschen, die fristlose Kündigung, eine gewalttätige Auseinandersetzung, der Autounfall. Der ganze mittelmäßige Rest wird vom Gehirn mehr oder weniger verdrängt, um keinen unnötigen Speicherplatz zu verbrauchen. Allerdings ist die Natur clever und hat uns zusätzlich noch einen kurzfristigen Speicherplatz für die letzten vierundzwanzig Stunden eingebaut.

Würde ich also herausfinden wollen, ob und wie glücklich du bist, wäre es demnach keine gute Idee, dich nach deinen Erinnerungen zu fragen, da du den Großteil deines Lebens sprichwörtlich nicht mehr auf dem Schirm hättest. Das ist übrigens auch ein Grund dafür, warum viele Menschen zu stottern beginnen, wenn sie spontan gebeten werden, etwas aus ihrem Leben zu erzählen. Ihnen fällt einfach nichts ein. Das hat nichts mit ihrem Bildungsgrad zu tun oder damit, wie viele interessante Abenteuer sie tatsächlich erlebt haben. Die Informationen sind in diesem Augenblick ganz einfach nicht verfügbar. Werden diese Menschen dann von außen per Stichwort an eine Geschichte erinnert, kommt oft ein:»Ah ja, genau …« Die Information wurde aus dem Unterbewussten nach vorne geschoben und ist nun vollumfänglich verfügbar.

Aus diesem Grund würde ich dich eher bitten, mir so detailliert wie möglich von deinen letzten vierundzwanzig Stunden zu erzählen. Ich würde dich zum Beispiel fragen:

- Wie oft hast du gelächelt?
- Wie oft hast du Freude empfunden?
- Hast du dich gestresst gefühlt?

- Musstest du weinen?
- Hast du dich einsam gefühlt?
- Wurdest du gelobt?
- Hast du Liebe empfunden?
- Wurde deine Arbeit wertgeschätzt?
- Hattest du das Gefühl, von anderen gesehen zu werden?
- Gab es Erfolgserlebnisse? Wenn ja, in welcher Form?
- Hattest du Kontakt zu deinen Freunden?
- War dein Essen lecker?
- Wie hast du geschlafen?
- Hast du Sport getrieben?
- Bist du zufrieden mit diesem Tag?
- Würdest du ihn gerne wiederholen?

Wenn du diese Momentaufnahmen deiner täglichen Gefühle nun ein paar Mal wiederholst und notierst, bekommst du ein ziemlich gutes Bild davon, wie du dein Leben tatsächlich erlebst – basierend auf deinen eigenen Fakten.

Dritter Baustein:
Deine Bestimmung

An dieser Stelle habe ich nur eine Frage an dich, aber die hat es in sich: Wie oft bist du in deinem Alltag in der Lage, deiner Bestimmung zu folgen, also deine wahren Stärken auszuüben, das, worin du wirklich gut bist und was dir von Herzen Spaß macht?

Wenn du dir nun diese drei Bausteine anschaust und die Fragen dazu ehrlich beantwortest, bekommst du eine ziemlich gute Vorstellung davon, wo sich dein Glücksbarometer aktuell befindet. Der Erfolgsautor Dan Buettner hat versucht, für alle drei Bausteine die perfekten Orte zu finden, an denen man seinen präferierten Lebensstil bestmöglich ausleben kann, weil die vorhandene Umgebung einen darin optimal unterstützt. Natürlich kann nicht jeder Mensch an diese Orte ziehen, aber sie geben dir zumindest eine Vorstellung von den Dingen, die wir ändern könnten, um unserem persönlichen Glück einen Schritt näher zu kommen.

Die besten Orte für …

… **deine geplante Lebenszufriedenheit:** Singapur ist für Dan Buettner der weltweit beste Ort, wenn es darum geht, sein persönliches Glück an einen Plan zu koppeln. Damit sind Dinge gemeint, von denen du glaubst, dass du sie unbedingt brauchst, um ein glückliches Leben zu führen. Die Gesellschaft in Singapur hat eine klare Definition von Glück, Erfolg und Lebensstil. Sie basiert auf einer relativ einfachen und sehr preußischen Kosten-Nutzen-Rechnung: Geh auf die richtige Schule, mach eine gute Ausbildung, halte deinen Kopf schön geduckt und mache keinen Ärger, tanze auf keinen Fall aus der Reihe, suche dir einen guten Job und arbeite hart. Hältst du dich an diese Punkte, erlangst du sozialen Status, Anerkennung und finanzielle Absicherung. Sich strikt an diesen Ablauf zu halten ist für viele Menschen eine Form von Glück, da sie gesellschaftlich voll akzeptiert ist. Das Glück basiert hier demnach auf einer theoretischen Wunschvorstellung: Du stellst dir ein glückliches Leben vor und hakst dann Punkt für Punkt ab (Ausbildung, Job, Hochzeit, Urlaub, Haus, Kinder ...), blickst dann auf das zurück, was du erreicht hast und denkst dir: Alles klar, ich habe das alles, also muss ich jetzt wohl glücklich sein.

... deine täglichen Gefühle: In Costa Rica gibt es eine Stadt namens Cartago. Dieser Ort liegt in einem hohen Tal, was bedeutet, dass das Klima sehr konstant und angenehm mild ist. In Costa Rica gibt es den besten Kaffee der Welt, aber das ist nicht der Grund, warum es den Menschen aus Cartago so gut geht. Der Hauptgrund, warum die Einheimischen ihren Alltag so intensiv erleben, ist der, dass die Architektur der Stadt darauf ausgerichtet ist, dass man sich ständig über den Weg läuft. Das Leben findet hauptsächlich an der frischen Luft statt. Die Menschen treffen sich auf dem Marktplatz und begegnen sich in den vielen kleinen Gassen ständig neu. Die Straßen dort wurden hauptsächlich für Menschen und nicht für Autos gebaut, weswegen die Einheimischen sehr oft direkten Augenkontakt haben, sich berühren und anfassen. Schon sind wir bei einem der wichtigsten Anzeichen angelangt, ob du in deinem täglichen Alltag Glück empfindest: Häufigkeit und Dauer der direkten Interaktion mit Menschen, die du gerne hast und liebst. Bei den glücklichsten Menschen der Welt sind das circa sieben Stunden am Tag. Die Lebensumstände in Cartago sind so ausgelegt, dass eine direkte Form des Zusammenlebens recht einfach umzusetzen ist.

... deine Bestimmung: Um den geeignetsten Ort zu finden, seiner Bestimmung zu folgen, müssen wir einen Blick in den Norden Dänemarks werfen, in eine Stadt namens Aalborg. Dänemark bietet für dieses Lebenskonzept – seinen Beruf mit seiner persönlichen Bestimmung zu koppeln – die weltweit besten Voraussetzungen. Was macht unseren direkten Nachbarn so attraktiv? Die Dänen müssen sich keine finanziellen Sorgen machen, wenn sie krank werden. Sie sind ausgezeichnet krankenversichert und haben ein exzellentes und kostenloses Schulsystem. Eltern müssen sich auch keine Gedanken machen, ob sie sich die Studiengebühren für ihre Kinder leisten können, denn Abiturienten bekommen sogar Geld, wenn sie die Universität besuchen. All das sind wichtige Faktoren, wenn es darum geht, einen Job anzunehmen oder nicht: Bin ich (und meine Familie) ausreichend krankenversichert, bin ich finanziell abgesichert, und kann ich meine laufenden Kosten decken? Erst dann kommt für viele Menschen die Frage, ob der Beruf einem persönliche Erfüllung bringt. Auch um die nächste Frage, »Was passiert, wenn ich alt bin?«, müssen sich die Menschen aus Dänemark keine allzu großen Sorgen machen, denn sie haben ein sehr gutes Renten- und Versorgungssystem. Dazu spielen Statussymbole keine große Rolle, was vielleicht den größten Unterschied zu Ländern wie Deutschland, Österreich oder der Schweiz ausmacht. Wenn du in Dänemark eine teure Uhr trägst oder mit einem Auto der Luxusklasse vorfährst, bekommst du dafür keine besondere Anerkennung. Im Gegenteil, extra zur Schau gestellter Reichtum wird als peinlich und stillos empfunden und ist in der dänischen Gesellschaft eher verpönt.

Die Dänen suchen sich ihren Beruf also nicht nach dem Kriterium aus, viel Geld zu verdienen, um all die Absicherungen bezahlen zu können und sozialen Status zu erlangen, sondern weil sie die Tätigkeit an sich wirklich gerne ausüben. Interessanterweise sind viele der Jobs artverwandt und bewegen sich irgendwo zwischen Design, Möbelherstellung, Architektur und Nischentechnologien – alles Jobs, in denen man Leidenschaft, Ideenreichtum und künstlerische Fähigkeiten braucht, weswegen die Menschen dort auch nicht so schnell aufgeben, wenn sie vor Herausforderungen stehen, und seltener von ihrem Job gelangweilt sind. Sie arbeiten im Schnitt nur dreiunddreißig Stunden pro Woche, haben sechs Wochen Urlaub im Jahr und demnach sehr viel Zeit, um sich mit ihren Freunden zu treffen. Dieser Faktor, genug Zeit für seine liebsten Menschen zu haben, ist absolut entscheidend, wenn es darum geht, ein rundum glückliches Leben zu führen. Nicht ohne Grund ist der dänische Begriff »Hygge« vor allem bei uns in Deutschland zurzeit so populär. Er beschreibt eben genau jenes Lebensgefühl, mit dem man gemütlich zusammensitzt und mit lieben Menschen in kuscheliger Atmosphäre das gute Leben genießt. »Hygge« bedeutet übersetzt so viel wie »Wohlbefinden« und erklärt in nur einem Wort, warum die Dänen zu den glücklichsten Völkern der Welt gehören: Sie arbeiten in Berufen, die sie lieben, müssen keine Angst vor der Zukunft haben und können viel Zeit mit ihren Lieblingsmenschen verbringen.

Natürlich stehen diese Orte nur stellvertretend für die drei Bausteine des Glücks, und man muss auch nicht dorthin ziehen, um ein besseres Leben zu führen. Dennoch haben mir diese Bilder einen guten Eindruck vermittelt, warum es manchmal so schwer sein kann, sich in seinem Leben wirklich wohlzufühlen. Viele Menschen befinden sich einfach am falschen Ort oder liegen mit ihrer Einschätzung, was sie glücklich macht, völlig daneben. Erinnere dich an die Liste deiner persönlichen Werte und wie sie mit deinem Alltag harmonieren. Wenn du vom Typ her, bildlich gesprochen, in das offenherzige Dänemark gehörst, wo dich das gesellschaftliche Umfeld für deinen Lebensentwurf umarmen und unterstützen würde, du aber im strengen Singapur lebst, wo du dich Tag und Nacht unverstanden und ungeliebt fühlst, dann hast du jetzt vielleicht das entscheidende Puzzleteil gefunden, warum du dich so schwertust.

Natürlich ist es nicht ganz so einfach, und jeder Mensch nimmt seine Lebensumstände anders wahr. Was aber für uns alle gleichermaßen gilt, ist, dass die drei Bausteine des Glücks, so unterschiedlich die Gewichtung bei jedem von uns auch ist, miteinander in Harmonie sein sollten. Du kannst in einem schicken Appartement in einer tollen Stadt wohnen, siebzig Stunden pro Woche arbeiten, eine halbe Million Euro im Jahr verdienen und finanziell mehr als abgesichert sein, deine Freunde können dich für deine Spitzenleistungen bewundern – und trotzdem können deine täglichen Gefühle, also wie du dein Leben tatsächlich erlebst, miserabel sein. Obwohl du an allen Punkten deiner »Wie werde ich glücklich«-Liste einen Haken gemacht hast, kann es sein, dass du kein Glück empfindest, weil ein wichtiger Baustein eben doch fehlt. Sieh genau hin, wenn dein Herz versucht, dir die entsprechenden Zeichen zu schicken. Die Antwort steht schon längst geschrieben, auch wenn du sie noch nicht entziffern kannst.

Eine Sache muss ich an dieser Stelle noch erwähnen, denn es gibt einen Faktor, auf den wir leider keinen Einfluss haben – unsere Gene. Laut aktuellen Studien können sie bis zu 50 Prozent unseres Glücksempfindens ausmachen. An unserer DNA können wir nichts ändern, am Rest schon. Falls du dir also deinen eigenen Glückskuchen backen willst, hier hast du die Liste mit allen Zutaten:

- genug zu essen
- ein warmes Bett und ein Dach über dem Kopf
- freien Zugang zu Wissen, eine Ausbildung, Bildung (das muss nicht unbedingt ein Schulabschluss sein)
- eine Arbeit, die dich erfüllt (das muss nicht unbedingt dein Job sein)
- eine feste Beziehung beziehungsweise private Stabilität
- sinnvolle, gute Aktivitäten (irgendeine Form von Wohltätigkeit)

Die beiden entscheidenden Zutaten aber sind: der Ort, an dem du wohnst, und die Menschen, mit denen du am meisten Zeit verbringst. Ich erzähle das schon zum wiederholten Male, weil es einfach so wichtig ist. Dein Umfeld hat einen größeren Einfluss auf dich, als du glaubst. Wo du lebst und wie du deine Umgebung wahrnimmst, ist der größte, wichtigste und mit Abstand einflussreichste Faktor, wenn du dein Glücksbarometer etwas nach oben verschieben willst. Natürlich kann nicht jeder seinen Wohnort verlassen und ans Meer ziehen, jedenfalls nicht so schnell, deswegen habe ich zur finalen Erinnerung drei Happiness-Booster für dich. Also noch mal:

1. Ändere deinen Freundeskreis

Auch das hörst du von mir nicht zum ersten Mal. Trotzdem möchte ich dich bitten, darüber in Ruhe nachzudenken. Traurigkeit, Frustration und Einsamkeit sind ansteckend. Wenn du also viel Zeit mit Menschen verbringst, die sich in Zuständen der Negativität befinden, werden diese, ob du willst oder nicht, nachhaltig auf dich wirken. Ich sage nicht, dass du deine alten Freunde, die vielleicht deine Hilfe benötigen, vergessen oder im Stich lassen sollst. Ich sage nur, was du tun kannst, um dich wieder besser zu fühlen. Suche dir drei bis fünf Freunde, mit denen du bedeutungsvolle Unterhaltungen führen kannst; Gespräche, die von Herzen kommen, und nicht nur Klatsch und Tratsch. Es sollten Menschen sein, die du an guten wie auch an schlechten Tagen anrufen kannst und die immer ehrlich zu dir sind. Und natürlich solltest du sie wirklich mögen. Du solltest sie auch regelmäßig von Angesicht zu Angesicht sehen, also nicht nur über Facetime, Skype oder WhatsApp.

2. Such dir einen besten Freund auf der Arbeit

Der größte Indikator, ob du dich an deiner Arbeitsstelle wohlfühlst, ist nicht dein monatliches Gehalt, ob du genug Lob und Anerkennung bekommst, ob dich dein Chef gut leiden kann oder wie stark deine Reputation innerhalb der Firma ist. Er verbirgt sich hinter einer einfachen Frage: »Habe ich einen besten Freund oder eine beste Freundin auf der Arbeit?«

3. Finde deinen Grund, morgens aufzustehen

In Okinawa, der Stadt mit den ältesten und glücklichsten Menschen der Welt, gibt es den Ausdruck »Ikigai«, der sinngemäß bedeutet: »Der Grund, warum ich morgens aus dem Bett aufstehe.« Interessanterweise findet man dort im lokalen Sprachgebrauch kein Wort für »Ruhestand«. Die Menschen aus Okinawa kennen die Bedeutung auch gar nicht, da sie keinen Unterschied zwischen einem produktiven Leben und einem sinnvollen Leben machen. Dort siehst du Menschen, die über hundert Jahre alt sind und immer noch auf dem Wochenmarkt arbeiten oder Karate unterrichten. Diese Menschen nehmen ihren »Ikigai« und geben ihrer Arbeit des anstehenden Tages somit einen Sinn.

Oft werde ich gefragt: »Aber wie finde ich denn meine Bestimmung?« Im Prinzip ist das ziemlich einfach. Deine Bestimmung ist der Querschnitt aus:

- deinen persönlichen Werten,
- Tätigkeiten, die dir Freude bereiten,
- Tätigkeiten, in denen du wirklich gut bist,
- der Liebe, die du der Welt zurückgibst.

Nimm also ein Blatt Papier, unterteile es in die vier genannten Bereiche und finde deine Bestimmung heraus. Wenn du sie gefunden hast, frag dich: »Habe ich das auf meiner Arbeit?« Wenn nicht, lohnt es sich, darüber nachzudenken, ob dein Arbeitsplatz noch der richtige für dich ist. Vielleicht ist er völlig in Ordnung und gut für dich, und die eigentliche Frage lautet: »Kann ich meine Bestimmung auch in meiner Freizeit finden?« Oder du könntest dich fragen, ob die Menschen, mit denen du dich umgibst, dich bezüglich deiner Bestimmung bekräftigen. Finde es heraus!

P-Diddy, Sokrates und ein wundersamer Test

Ich möchte dir hier eine Geschichte erzählen, die sich im antiken Griechenland rund vierhundertdreißig Jahre vor Christus zugetragen haben könnte. Sokrates schlenderte gerade nachdenklich durch einen schönen Park, als ein Nachbar seinen Weg kreuzte. Hocherfreut über diese Gelegenheit, den neuesten Klatsch und Tratsch weitergeben zu können, blieb er vor dem berühmten Philosophen stehen und sagte: »Du wirst nicht glauben, was deine Ohren gleich zu hören bekommen werden.«

»Einen Moment bitte«, unterbrach ihn Sokrates freundlich. »Bevor du mir deine Geschichte erzählst, muss sie erst den Test der drei Filter bestehen, den ich eigens entwickelt habe.«

»Oje, was denn für ein Test?«, fragte der Nachbar verunsichert. »Ich wollte doch nur …«

»Das weiß ich«, lächelte Sokrates, während er ihm die Hand zur Begrüßung schüttelte. »Bist du bereit für die erste Frage?«

Der Nachbar kratzte sich nervös am Kopf und nickte.

»Der erste Filter handelt von der Wahrheit«, fuhr Sokrates fort. »Bist du dir absolut sicher, dass die Geschichte, die du mir erzählen möchtest, wirklich wahr ist?«

»Nun ja«, druckste der Nachbar herum. »Mein Haus würde ich nicht darauf verwetten, ich habe es ja selbst gerade erst von einer mir nicht allzu bekannten Person erfahren.«

»Sehr interessant«, antwortete Sokrates und zog seine Augenbrauen leicht nach oben. »Dann kommen wir jetzt zum zweiten Filter. Er handelt von der Güte. Ist das, was du mir sagen möchtest, in irgendeiner Form hoffnungsvoll oder freundlich oder hat eine positive Botschaft?«

»Oh, Gott, nein«, sagte der Nachbar und schüttelte den Kopf. »Diese Geschichte ist eigentlich ziemlich …«

Bevor er seinen Satz beenden konnte, unterbrach ihn Sokrates erneut. »Aha, dann fasse ich kurz zusammen. Deine Geschichte ist vielleicht nicht wahr und definitiv nicht schön.«

»Das stimmt«, versicherte ihm der Nachbar.

»Okay, noch ist nichts verloren«, grinste Sokrates. »Einen Filter haben wir noch. Er handelt von der Nützlichkeit und der Notwendigkeit. Ist irgendetwas an deiner Geschichte nützlich für mich? Beinhaltet sie eine Information, die ich wirklich brauche?«

Der Nachbar überlegte eine Sekunde und sagte: »Nein, sicher nicht.«

»Ich verstehe«, antwortete Sokrates. »Also willst du mir etwas mitteilen, von dem du nicht sicher sagen kannst, ob es wahr ist, was jedoch definitiv weder gut noch nützlich für mich ist?«

Der Nachbar schaute auf den Boden und nickte beschämt.

»Wir erkennen nun beide, dass es keinen Grund für dich gibt, mir diese Geschichte zu erzählen, und dass es auch für dich keinen Grund gibt, diese Geschichte zu glauben.«

Der Nachbar hatte seine Lektion gelernt.

In vielerlei Hinsicht hat sich seit dem antiken Griechenland nicht allzu viel verändert, besonders wenn es um die Geschichten geht, die wir uns selbst erzählen und miteinander teilen. Wir investieren so viel wertvolle Lebenszeit und Energie in Belanglosigkeiten, die dann wie graue Gewitterwolken über uns hängen und uns durch den Tag begleiten. Wer von uns steht nicht morgens noch halb verschlafen auf und greift automatisch nach dem Smartphone, um noch vor dem Zähneputzen oder Frühstück seine Social-Media- und News-Timeline zu überfliegen? Unser Geist ist noch nicht einmal richtig wach und wird schon mit nutzlosen Informationen geflutet, die uns weder glücklich machen noch unseren Träumen näherbringen. Wären wir ehrlich zu uns, müssten wir uns eingestehen, dass wir das nur aus einem einzigen Grund tun: um uns abzulenken und fernzuhalten – von uns selbst und den wirklich wichtigen Aufgaben, die schon viel zu lange auf uns warten.

Das Problem ist: Wir können dieses Spiel des Selbstbetruges nicht ewig spielen. Wir wissen das sogar, und dennoch gewinnen die Ablenkungen. Tag für Tag, Jahr für Jahr. In einer Welt, die so wunderschön und unendlich groß ist, die voller magischer Möglichkeiten steckt, in der es täglich so viel Neues zu entdecken gibt – was wahr, gut und tatsächlich nützlich für uns ist –, entscheiden wir uns viel zu oft für das Gegenteil. Und wir fühlen das. Und während wir all diese giftigen Entscheidungen treffen, die für eine Weile durchaus unterhaltsam sein können, beginnt die Sehnsucht nach unserer Bestimmung in uns zu wachsen, still und unbemerkt. Bis zu jenen Tagen, an denen wir unsere Trägheit nicht mehr ertragen können und plötzlich die Schmerzen spüren, die vorher vom Lärm der Ablenkung unterdrückt wurden. Diese Tage gleichen oftmals einem Albtraum. Für einen kurzen Augenblick dringen wir zu unserer Wahrheit durch, begreifen die Dimension des Selbstbetruges und merken auf einmal, dass wir nicht ewig leben und Monate und Jahre kostbarster Lebenszeit auf dümmste Weise verschwendet haben.

An diesen Tagen hast du zwei Möglichkeiten. Du kannst dich entweder völlig in dieser Erkenntnis verlieren und noch tiefer in die Dunkelheit sinken, indem du einfach so weitermachst. Oder du kannst dich an Sokrates erinnern und seinem Rat folgen: Konzentriere dich auf das, was wahr, gut und nützlich für dich ist. Es ist an der Zeit, den Ablenkungen auszuweichen und dein Bewusstsein dafür zu schärfen, was dir wirklich am Herzen liegt. Bevor du also etwas sagst (zu einem anderen Menschen) oder denkst (über dich), benutze den Filter von Sokrates:

- Ist es wahr?
- Ist es gut, hoffnungsvoll?
- Ist es hilfreich, notwendig?

Wenn deine Gedanken diesen Filter passieren können, befasse dich mit ihnen, sprich sie laut aus oder bedenke die nächsten Schritte. Wenn nicht, behalte sie für dich und überlege dir einen Weg, um sie elegant und ohne eine persönliche Beziehung zu ihnen aufzubauen aus deinem Leben zu verabschieden. Erschaffe dir deine eigene positive Gedankenwelt und lebe in ihr. Stell dir selbst ein paar Fragen:

Erste Frage: Ist die Geschichte in meinem Kopf absolut wahr?

Die Geschichten, die wir uns selbst über uns erzählen, verändern maßgeblich die Welt, in der wir leben, was wir fühlen und wie wir die Dinge sehen. Wenn wir als Kind etwas erleben, das unsere Glaubenssätze über das Leben nachhaltig prägt, dann werden wir als Erwachsene in ähnlichen Situationen genau das sehen, was wir damals als universelle Wahrheit abgespeichert haben, selbst wenn es viele Beweise für das Gegenteil gibt. *Die Wahrheit* gibt es nicht. Es gibt mathematische Gesetzmäßigkeiten, aber sobald subjektive Wahrnehmungen, also Menschen und ihre Gefühle, ins Spiel kommen, gibt es nur noch Einzelwahrheiten, die die Individuen als ihre eigene Wahrheit wahrnehmen.

Dafür ein Beispiel: Claudia und Steffi sind beste Freundinnen. Sie wohnen im gleichen Ort, gehen in die gleiche Schulklasse und teilen all ihre Hobbys. Die Eltern von Claudia gehen sehr liebevoll miteinander um. Sie schreiben sich auch nach zwanzig Jahren Ehe immer noch kleine Liebesbriefe und verstecken ihre tiefe Verbundenheit auch nicht vor ihrer Tochter. Sie lieben sie, bestärken sie in ihrer Persönlichkeit und erziehen sie zu einer starken und selbstbewussten jungen Frau. Claudia hat durch diese Alltagserfahrungen ihre Idee von Liebe entwickelt. Die Eltern von Steffi hingegen haben sich schon seit Jahren nichts mehr zu sagen. Sie kann sich auch nicht erinnern, dass ihre Eltern sich jemals geküsst oder sonstige Zärtlichkeiten ausgetauscht hätten. Die gleiche Form der »Liebe« geben sie nun an ihre Tochter weiter, deren Kindheit vor allem aus Ablehnung, Vorwürfen und Gleichgültigkeit besteht. Sie wächst in einem emotionslosen und kalten Elternhaus auf. Steffi hat durch diese Erfahrungen ebenfalls ihre Idee von Liebe entwickelt. Wenn sich beide Mädchen nun zum ersten Mal verlieben, sehen und fühlen sie etwas völlig Unterschiedliches. Trotzdem würden beide Mädchen bestätigen, dass genau das »die Liebe« ist. Sie nehmen ihre Vergangenheit und stülpen diese Erinnerungen über die Gegenwart.

So funktioniert das mit all unseren Erfahrungen aus der Vergangenheit. Wir tragen sie in uns und lassen sie unsere Gegenwart beeinflussen. Vielleicht wurde dir das Herz gebrochen, oder du hast deinen Vater, deinen Bruder oder dein Kind durch einen Unfall oder eine Krankheit verloren. Vielleicht wurdest du von deinem Partner hintergangen. Vielleicht wurdest du aus einem Job geworfen, von dem du finanziell abhängig warst. Vielleicht wurdest du von einem Menschen betrogen, dem du vertraut hast. Vielleicht wurde dir körperliches und seelisches Leid zugefügt. Vielleicht wurdest du aufgrund deines Geschlechts, deiner Hautfarbe oder Religionszugehörigkeit diskriminiert. Wenn wir eine neue Erfahrung machen oder in eine Situation geraten, die diese mächtigen Erinnerungen an eine schmerzhafte Geschichte aus der Vergangenheit in uns weckt, dann verlieren wir die Objektivität. Die Erinnerung und alle Gefühle, die wir mit ihr verbinden, stülpen sich über den gegenwärtigen Moment und verzerren unsere Perspektive. Wir sehen nicht mehr klar und treffen somit auch keine klaren und guten Entscheidungen.

»Was auch immer du tust, lass die Vergangenheit nicht deine Gedanken belasten; lass die Zukunft dich nicht durcheinanderbringen. Die Vergangenheit gibt es nicht mehr, und die Zukunft ist noch nicht da. In Erinnerungen zu schwelgen und in seinen Träumen zu leben

bedeutet, nicht am Leben teilzunehmen. Wenn du gedanklich an einem Ort bist, der nicht existiert, verpasst du das, was existiert. Es ist nur natürlich, dass du dich deswegen unglücklich fühlen wirst, weil du so dein ganzes Leben verpasst. Das ist das Geheimnis von Glück.«

OSHO

Denke immer daran: Wenn eine Erfahrung aus der Vergangenheit deine gegenwärtige Perspektive einschränkt, ist das meist nur ein Abwehrmechanismus. Niemand läuft als unbesiegbarer Superheld durch die Welt. Jeder von uns hat seine Unsicherheiten, mit denen er in regelmäßigen Abständen konfrontiert wird. Und da unsere angeborenen menschlichen Abwehrmechanismen das nicht mögen, werden sie aktiv. Wann immer wir in eine unangenehme Situation geraten – zum Beispiel, wenn es darum geht, einen fremden Menschen anzusprechen –, sehen wir nicht das ganze Bild, sondern nur einen Bruchteil der Wahrheit. Unser Verstand versucht nun, die Informationslücken auszugleichen, indem er sich an die Geschichten klammert, mit denen wir uns bereits wohlfühlen. Und wir fühlen uns mit allem wohl, was wir kennen. Nicht weil wir diese Geschichten und Erfahrungen wirklich mögen, sondern weil sie nicht mehr fremd für uns sind. Um die Gegenwart besser zu verstehen, wendet unser Unterbewusstsein einen Trick an, indem es diese Erlebnisse aus der Vergangenheit als Füllmaterial nutzt. Manchmal ist dieser Mechanismus nützlich, doch oft sind unsere alten Geschichten und vergangenen Erfahrungen für den gegenwärtigen Moment völlig irrelevant, sodass sie uns und allen Mitbeteiligten viel häufiger schaden, als dass sie helfen.

Meine Challenge für dich sieht so aus: Wann immer sich in dir eine unangenehme Spannung aufbaut, wann immer sich ein Drama ankündigt, wann immer du nicht das tust, was du eigentlich gerne tun würdest, denke an den Samurai und alles, was ich dir über ihn erzählt habe. Er trifft jede Entscheidung innerhalb von sieben Atemzügen. Tritt sowohl gedanklich als auch physisch einen Schritt zurück. Falls du sitzt, stehe auf. Falls du stehst, bewege dich. Verändere innerhalb von sieben Atemzügen deine Situation, trenne dich von dem Impuls, dich schlecht zu fühlen, und versuche, mehr Klarheit in die Geschichte zu bringen, die du dir selbst erzählst, um dich dann ganz bewusst von ihr zu lösen. Tauche vollständig in den gegenwärtigen Moment ein. Betrachte nicht nur die Oberfläche. Werde zum Entdecker dieses neuen Augenblicks. Beobachte dich und die Menschen, die es betrifft, so neutral wie möglich und ohne im Voraus etwas anzunehmen.

Bevor du dich oder andere Menschen verurteilst, über sie lachst oder glaubst, die absolute Wahrheit zu kennen, bedenke Folgendes: Du kannst weniger als 1 Prozent des elektromagnetischen Spektrums erkennen und weniger als 1 Prozent des akustischen Spektrums hören. Während du diese Worte liest, reist du mit einer Geschwindigkeit von 220 Kilometern pro Sekunde durch das Universum. 90 Prozent der Zellen in deinem Körper bestehen aus ihrer eigenen mikrobiellen DNA und sind nicht »du«. Die Atome in deinem Körper bestehen zu 99,9999999999999999 Prozent aus leerem Raum und haben ihren Ursprung im Inneren eines gigantischen Sternes. Der Mensch hat sechsundvierzig

Chromosomen, zwei weniger als eine gewöhnliche Kartoffel. Dass du die Schönheit eines Regenbogens erkennen kannst, hängt von den kegelförmigen Fotorezeptoren in deinen Augen ab. Für Tiere, die diese Fotorezeptoren nicht besitzen, existiert der Regenbogen nicht. Du siehst also nicht bloß einen Regenbogen, du erschaffst ihn dir selbst. Das ist schon ziemlich außergewöhnlich, vor allem, wenn man bedenkt, dass all die wunderschönen und kunterbunten Farben, die dein Auge erfassen kann, lediglich 1 Prozent des elektromagnetischen Spektrums beinhalten.

Das meiste von dem, was ist, nehmen wir Menschen also gar nicht wahr, deswegen möchte ich dir diese Frage noch einmal stellen: Bist du absolut sicher, dass die Geschichte, die du dir gerade über dich erzählst oder die in deinem Kopf vielleicht schon seit Jahren ihr Unwesen treibt, tatsächlich stimmt? Würdest du dein Leben oder das deiner Liebsten darauf verwetten? Es lohnt sich sehr, darüber nachzudenken. Beobachte dich, wie du dich fühlst und verhältst, wenn du diese negativen Geschichten ständig wiederholst. Und dann, im nächsten Schritt, stell dir vor, was du noch alles sehen und erleben könntest, wenn du diese alten Geschichten aus deinem Kopf entfernen würdest. Deine Gedanken formen die Welt, die dir zu Füßen liegt. Und je klarer du denkst, desto schöner ist deine Welt.

Ich möchte dir hierzu etwas von einem kleinen Jungen erzählen. In einer Zeit, in der meine Großeltern Kinder waren und ein Eisbecher noch viel günstiger war als heute, spazierte dieser Junge in das Restaurant eines vornehmen Hotels und nahm an einem der freien Tische Platz. Die Bedienung kam und schaute den Jungen schon schroff an, bevor er überhaupt bestellen konnte.

»Was kostet ein großer Eisbecher?«, fragte er und lächelte erwartungsvoll.

»Fünfzig Pfennig«, antwortete die Bedienung, ohne eine Miene zu verziehen.

Der kleine Junge holte seine Münzen aus der Hosentasche und begann zu zählen.

»Hmm, und was kostet eine kleine Schale nur mit etwas Eiscreme gefüllt, ohne die Früchte, ohne die Schokolade, ohne die bunten Streusel?«

Mittlerweile füllte sich das Restaurant mit weiteren Gästen, die auf der Suche nach einem freien Platz waren, und die Bedienung wurde ungeduldig. Aus ihrer Sicht blockierte der kleine Junge einen wertvollen Tisch.

»Fünfunddreißig Pfennig«, sagte sie genervt.

Der Junge zählte wieder seine Münzen, hob seinen Kopf und strahlte: »Okay, dann nehme ich bitte einmal eine kleine Schale nur mit Schokoladeneis.«

Die Bedienung verschwand in die Küche und brachte wenig später das Eis, zusammen mit der Rechnung, die sie kommentarlos auf den Tisch klatschte. Der Junge aß in Ruhe sein Eis auf, rutschte von der Sitzbank, legte die Münzen sorgfältig neben die Rechnung und ging fröhlich pfeifend davon. Als die Bedienung zurück an den Tisch kam, um abzuräumen, sah sie, was dort lag, und ihr kamen die Tränen. Neben der Rechnung mit dem Geld für das Eis lagen, ordentlich in einer Reihe, fünfzehn Pfennige – ihr Trinkgeld.

Der Junge hatte auf die große Portion Eiscreme verzichtet, nur um der Bedienung, die ihn unfreundlich behandelt hatte, etwas Trinkgeld geben zu können. Es sind Geschichten wie diese, die hängenbleiben. Kleine Dinge, scheinbar unbedeutend, die aber den größten Platz in unseren Herzen einnehmen. Bitte erinnere dich an diesen kleinen Jungen, wenn du das nächste Mal eine Situation interpretierst und wegen dieser Gedanken wütend, frustriert, ängstlich oder sauer wirst. Frag dich lieber, wer in diesem Moment zu dir spricht: Bin ich das, ist es mein Ego oder die Stimme in meinem Kopf? Und dann, wenn du dich gut durchgeschüttelt hast, frag dich erneut: Was könnte das noch bedeuten?

Zweite Frage: Was ist gut in deinem Leben, das du jetzt wertschätzen könntest?

Ich bekomme täglich E-Mails, Briefe und Nachrichten, und immer wieder fällt mir auf, dass viele Menschen im Laufe ihres Lebens zu ähnlichen Erkenntnissen kommen. Hier zum Beispiel ist eine E-Mail, die ich kürzlich von Annett, einer Abonnentin meines kostenlosen Magic-Monday-Newsletters, erhalten habe.

»… So ganz tief in uns drin, was ist da, das uns dankbar werden lässt? Oft traurige Dinge, die uns erst langsam dankbar werden lassen und unser Wesen auf wunderbare Weise wandeln und uns achtsamer leben lassen. Weißt du, wenn ich auf mein Leben zurückschaue, bin ich erstaunt, was da schon alles los war, was man aushalten kann und wie man trotzdem lernen kann, dem Leben mit einem kleinen Augenzwinkern zu begegnen.

Mein Leben ist bunt, lustig, ernst, traurig, schön, steht still … kurz, quer Beet ist alles vertreten. Ich war als Kind oft im Krankenhaus. Lernte immer wieder interessante Menschen

kennen. Viele kamen, viele gingen, einige blieben. Ich erlebte Bruchlandungen, Enttäuschungen, viele wunderschöne Momente, Schule, Ausbildung, Beruf, Partnerschaft, Hochzeit, Kinder … zwei wundervolle Kinder, für die ich unendlich dankbar bin. Und einen wunderbaren, manchmal anstrengenden Mann, der es immer wieder schafft zu akzeptieren, wie ich bin … mal mehr und mal weniger. ;-)
Meine Kinder sind das Beste, was mir jemals passieren konnte. Durch die beiden durfte ich viel Neues kennenlernen, und das wird wohl hoffentlich niemals enden. Meine Tochter wurde mit neun Jahren krank und starb mit siebzehn. Die Zeit mit ihr war die intensivste meines Lebens. Durch sie durfte ich lernen, was ich früher niemals für möglich hielt. Mein Sohn lehrte mich Dinge, die ich auch niemals für möglich gehalten hätte. Durch die Krankheit unserer Tochter durfte ich lernen, dass es Dinge zwischen Himmel und Erde gibt, die viele Menschen nicht wahrhaben wollen und auch niemals akzeptieren werden. Ich lernte durch meine Kinder Menschen kennen, die mein Leben auch heute so wunderbar bereichern, dass es kaum zu beschreiben ist. Sie lehrten mich, wie wichtig es ist, ganz fest an seine Träume zu glauben und auf seine innere Stimme zu hören. Als meine Tochter die Welten wechselte, lautete ihr letzter Satz, wie schön es doch auf der anderen Seite sei und dass ich mir keine Sorgen machen müsse. Ihre Hülle ist nicht mehr hier, aber ihre Seele begleitet uns jederzeit.
Danach kamen noch weitere harte Lehrschicksale. Ich selbst hatte Krebs (alles wieder gut), mein Sohn hat ihn zurzeit. Es scheint wie ein Wanderpokal zu sein. Eigenartig, dieses Leben. Die Chemotherapie war erfolgreich. Jetzt kommt noch

die Bestrahlung. So viel Schmerz und doch hatten wir, als Familie, jederzeit dieses wunderbare Gefühl, gut behütet zu sein und immer wieder auf die Beine zu kommen. Natürlich waren diese Krankheiten und Schicksalsschläge im ersten Moment ein ziemlicher Schock. Wenn die Tränen nach ein paar Tagen aber getrocknet waren, wussten wir tief in unseren Herzen, wir schaffen das und kommen da gut raus. Letztlich hat sich das Leben immer nur neu sortiert, und wir durften dazulernen. Dafür bin ich dankbar. Für all das und noch so viel mehr. Meine Kinder sind einfach das Größte.«

Was für eine wunderbare Lebenseinstellung diese Frau hat. Ihre Tochter wird krank und stirbt im Alter von siebzehn Jahren, sie übersteht selbst eine Krebserkrankung und kümmert sich jetzt um ihren Sohn, der ebenfalls Krebs hat, und dennoch hat sie nie die Freude am Leben verloren. Annett ist ein großes Vorbild für uns alle, wenn es darum geht, die Dinge so zu nehmen, wie sie kommen. Anstatt im Zorn zu versinken und sich zu fragen, womit sie und ihre Familie all das Leid verdiene, ist sie dankbar für diese Erfahrungen und stellt sich eine bessere Frage: »Was darf ich daraus lernen?« Die Umstände haben dazu geführt, dass sie eine Expertin darin wurde, die Perspektive zu wechseln und das Gute im Leben zu sehen. Annett, ich umarme dich. Danke, dass es dich gibt.

Je älter wir werden und je häufiger wir mit persönlichen Schicksalsschlägen und Herausforderungen konfrontiert werden, desto deutlicher erkennen wir auch, wie gesegnet wir sind und wie oft die Stimme in unserem Kopf uns davon abgehalten hat, all die schönen Dinge des Lebens zu erkennen und wertzuschätzen. Deshalb mach dir heute selbst ein Geschenk. Feiere dich, dein Leben, deine Existenz und geh voller Achtsamkeit durch diesen Tag. Geh auf Entdeckungsreise und versuche, all die coolen kleinen Schätze zu finden, die sich überall verstecken. Lass deine Vorurteile, vorgefertigten Meinungen und alten Geschichten einmal in der Schublade und verschließe sie für einen Tag. Den Schlüssel darfst du auch gerne wegwerfen. Tu, was immer du tun musst, ohne dir Sorgen zu machen und ohne das Schlimmste zu befürchten, ohne dich zu beklagen und ohne zu lamentieren, wie schwierig und kompliziert und aussichtslos dein Leben doch sei. Versuche es einfach mal und gib dir ein bisschen mehr Mühe. Wenn du nicht weißt, wo du beginnen sollst, fang damit an, dankbar dafür zu sein, dass du lebst. Weltweit werden heute 150.000 Menschen sterben. Du nicht. Du kannst noch diesen leckeren Kaffee trinken, die heiße Dusche nehmen, die frische Luft atmen, mit dem wuscheligen Hund spielen, eine Pizzaecke essen, im Park sitzen oder zur Arbeit gehen. Sei dankbar …

- … für deine Gesundheit
- … für deine Familie
- … für deine Freunde
- … für deine Arbeit
- … für dein Mittagessen
- … für dein Zuhause
- … für dein Leben

Denke immer daran: Nichts hält ewig. Erkenne und genieße die Magie des Augenblicks, bevor sie für immer verschwunden ist. Mach es wie Julia, die mir dazu folgende Zeilen geschrieben hat:

»Heute Morgen bin ich aufgewacht und schaute links direkt auf mein kleines Baby, das eingelümmelt neben mir lag und träumte. Rechts von mir lag mein Mann, der schlief. Seine Hand lag auf meinem Bein. Ich empfand das als sehr zärtliche Geste. Geradeaus blickte ich auf unser Fenster, das offen stand, und ich spürte den kalten, erfrischenden Wind, die Vorhänge bewegten sich. Ich sah den Wald, den blauen Himmel, die Farben harmonierten perfekt. Ich roch den Sommer, hörte die Vögel, und es umgab mich eine anmutige friedliche Stille. Ich dachte mir: Schöner kann man nicht aufwachen. In seinem eigenen Haus, am sichersten Ort der Welt, mit Menschen, die man sehr liebt. Und wir sind alle gesund. Dafür bin ich dankbar, für dieses Leben, das mir so viel bietet, in dem es mir so gut geht. Dafür, dass ich mich jeden Morgen fragen darf: Was mache ich heute Schönes? Was für ein Privileg, was für ein Glück, was für ein Geschenk, was für ein tolles Leben.«

Dritte Frage: Wie kann ich meine Perspektive wechseln, um mich augenblicklich besser zu fühlen?

In meinem Büro hängt ein kleines Foto meines Großvaters, in Schwarz-Weiß. Es zeigt ihn als jungen Soldaten während des Zweiten Weltkrieges in den Bergen bei Genua, im Winter 1944. Er lehnt an einer Mauer, neben ihm steht ein Pferd. Schätzungen zufolge starben zwischen September 1943 und Mai 1945 in den Schlachten des Italienfeldzuges über sechzigtausend alliierte und fünfzigtausend deutsche Soldaten. Mein Großvater war zu der Zeit einundzwanzig Jahre alt. Er bekam eine Kugel in den Kopf geschossen und verlor dabei sein rechtes Auge. Er überlebte schwerverletzt und arbeitete nach dem Krieg als einfacher Eisenbahner. Solange er am Leben war, habe ich ihn nicht einmal jammern sehen. Nicht ein einziges Mal. Wann immer ich glaube, es schwer zu haben, betrachte ich das Foto meines Großvaters. So etwas meine ich, wenn ich sage: »Ändere deine Perspektive, und du änderst deine Welt!«

Dieses Foto erinnert mich daran, dass es, ungeachtet der Tatsache, wie groß die Aufgabe ist, vor der ich gerade stehe, zu jedem Zeitpunkt meines Lebens etwas gibt, wofür ich dankbar sein kann. Dass ich an jedem Morgen, an dem ich gesund aus meinem warmen Bett aufstehe, tiefes Glück empfinden kann, während in exakt diesem Augenblick Millionen Menschen überall auf der Welt im Dreck liegen und ums nackte Überleben kämpfen. Ich finde, diese Tatsache kann man nicht oft genug wiederholen: Ich lebe in einem der reichsten und sichersten Länder der Welt. Ich habe ein Dach über dem Kopf. Ich habe genug zu essen. Ich habe von allen guten Dingen mehr, als ich wirklich brauche. Und das Wichtigste: Ich lebe. Ich habe schon gewonnen. Alles, was jetzt noch kommt, ist ein Bonus, die süße Kirsche auf meiner Sahnetorte. Denke immer daran: Nicht das zählt, was die Welt dir vorenthält, sondern das, was du aus dem machst, was dir bleibt.

P-Diddy und sein Hip-Hop-Entrepreneur-Remix der drei Filter

Sean Combs, alias Puff Daddy, alias P-Diddy, ist vieles: Rapper, Produzent, Entrepreneur, Investor, CEO, Schauspieler, Modedesigner, vor allem aber ist er eine lebende Legende. Ich bin mir sicher, dass auch du schon zu einem seiner Hits getanzt hast. Sein Megahit »I'll be missing you« aus dem Jahr 1997 zählt bis heute zu den erfolgreichsten Rapsongs aller Zeiten.

Sean Combs wuchs in New York auf. Sein Vater wurde ermordet, als er fünf Jahre alt war, weswegen ihn seine Mutter alleine großzog. Keine idealen Vorraussetzungen. Nach der Schule begann er, an der Howard University in Washington Betriebswirtschaftslehre zu studieren, brach das Studium jedoch ab, um als Praktikant bei Uptown Records zu arbeiten. P-Diddy arbeitete Tag und Nacht für seinen Traum. Er begann ganz unten und kletterte auf der Karriereleiter, die er für sich selbst erschuf, ganz langsam nach oben. Heute ist er einer der einflussreichsten Musikmogule der Welt mit einem unglaublichen Privatvermögen von knapp einer Milliarde Dollar.

Nachdem 1997 sein bester Freund und musikalischer Weggefährte »The Notorious B.I.G.« erschossen wurde, traf er eine Entscheidung, die sein Leben für immer verändern sollte. Ich habe ihn im Jahr 2002 in Frankfurt am Main getroffen und ihn nach seinen Erfolgsgeheimnissen gefragt. P-Diddy grinste mich an, schob sich die Sonnenbrille zurecht und antwortete kurz und präzise: »Ich treffe Entscheidungen nach einer einzigen Formel: Wenn es mir kein Geld einbringt, mich als Mensch nicht besser oder glücklicher macht, werde ich dafür keine Lebenszeit eintauschen.«

Wenn es darum geht, die richtigen Entscheidungen zu treffen, können wir eine Menge von P-Diddy lernen und uns ebenfalls diese drei Fragen stellen:

- Bringt es mir Geld ein?
- Macht es mich glücklich?
- Werde ich dadurch ein besserer Mensch?

Und wieder
geht's ums Glück

Ich möchte dir eine weitere Geschichte erzählen. Es war das Jahr 1991, Anfang Dezember, in einem kleinen Bergdorf im Norden Dalmatiens. Auf dem Balkan herrschte Krieg. Das alte Jugoslawien gab es nicht mehr, und die kroatische Armee kämpfte gegen mehrere paramilitärische Einheiten aus Serbien, die von der Jugoslawischen Volksarmee unterstützt wurden. Viele Kroaten waren auf der Flucht. Der kleine Luka war zu diesem Zeitpunkt sechs Jahre alt. Seine Eltern arbeiteten von früh bis spät in einer Strickwarenfabrik, sodass er hauptsächlich bei seinem Großvater in den Bergen aufwuchs. Eines Tages, während Luka senior gerade sein Vieh durch die verlassenen Straßen führte, stürmten serbische Milizen das Dorf und töteten ihn und fünf weitere Einheimische. Dieser Akt des Terrors sollte eine Botschaft an die verbleibenden Dorfbewohner sein, sofort ihre Heimat zu verlassen, sonst würden die bewaffneten Männer wiederkommen und weitermachen. Für Luka, der alles mit ansehen musste, brach eine Welt zusammen. Sein geliebter Großvater, erschossen.

Luka, seine Eltern und seine Schwester waren nun gezwungen, ebenfalls zu fliehen. Sie fanden Zuflucht in Zadar, einer Stadt an der dalmatinischen Küste, wo sie die nächsten Jahre ohne Strom und fließendes Wasser in einem verlassenen Hotel wohnten. Das Geräusch von Granaten, Kugeln und explodierenden Landminen, die überall vergraben waren, wurde für Luka und seine Schwester zur Normalität. Doch Luka hatte zwar seinen geliebten Großvater und viele gute Freunde verloren, aber nie die Hoffnung auf eine bessere Zukunft. Wenn er abends im Bett lag, träumte er von seinem Idol Ronaldo, dem brasilianischen Fußballstar, der 1994 Weltmeister wurde. Luka besaß Schienbeinschoner, auf denen sein Name stand und die er wie einen Schatz behütete. In jeder freien Minute spielte er auf dem Parkplatz des Hotels Fußball, übte Tricks und Taktiken und ließ sich auch durch den Krieg, der in seinem Land herrschte, nicht davon abbringen. Luka nahm diese prägenden Erfahrungen aus seiner Kindheit, all die negative Energie, die Wut und die Trauer und formte daraus einen eisernen Willen, eine positive Kraft, die durch nichts zu zerstören war. Die Hoffnung auf ein besseres Leben an einem schöneren Ort ließ ihn nicht aufgeben. Während seine Konkurrenten sich ausruhten, blieb er am Ball und wurde zu einer Legende.

Luka Modrić ist heute dreiunddreißig Jahre alt, spielt für Real Madrid, den ruhmreichsten Fußballverein aller Zeiten, und ist einer der erfolgreichsten Fußballspieler der Welt. Er hat viermal die UEFA Champions League gewonnen, dreimal den UEFA

Super Cup und viermal die FIFA-Klub-Weltmeisterschaft. Er gewann dreimal die kroatische und einmal die spanische Meisterschaft. Als Kapitän der kroatischen Nationalmannschaft wurde er 2018 Vizeweltmeister und mit dem »Ballon d'Or« ausgezeichnet, als bester Fußballspieler der Welt. In den zehn Jahren zuvor ging diese Auszeichnung ausschließlich an Cristiano Ronaldo oder Lionel Messi. Außerdem wurde Luka Modrić 2018 zum FIFA-Weltfußballer des Jahres, Europas Fußballer des Jahres und Kroatiens Sportler des Jahres gekürt. Was für ein Vorbild!

Innerer Frieden ist der wahre Erfolg

Aber Lars, höre ich dich gerade grübeln, sagst du nicht die ganze Zeit, dass man nichts erreichen muss, um glücklich zu sein, dass schon jetzt alles gut ist? Geht es nicht darum, seiner Seele Frieden zu schenken, statt große Erfolge zu feiern? Das stimmt, du hast recht mit deinen Gedanken. Natürlich kommt es nicht auf Preise, Auszeichnungen und Ergebnisse in einer fernen Zukunft an, sondern auf den Schritt, den du in diesem Augenblick machst, also die Art und Weise, wie du deine Lebenszeit nutzt. Ich bin der Meinung, dass du dann am glücklichsten, ausgeglichensten und zufriedensten bist, wenn du dir ein Leben schaffst, das es dir ermöglicht, Dinge zu tun, die du gerne tust, im Idealfall mit Menschen, die du ebenso gernhast – ein Leben nach deinen Bedingungen. Diese Bedingungen sehen für jeden von uns anders aus: Saskia ist selbstständig, lebt in New York und will sechzehn Stunden am Tag an ihrem Projekt arbeiten, weil sie so sehr dafür brennt. Sarah aus Berlin will vielleicht gar nicht arbeiten und lieber zu Hause für ihre Kinder da sein. Tom aus Heidelberg wünscht sich eine Zwischenlösung aus beiden Varianten, und Eckhart möchte zwei Jahre auf einer Parkbank in London sitzen und wie Buddha einst in Stille die Welt beobachten. Es gibt kein Richtig oder Falsch. Es gibt nur das, was jeder Mensch für sich persönlich als den richtigen Weg zum Glück empfindet.

Der britische Arzt und Schriftsteller Sir Arthur Conan Doyle, unter anderem der Erfinder des berühmtesten Detektivs der Welt, Sherlock Holmes, hat einmal gesagt: »Arbeit ist das beste Mittel gegen Verzweiflung.« Das glaube ich auch. Er hat bewusst nicht gesagt, »zu gewinnen oder in einer Disziplin außerordentliche Erfolge zu erzielen« sei das beste Mittel, sondern die Arbeit im Allgemeinen. Ich würde noch einen kurzen Nebensatz hinzufügen: Arbeit, die einem übergeordneten Zweck dient, ist das beste Mittel gegen Verzweiflung. Wenn du dich an die Arbeit machst, ganz bei der Sache bist, hochkonzentriert, dadurch so im Fluss bist, dass du die Zeit vergisst, dann hörst du automatisch auf, über die Ängste deines Lebens nachzudenken. Du beginnst, einfach zu sein. In diesem Mindset verbirgt sich das große Geheimnis eines glücklichen Lebens. Luka Modrić hat es für sich genutzt. Wie sieht es bei dir aus?

Friedrich Schiller schreibt in seinem Klassiker »Wilhelm Tell« den schönen Satz: »Wer gar zu viel bedenkt, wird wenig leisten.« Auch das stimmt. Wenn wir uns nicht voller Hingabe an die Arbeit machen, um das Buch unseres Lebens zu schreiben, sondern die Zeit dafür verwenden, um darüber nachzudenken, welche Auswirkungen dieses Buch haben könnte, wird nichts passieren, außer dass wir mit jeder vergeudeten Minute trauriger, deprimierter und frustrierter werden. Zerstörerische Gedanken werden auftauchen und uns mit den Fragen, die sie im Schlepptau haben, die letzte Kraft rauben: »Bin ich gut genug? Wer will das lesen? Ist es von Bedeutung? Warum ich? Warum jetzt? Was hat das alles für einen Sinn? Wer bin ich überhaupt?«

> »*Ich hasse es zu schreiben, aber ich liebe es,*
> *geschrieben zu haben.*«
>
> DOROTHY PARKER

Gedanken wie die genannten können unser Leben zur Qual machen, weil sie die Magie überdecken, die im Gehen des Weges liegt. Die amerikanische Feministin Dorothy Parker, eine der bedeutendsten Schriftstellerinnen ihrer Zeit, hat vor einhundert Jahren einen Satz geprägt, den jeder Autor auch heute noch nachempfinden kann: »Ich hasse es zu schreiben, aber ich liebe es, geschrieben zu haben.« Bedeutet das, dass sie es tatsächlich gehasst hat zu schreiben? Hat sie das wirklich wortwörtlich so gemeint? Natürlich nicht, auch wenn ihr berühmtes Zitat immer wieder in diese Richtung fehlgedeutet wird. Wäre sie noch am Leben, würden einige Menschen sicher zu ihr sagen: »Hey, Dorothy Parker, wenn Sie das Schreiben so sehr hassen, dann hören Sie doch einfach auf damit.« Doch darum geht es nicht.

Ich interpretiere ihre kluge Aussage so, dass auch deine größte Leidenschaft nicht immer Spaß macht. Manchmal ist es einfach nur ein stupides, anstrengendes, zeit- und nervenaufwändiges Arbeiten voller Selbstzweifel, die dich an den Rand des Wahnsinns treiben. Da macht es keinen Unterschied, ob du ein Buch schreibst, einen Tisch baust, für eine Klausur lernst oder im Fitnessstudio an deinem Work-out-Plan trainierst. Auch deine größte Leidenschaft macht nicht immer Spaß, aber um Himmels willen, bleib dabei und gib nicht auf, weil der Lohn, es am Ende geschafft zu haben und an dieser Aufgabe gewachsen zu sein, so unendlich groß ist. Nur aus diesem Grund erwähne ich all die prominenten Namen und ihre Erfolgsgeschichten. Ich möchte, dass du weißt, dass auch sie es schwer hatten, dass auch sie für ihren Traum kämpfen mussten, dass auch sie deinen Kummer kennen. Bitte höre nicht auf all die selbsternannten Experten und Möchtegern-Gurus, die dir erklären wollen, dass dieser Weg immerzu leicht sei und man einfach nur an das Göttliche in sich glauben müsse. War der Weg, den Jesus für die Menschen gegangen ist, leicht? Das würde ja bedeuten, dass du, sobald eine Aufgabe schwierig wird oder sie dir punktuell keinen Spaß macht, sofort das Handtuch werfen und dir die nächste Leidenschaft suchen solltest. Wäre das wirklich wahr, würdest du niemals über den ersten Schritt hinwegkommen, du würdest niemals wachsen und niemals neue Stufen der Erkenntnis erlangen.

Manchmal ist der Weg des Glücks einfach nur harte Arbeit, durch die man sich quälen muss, um zu einem besseren Ort zu gelangen. Lass dich von deinen Gedanken nicht verunsichern. Schalte deinen Kopf aus und drücke dich nicht vor den schweren und gewaltigen Hürden, die jetzt vor dir liegen. Fang an und bleib dabei, lerne, werde besser und stärker und verfeinere dein Handwerk. Warum? Weil es sich lohnt. Weil das der Weg ist, der dich direkt zum Seelenfrieden führt.

Kurz mal nicht nachgedacht – zack – glücklich!

Ich kann mich noch gut an den Moment erinnern, als meine Freundin Andrea anrief und sagte: »Lars, ich muss dir was erzählen.«

»Leg los!«, antwortete ich.

»Also, ich warte hier in diesem Café auf meinen Cappuccino, da sehe ich ein lustiges Schild an der Wand, auf dem steht: ›Kurz mal nicht nachgedacht – zack – glücklich!‹ Wolltest du nicht dein neues Buch so nennen?«

Ich hatte gerade meinen Mund geöffnet, um auf ihre Frage zu antworten, da quasselte sie auch schon weiter: »Hmm, na egal. Auf jeden Fall ist an dem Spruch was Wahres dran, denke ich mir und tippe im nächsten Moment auch schon dem heißen Kerl vor mir mit den schönen braunen Haaren auf die Schulter – natürlich ohne darüber nachzudenken – und sage zu ihm: ›Siehst du das Schild da? Ich musste das gerade mal ausprobieren.‹ ›Was ausprobieren?‹, lächelt er zurück. ›Na, dich antippen‹, sage ich. Mein Herz hämmert wie verrückt. Und er: ›Und hat's was gebracht?‹ Und ich so: ›Ja, ich denke schon, also du weißt schon, ohne nachzudenken. Ja, man kann sagen: Jetzt gerade bin ich – zack – glücklich.‹ Und dann habe ich ihm meinen Namen gesagt, und er hat mir seinen gesagt, und wir haben Nummern getauscht. Ist das nicht grooooßartig? Das hätte ich ohne das Schild ja im Leben nicht gemacht.«

»Ich bin so stolz auf dich. Gut gemacht. Und wie ging's weiter?«

»Das ist ja das Problem«, antwortete Andrea. »Für ein paar Minuten, die zugegebenermaßen ziemlich aufregend waren, hat dieses Hochgefühl angehalten, aber dann, als mein Verstand wieder Schritt für Schritt in den Normalzustand umgeschaltet hat und meine beschissenen Probleme vor meinem geistigen Auge wieder sichtbar wurden, na ja, war das Glück ebenso schnell wieder verschwunden.«

»When reality kills all coffeehouse dreams!«

»Du sagst es, Mister Life Coach. Also, was rätst du mir? Und mach schnell, bin gleich im Parkhaus zum nächsten Meeting, das mich jetzt schon ankotzt. Und hier ist der Empfang auch immer so schlecht.«

»Ich rate dir das, was ich dir jedes Mal sage, und auch heute zitiere ich wieder den großartigen Wushu-Meister Jet Li: ›Du bringst dich um für einen Job, den du nicht liebst und für den du innerhalb einer Woche ersetzt werden würdest, solltest du heute tot umfallen.‹ Also, wenn du schon in Gedanken versinken willst, dann denk lieber mal darüber nach und pass ein bisschen besser auf dich auf. Du weißt ganz genau, was zu tun ist, doch solange du diese Entscheidung eben nicht triffst, werden die alten Gedanken immer wieder kommen und dich von innen auffressen. Aber vielleicht wachst du ja endlich auf, nachdem der Typ aus dem Kaffeeladen dich ordentlich gevögelt hat. Das wäre doch ein guter Start.«

»Wie, was? Hab nur Vögeln verstanden, hahaha. Muss weiter. Fuck, ich komme zu spät. Wir reden am Wochenende. Ciao, ciao, Kussi.«

Hör damit auf …

… montags schon an Freitag zu denken. Hör damit auf, auf den Sommer zu warten, auf jemanden, in den du dich verlieben kannst, auf das Glück, auf eine bessere Gelegenheit, ein besseres Leben. Hör damit auf, zu warten, dass dein Leben endlich beginnt! Dankbarkeit und ein Gefühl von Seelenfrieden treten in dem Moment ein, in dem du aufhörst, in der Zukunft nach etwas zu suchen, was nur im Jetzt zu finden ist. Ich sage dir, in einem Jahr wirst du dir wünschen, dass du heute angefangen hättest.

Natürlich bin ich unglaublich stolz auf Andrea, dass sie in dem Café der Magie des Augenblicks gefolgt ist, eben nicht nachgedacht hat und einfach mal was Verrücktes getan hat, ohne die möglichen Konsequenzen abzuwägen. Sie hat aus dem Bauch heraus entschieden und wurde sofort mit einem weiteren schönen Moment belohnt. Nur darauf kommt es an, ein Bewusstsein für jeden dieser Augenblicke zu entwickeln und sie wahrhaftig zu erleben. Erinnere dich an den Sternenhimmel voller Glücksmomente. Sammle sie ein und hänge sie an deinen eigenen Himmel. Oft sind es genau jene spontanen Aktionen, die uns am längsten im Gedächtnis bleiben und für die schönsten Erinnerungen sorgen. Wenn du etwas tust, um dem Leben zu huldigen, und nicht, weil du eine Gegenleistung erwartest, kannst du nur belohnt werden. Und wenn Andrea es jetzt noch schafft, ihren Job zu kündigen, der ihr seit Jahren Löcher in den Magen frisst, dann werden sogar noch mehr Glücksmomente ihren Weg kreuzen.

»Du hast leicht reden, du hast es ja geschafft!«

Sobald dir ein Satz wie dieser über die Lippen kommt, musst du wissen, dass dein Gehirn lediglich auf Abwehrmodus geschaltet hat. Es hat diese Schutzfunktion aktiviert, um dir das Gefühl zu geben, dass es okay ist, nicht zu handeln. Dein Verstand entwirft eine Ausrede, um dein eigenes Nichtstun für dich kurzfristig erträglicher zu gestalten. Es ist nur so, dass deine Situation dadurch kein bisschen besser wird.

Stell dir vor, du bist eine alleinerziehende Mutter, dein Konto ist ständig überzogen, du hast Sorgen und Zukunftsängste bis zum Abwinken, und ein junger Kerl, dessen Vater zu den reichsten Männern des Landes gehört, kommt zu dir und sagt:»Wenn du ein Problem hast, versuche es zu lösen. Kannst du es nicht lösen, dann mach kein Problem daraus.«

Sei ehrlich, mit welchen Gefühlen würdest du dieses *Rich Kid* angucken? Was würdest du ihm antworten? Oder wärst du so sauer und angefressen, dass es dir die Sprache verschlagen würde? Vielleicht würdest du denken:»Was erlaubt sich dieser Typ? Eine bodenlose Frechheit! Dieser Schnösel, der sein ganzes Leben in Reichtum verbracht hat, kann sich nicht mal ansatzweise vorstellen, in was für einer Situation ich stecke. *Der* will mir Lebensweisheiten mitgeben? Der soll erst mal ein paar Tage in meinen Schuhen gehen, damit er weiß, wovon er redet.«

Stell dir vor, er würde weiter mit dir reden und solche Sätze sagen wie:»Das Glück liegt in uns, nicht in den Dingen, die wir anhäufen«, oder:»Lerne loszulassen, das ist der Schlüssel zu einem zufriedenen Leben.« Seine Worte würden für dich in diesem Moment wahrscheinlich wie blanker Hohn klingen. Warum? Weil du nach wie vor in deinem Abwehrmodus feststeckst. Du hast seine Worte nicht mit neutralen Ohren gehört, sondern sie entsprechend deiner aktuellen Situation und seines gesellschaftlichen Status interpretiert.

Lass mich die Geschichte dieses superreichen und verwöhnten jungen Mannes noch einmal neu erzählen. Vielleicht kommt dann Bewegung hinein. Der Junge stammt aus einer alten und sehr einflussreichen Adelsfamilie. Sein Vater, einer der mächtigsten Männer des Landes, wünscht sich für seinen Sohn nur das Beste, weswegen er ihm verbietet, das riesige Anwesen zu verlassen, in dem er aufwächst. Da er glaubt, sein Sohn würde eines Tages einmal König des Landes und ein großer Heiliger werden, schickt er ihn nicht zur Schule, damit keine weltlichen

Einflüsse auf ihn einwirken können. Vor allem soll der Junge nicht das menschliche Elend zu Gesicht bekommen, das es überall auf der Welt gibt. Er soll in seinem goldenen Käfig bleiben und keinen Kontakt zu normalen Menschen bekommen, nicht zu Alten, nicht zu Armen, nicht zu alleinerziehenden Müttern, die täglich um ihr Überleben kämpfen. Im Alter von sechzehn Jahren heiratet der junge Mann und lebt für weitere dreizehn Jahre in dem großen Palast, in dem es ihm an nichts mangelt. Sein Herz ist zwar unglücklich, weil es dort keine innere Erfüllung findet, aber immerhin muss er nicht hungern und ist finanziell mehr als abgesichert. Er hat keine Sorgen, keine Verpflichtungen und wird von morgens bis abends bedient. Jeder Wunsch wird ihm von den Lippen abgelesen. Der junge Mann kennt es nicht anders. Mit neunundzwanzig Jahren, bald nach der Geburt seines ersten Sohnes, verlässt er jedoch sein vermeintlich sorgloses Leben, das er bis dahin geführt hat, und unternimmt auf eigene Faust Wanderungen durch die Umgebung seiner Heimat. Dabei sieht er sich erstmals mit der Realität des Lebens und dem Leiden der Menschheit konfrontiert: Armut, Krankheit, Schmerz, Tod. Er erkennt, dass finanzieller Wohlstand nicht der Schlüssel zum Glück ist und Reichtum nicht vor Leid schützt, und beschließt, als eine Art Wanderhippie für ein paar Jahre durch das Land zu ziehen, um Antworten auf seine Fragen zu finden.

Was denkst du jetzt über diesen jungen Mann? Vielleicht findest du seine Ambitionen ja tatsächlich ehrenwert, seine Absichten ehrlich und seine Worte hilfreich, aber kann es sein, dass die Stimme in deinem Kopf trotzdem zu dir sagt: »Schön und gut, aber er hat auch leicht reden. Er bleibt der Sohn des reichsten Mannes des Landes. Selbst wenn er ohne Geld durch die Gegend zieht, ihm bleibt sein Sicherheitsnetz, das ihn immer auffangen wird. Käme es hart auf hart, könnte er jederzeit zurück in den Palast seines reichen Vaters, und all seine Probleme wären wieder verschwunden. Diese Sicherheit habe ich nicht, deswegen kann dieser junge Mann auch unmöglich wissen, wie es Menschen wie mir geht. Wer hat schon solche Möglichkeiten? Es ist leicht, schön klingende Worte aufzusagen, wenn man nichts zu verlieren hat und die geballte Ladung an Macht, Reichtum und Einfluss hinter sich stehen hat.«

Der Name des jungen Mannes lautet übrigens Siddhartha Gautama, und er wurde im Jahr 563 vor Christus in Indien geboren. Du hast sicher schon von ihm gehört. Wenn die Menschen heute über ihn reden, nennen sie ihn Buddha, den »Erwachten«. Wie würdest du seine Geschichte jetzt, mit diesem Hintergrundwissen interpretieren? Was fühlst du nun, wenn du diese drei Sätze, die der Buddha wirklich gesagt hat, erneut liest:

> »*Wenn du ein Problem hast, versuche es zu lösen.*
> *Kannst du es nicht lösen, dann mache kein Problem*
> *daraus.*«
> »*Das Glück liegt in uns, nicht in den Dingen,*
> *die wir anhäufen.*«
> »*Lerne loszulassen, das ist der Schlüssel zu einem*
> *zufriedenen Leben.*«

Das einfache Leben in Demut und Zufriedenheit

Es gibt einen Grund, warum ich mich den großen spirituellen Meistern wie dem Buddha, dem Dalai Lama, Jesus, Yoda, Paramahansa Yogananda oder Maharishi Mahesh Yogi so verbunden fühle, auch wenn ich mich selbst nicht als religiös bezeichnen würde, obwohl ich an Gott glaube. Ich mag das einfache Leben, das diese Menschen repräsentieren, die Schlichtheit, die Reduktion auf das Wesentliche, ein Leben in Dankbarkeit, Demut und vollkommener Zufriedenheit, ohne etwas zu benötigen, was man nicht im Herzen mit sich trägt.

Ich habe kaum Besitztümer. In meiner Wohnung findest du ein Bett, einen Kleiderschrank, einen Schreibtisch, ein Sofa, Bücher, Schallplatten, zwei Plattenspieler und eine Espressomaschine. Das war's. Von einem berühmten Gangsterboss habe ich gelernt, dass man nichts Wichtiges besitzen solle, was man nicht innerhalb von fünf Minuten aus seiner Wohnung schaffen könne. Was ist schon wichtig? Gegenstände, die man für Geld kaufen kann, sind es sicher nicht.

Vor einigen Jahren, kurz bevor ich in diese Wohnung gezogen bin, habe ich bis auf die erwähnten Dinge alles an die Berliner Obdachlosenhilfe verschenkt. Was für ein befreiendes Gefühl. Ein einfaches Leben in Demut zu führen, so wie ich das interpretiere, bedeutet, wirklich nur das in sein Leben zu lassen, was einen Zweck erfüllt, damit stets genug Raum bleibt, um atmen zu können – räumlich wie geistig. Mehr Besitz anzuhäufen, um damit seine innere Leere zu überspielen, führt auf keinen Fall zu mehr Glück. Es ist auch nicht der am glücklichsten, der am meisten hat, sondern der, der am wenigsten braucht. Es geht darum, wieder Freude an den vermeintlich kleinen Dingen des

Lebens zu finden, die Stille zu beobachten und den Augenblick zu würdigen.

Die Glücks-Challenge: Einen Tag Fröhlichkeit

Wie wäre es hiermit: Verbanne für die nächsten vierundzwanzig Stunden jegliche Form von Kritik, Beschwerde oder Vergleich aus deinem Wortschatz und beobachte, wie du dich fühlst und wie sich dabei die Welt um dich herum verändert. Achte auf deine Wahrnehmung, sei ganz ruhig und präsent und achtsam. Nimm dich für einen Tag etwas zurück und nimm eher die Rolle des Beobachters denn die des Machers ein.

So funktioniert die Challenge: Wenn du dich beklagst (weswegen auch immer), wenn du dich genervt fühlst (weswegen auch immer) oder wenn du deinen Frust, deine Wut, deine innere Unausgeglichenheit an anderen Menschen auslässt (weswegen auch immer), musst du auf der Stelle der Person, mit der du sprichst und die deine Aggression auslöst, eine Ein-Euro-Münze schenken. Wenn du dich via Telefon oder über das Internet beschwerst (in welcher Form auch immer) und sich niemand in deiner unmittelbaren Nähe befindet, musst du der ersten Person, die du siehst, wenn du aus deiner Wohnung trittst, den Euro schenken. Du kannst auch warten, bis du dem ersten Menschen ohne Obdach begegnest, und ihm das Geldstück überreichen, dann erhöht sich der Betrag allerdings auf zwei Euro (ich bevorzuge die letztere Variante, aber es ist dir überlassen). Wenn du morgen früh mit der Challenge beginnst, bereite dich heute schon vor, indem du dir zehn Ein-Euro-Münzen besorgst, die du an dem Tag bei dir trägst, zum Beispiel in der Hosen- oder Jackentasche, in einem kleinen Beutel oder in deiner Handtasche. Dein Ziel besteht darin, am Ende des Tages mindestens noch eine der zehn Münzen übrig zu haben.

Vielleicht fragst du dich, was das bringen soll? Wir machen diese Übung nicht aus dem Grund, dass sich durch das Klagelied, das wir immer wieder anstimmen, wichtige Menschen von uns abwenden, sondern um diese Energie ab sofort in die richtige Richtung zu leiten. Eine Situation wird nämlich niemals besser, wenn man sich über sie beklagt. Im Gegenteil, durch Jammerei kommt man direkt vom Regen in die Traufe. Jede Art der Beschwerde – über eine Situation, über sich selbst oder über andere Menschen, ist in Wahrheit ein versteckter Wunsch, der sich als Frust äußert. Dabei gibt es zwei Sorten von Wünschen: jene, die sich dank deines aktiven Zutuns erfüllen können, und jene, auf die du keinerlei Einfluss hast. Bei der ersten Sorte kannst du deinen Wunsch sofort durch eine bestimmte Handlung herbeiführen, meistens durch eine Bitte. Wenn du dich zum Beispiel über die schlechte Bedienung im Restaurant aufregst, lautet dein Wunsch: Ich wünschte, ich hätte eine bessere Bedienung. Diesen Wunsch kannst du sofort einleiten, indem du aktiv handelst, freundlich mit der Bedienung sprichst und sie auf die Situation hinweist. Du kannst auch den Tisch wechseln, weil für diesen Bereich eine andere Bedienung zuständig ist, oder aufstehen und in das Restaurant auf der anderen Straßenseite gehen. Ich bin mir sicher, du hast das Prinzip verstanden.

Frust steigt erst dann in dir auf, wenn du regungslos sitzen bleibst, nichts unternimmst, nicht in Aktion trittst, deine Gedanken in dich hineinfrisst und die Situation selbstvorwurfsvoll hinnimmst. Du fühlst dich ungerecht behandelt und blubberst Wörter wie »Frechheit« und »Sauerei« und »Drecksladen« vor dich her. Deine innere Stimme kramt ihre alten Glaubenssätze heraus und bläst zum Angriff: »Das passiert immer nur dir, weil du ein Versager bist, ein Verlierer, ein ewiger Loser! Du kannst nichts und wirst es nie zu etwas bringen. Das Leben ist schwer und ungerecht, und du wirst niemals auf der Sonnenseite stehen. Siehst du, nicht einmal in einem Restaurant wirst du beachtet.« Warst du vor dem Restaurantbesuch noch im Zustand der Leichtigkeit, haben deine negativen Glaubenssätze die Situation mit der Kellnerin so gedeutet, dass sie dich als Schuldigen ausgemacht haben. Deine Gedanken haben einen persönlichen Bezug hergestellt, damit du dich mit ihnen identifizierst und dich schlecht fühlst. Du sitzt nun in diesem Restaurant, kochst vor Wut, deine negativen Glaubenssätze werfen immer mehr Brennholz ins Feuer, und um dir Luft zu machen, passiert was? Du beschwerst dich! Doch solche Beschwerden funktionieren lediglich wie Kopfschmerztabletten. Sie versprechen eine kurzfristige Milderung der Schmerzen, die dein Ego durch deine Wutexplosion auch bekommt, aber das Kernproblem, die Wurzel des Schmerzes, ist noch immer vorhanden.

> »Was immer wir hören, ist eine Meinung, kein Fakt.
> Was immer wir sehen, ist eine Perspektive, nicht die
> Wahrheit.«
>
> MARCUS AURELIUS

Wenn du während der Challenge Situationen wie diese nicht persönlich nimmst und keinen Bezug zu dir konstruierst, sondern freundlich, besonnen und ruhig reagierst, wirst du keinen Grund mehr haben, dich zu beklagen. Erinnere dich an die sieben Atemzüge des Samurai! Selbst wenn deine freundliche Bitte im Restaurant kein Gehör findet, weil die Bedienung vielleicht einen schlechten Tag oder Liebeskummer hat, in Gedanken bei ihrem kranken Kind oder einfach kein netter Mensch ist, kannst du die Situation innerhalb von sieben Atemzügen neu betrachten, und zwar ohne jeglichen persönlichen Bezug zu dir. Schon ist der anfängliche Rauch verzogen und dein innerer Frieden wiederhergestellt. Eine schnelle und effektive Handlung kostet dich weit weniger Energie, bringt sofortige Ergebnisse, und du musst deine kostbare Lebenszeit nicht mehr mit schlechten Gedanken verbringen.

Und dann sind da noch jene Klagen, die eigentlich getarnte Wünsche sind, über die du keine Kontrolle besitzt, zum Beispiel das schlechte Wetter. Dazu sage ich dir jetzt etwas, wovon ich einfach mal ausgehe: Du bist schlau genug, um zu erkennen, dass dich diese Art zu leben niemals weiterbringen wird. Oder hast du jemals erlebt, dass die Sonne plötzlich am Himmel erschien, nur weil du minutenlang am Schimpfen warst? Wenn du also an der Situation absolut nichts ändern kannst, weil sie nicht zu ändern ist, ändere deine Gedanken. Das hat schon der Buddha gesagt. Akzeptiere die Situation, wie sie ist, ohne in die Beurteilung zu gehen. Um tatsächlich einen spürbaren Effekt zu erzielen, solltest du deinem inneren Seelenfrieden wieder einen höheren Stellenwert einräumen. Denke immer daran: Sobald du den Wunsch verspürst, dich zu beklagen, ist das lediglich ein Warnsignal dafür, dass du dein Leben nicht im Griff hast. Falls du also bereit für diese kleine Übung bist, die deine langfristige Lebensqualität deutlich steigern wird, kannst du gleich morgen früh damit beginnen. Ich verspreche dir, dass vierundzwanzig äußerst ereignisreiche Stunden auf dich zukommen werden. Nutze die Taktik des Samurai, um einen Raum zu schaffen zwischen dem, was passiert, und der Art und Weise, wie du darauf reagierst. In diesem kurzen Zeitfenster der Leere steckt die Lösung. Dort wirst du über deine Zukunft entscheiden.

Ich glaube an die Kraft der Stille

Im Beobachten und Zuhören liegt eine besondere Magie, weswegen ich in großen Runden auch selten der Wortführer bin. Das Alphatier-Gehabe überlasse ich gerne anderen. Ich rede nie sehr viel, aber wenn ich etwas sage, mache ich das sehr bewusst, bin dabei entschlossen und so klar wie möglich. Oft höre ich Sätze wie: »Du bist so still! Ist alles okay mit dir?« In diesen Augenblicken muss ich innerlich oft schmunzeln, weil Stille von vielen Menschen als Schwäche ausgelegt wird, dabei ist es das Gegenteil. Ich habe dafür ein Mindset, das ich an dieser Stelle gerne mit dir teile:

Ich rede niemals schlecht über andere und beteilige mich nicht an Klatsch und Tratsch. Unsere Welt im Großen und meine Welt im Kleinen wird dadurch weder besser noch schöner, also lasse ich es.

Die Stille hingegen, die ich selbst in mir erschaffe, ist wunderschön. Smalltalk langweilt mich. Ich habe kein schlechtes Gewissen, wenn ich mich nicht daran beteilige, denn ich weiß: Nur weil alle es tun, heißt das nicht, dass ich es auch tun muss. Ich werde nichts Belangloses sagen, nur um die Stille zu überlagern. Auch wenn ich still bin, fühle ich mich der Gesellschaft absolut zugewandt und habe stets ein offenes Ohr. Ich muss nicht laut sein, nur weil so viele es sind. Ich beschäftige mich mehr mit meiner inneren Welt als mit der Welt im Außen. Das bedeutet jedoch nicht, dass mir meine Mitmenschen egal sind. Es bedeutet, dass ich meinen Seelenfrieden gefunden habe. Zuhören heißt lieben.

Still, ausgeglichen und ruhig zu sein bedeutet auch, ein besserer Zuhörer zu sein. Es erlaubt dir, ganz bei dir zu sein, und schafft somit neuen Raum für Kreativität, Wachstum und Erkenntnis. Wenn du permanent redest – Selbstgespräche eingeschlossen –, verbrauchst du viel zu viel Energie und gibst dir nicht die Stille, die dein Gehirn braucht, um bestmöglich arbeiten zu können. Stille bedeutet Regeneration. Ich habe viele Jahre meines Lebens unter verschiedenen Formen von Unsicherheiten gelitten, und um diese zu überspielen, habe ich oft unsinnige Dinge gesagt, getan, geschrieben. Warum? Um zu gefallen, um Eindruck zu schinden, um meine Schwächen zu kaschieren und irgendwo dazuzugehören. Heute liebe ich diese Momente, in denen ich still auf einer Bank sitze, die Welt um mich herum beobachte und über das Leben nachdenke. Es ist ziemlich einfach, negative Gefühle zu haben, zu jammern, zu klagen, zu bewerten und großspurig Wörter hinauszuposaunen, die andere verletzen, anstatt sie zu heilen. Wir sind permanent damit beschäftigt, uns selbst und andere Menschen zu verurteilen, dabei könnten wir diese Zeit ebenso nutzen, um die Dinge einfach nur zuzulassen – so wie sie sind, ohne Interpretation, ohne Urteil, ohne Schuldzuweisungen.

Wenn du die Challenge ernst nimmst und in den sieben Atemzügen des Samurai die Stille entdeckst, wirst du schon sehr bald die dunkle Gewitterwolke an Negativität los, die wie ein Damoklesschwert über deinem Verstand schwebt. Es wird funktionieren, aber es wird schwerer werden, als du glaubst, denn du wirst wieder jene Stimmen hören, die vorher durch den Lärm deiner Umgebung überlagert wurden. Dadurch, dass du nun Raum schaffst, werden Themen aus deinem Unterbewussten wie Blubberbläschen an die Oberfläche kommen, die vielleicht jahrelang vergraben waren. Es wird eine Herausforderung, und sie wird dich positiv verändern, weil du alte, eingefahrene Denkmuster, die dich jahrelang blockiert haben, plötzlich aktiv erkennst. Schon nach einem Tag wirst du gewachsen sein. Ich bin gespannt, wie viele Münzen du am Ende der Challenge übrig haben wirst. Wer weiß, vielleicht machst du nach dem ersten Tag ja einfach weiter?

Weg mit deinen Sorgen! It´s all good

Während eines Seminars in Berlin habe ich mit den Teilnehmern einen einfachen Versuch durchgeführt, von dem ich gelesen hatte. Ich fand seine Bildsprache derart hilfreich, dass ich es selbst ausprobieren wollte. Ich nahm also ein Glas in die Hand, füllte es zur Hälfte mit Wasser und hielt es demonstrativ in die Luft.

»Was glaubt ihr, werde ich euch gleich fragen?«, sagte ich. »Ein kleiner Tipp: Es ist nicht, was ihr denkt.«

»Aber was denken wir denn?«, lachte Melanie, und Yvonne wiederholte ihre Frage: »Ja genau, was denken wir denn?«

299

Ich hielt das Glas mit dem Wasser vor mein Gesicht und sagte: »Ich wette, euer erster Gedanke hatte etwas mit den Wörtern ›halbvoll‹ und ›halbleer‹ zu tun. Könnte das stimmen? Aber darum geht es jetzt nicht. Die Frage, die ich euch gerne stellen möchte, lautet: Wie schwer ist dieses Glas Wasser?«

Ich hob es noch einmal in die Luft, damit es alle gut sehen konnten. Die Antworten variierten zwischen hundertfünfzig Gramm (»Echt, sooo leicht?«) und neunhundert Gramm (»Was, sooo schwer?«).

»Das objektive Gewicht des Wasserglases spielt keine Rolle«, erzählte ich weiter, »ob dreihundert, fünfhundert oder neunhundert Gramm – völlig egal. Ich weiß es selbst nicht. Es kommt einzig und allein darauf an, wie lange ich das Glas in meiner Hand halte. Halte ich es nur eine Minute in die Luft, ist es ganz leicht und kein Problem. Halte ich es eine Stunde in die Luft, wird mein Arm anfangen wehzutun. Halte ich es den ganzen Tag in die Luft, wird mein Arm irgendwann taub, und die Schmerzen werden von meinem Arm durch meinen ganzen Körper wandern und mich irgendwann völlig außer Gefecht setzen. Ob eine Minute, eine Stunde oder einen Tag, das Gewicht des Wasserglases bleibt immer gleich. Aber je länger ich es halte, desto schwerer wird es. Genauso verhält es sich mit unseren Sorgen und Ängsten. All die negativen Gedanken, die unser tägliches Stresslevel in die Höhe treiben, verhalten sich im Prinzip wie dieses Glas Wasser. Denkst du nur ganz kurz an deine Sorgen, passiert nicht viel. Denkst du etwas länger an sie, fangen sie schon langsam an, dir Kopfschmerzen zu bereiten. Denkst du schließlich den ganzen Tag an nichts anderes als an deine Sorgen, wirst du dich wie gelähmt fühlen und nichts mehr auf die Reihe bekommen. Dann heißt es *Game Over,* und deine Sorgen haben die Kontrolle über dein Leben übernommen. Um das zu verhindern, müssen wir dieses Glas, das sich in all unseren Köpfen befindet, in regelmäßigen Abständen ausleeren. Und genau dafür gibt es ein lang erprobtes Mittel.«

Denken, denken, denken!

Das Ziel von Meditation besteht nicht darin, deine Gedanken zu kontrollieren, sondern sie davon abzuhalten, dich zu kontrollieren. Denkt man über diesen Satz genauer nach, scheint es eine unlösbare Aufgabe zu sein, denn so gut wie alles, was wir jemals gemacht haben, war Denken. Wir glauben zwar, dass wir leben, aber die meiste Zeit unseres Lebens sind wir nicht mit Erleben, sondern mit Denken beschäftigt. Der größte Teil unserer Erfahrungen basiert auf dem, was wir denken. Schon Albert Einstein hat erkannt, dass die Welt, so wie wir sie geschaffen haben, nur ein Ablauf unserer Gedanken ist und dass wir sie nicht verändern können, solange wir nicht unsere Art des Denkens verändern. Aber selbst wenn wir neue Gedanken zuließen, würden wir immer noch denken.

Einen interessanten Ansatz habe ich bei Banksy gefunden, dem berühmtesten Street-Art-Künstler der Welt, der gesagt hat: »Dein Verstand arbeitet am besten, wenn du paranoid bist. In diesem Zustand erkunden deine Gedanken in Höchstgeschwindigkeit jeden möglichen Ausgang einer Situation und alles bei völliger geistiger Klarheit.« In der Theorie klingt das gut: Eine neue Situation tritt in dein Leben, du schließt deine Augen, öffnest all deine Gedankenkanäle, kreierst in jedem ein mögliches Zukunftsszenario und welches dir am besten gefällt, das nimmst du einfach. In der Praxis sähe das jedoch so aus: Systemüberlastung und maximale mentale Überforderung. Erstens sind wir keine Roboter und zweitens keine Hellseher. Wird unser Gehirn mit zu vielen Informationen gefüttert, beginnt sich das Glas in unserem Kopf so lange mit Wasser zu füllen, bis es überschwappt und zu einem Kurzschluss führt.

»Ich muss kurz an die frische Luft, mein Kopf beginnt schon zu rauchen.« Kommt dir dieser Satz bekannt vor? Alles fühlt sich plötzlich schwer an, und anstatt eine Entscheidung zu treffen, wird oft gar nichts mehr entschieden. Anstatt das Glas in unserem Kopf zu leeren, stellen wir viel zu oft einfach ein neues daneben. Wir machen das so lange, bis der Boden, auf dem all die vollen Gläser stehen, das Gewicht nicht mehr tragen kann und in sich einstürzt. Dann rufen wir einen Arzt, der das Chaos in unserem Kopf wieder ordnen soll, und beginnen, sobald wir wieder auf den Beinen sind, neue Wassergläser anzuhäufen.

Das Problem dabei ist, dass wir glauben, diese Art zu leben sei völlig normal. Unser heutiges Stressniveau entspricht dem von Menschen, die vor einhundert Jahren als psychisch labil eingestuft worden wären. Unter Stress zu leiden wird in vielen Bereichen unserer Gesellschaft als zwingender Erfolgsfaktor gewertet, und mentale Erschöpfung wird oftmals als eine Art Messlatte für Produktivität fehlgedeutet. Nach dem Motto: Wer im Leben etwas erreichen will, muss sich behaupten und diesen Stress aushalten können.

Doch stell dir vor, in unseren Schulen würde ein neues System eingeführt werden: Lehrer würden den Fokus nicht auf ihren statischen Lehrplan legen, sondern darauf, den Kindern individuell zu helfen, ihre eigenen Stärken und persönlichen Interessen zu erkennen. Die Kinder dürften sich ausprobieren, Experimente durchführen und sich in einem Umfeld bewegen, das sie darin bestärkt, ihre wahren Talente herauszufinden. Stell dir vor, es gäbe ein Fach mit dem Namen »Meditation und die Kraft der

Gedanken«, in dem sie alles über Visualisierung, Glaubenssätze und Meditationstechniken erfahren würden. Stell dir vor, unsere Kinder würden verstehen, dass ihr tägliches Schulprogramm nur dazu dient, herauszufinden, welche Art von Arbeit sie glücklich machen könnte und wie sie dadurch der Gesellschaft bestmöglich dienen könnten. Stell dir vor, die Schulzeit würde somit nicht mehr als Last, sondern als Geschenk wahrgenommen werden. Nach zehn oder zwölf Jahren wären die Fähigkeiten der jungen Menschen kontinuierlich verbessert worden, sodass sie nach Beendigung der offiziellen Schulzeit optimal auf das Leben vorbereitet wären.

Doch leider werden die meisten Kinder immer noch in einen Topf geworfen, bekommen nach wie vor die gleichen Aufgaben gestellt und stehen nach ihrem Abschluss oftmals völlig verunsichert da und haben keine Ahnung, was sie jetzt tun sollen. All das finden wir normal. Wir wachsen mit einem Mindset der permanenten Selbstoptimierung auf und geben dieses groteske Verhalten als Blueprint auch noch an die nächste Generation weiter. Die Last in unseren Köpfen wird schwerer und schwerer, der Stress größer und erdrückender, bis wir das Gewicht des Lebens nicht mehr aushalten und kaum mehr die Kraft haben, nur einen einzigen Schritt zu gehen. Du glaubst, dass es der Schmerz in deinem Herzen ist, der dich davon abhält, etwas zu verändern, aufzustehen und loszufliegen, aber in Wahrheit sind es nur die Beschränkungen deiner eigenen Gedanken, die dich daran hindern, deinen Geist zu öffnen. Erinnere dich an Einsteins Worte:

> »Wir können unsere Probleme nicht mit der gleichen Denkweise lösen, die sie geschaffen hat.«

Wir haben alle eine Vorstellung von unserem Leben. Wir denken uns das Leben aus, das wir gerne führen wollen, geben uns auch Mühe, um dieser Vorstellung gerecht zu werden, aber unsere Realität sieht meistens anders aus. Wir denken gut, aber wir fühlen uns schlecht. Wir denken das Beste, aber wir fühlen uns als Verlierer. Wir denken groß, aber wir fühlen uns klein. Oft wird uns gesagt, dass wir noch mehr nachdenken sollen, wenn wir doch eigentlich mehr fühlen sollten. Und hier ist das Problem: Wir fühlen nur, wenn wir aufhören, unsere Gedanken zu interpretieren, wenn wir die Stille wieder zulassen. Genau das bedeutet für mich Meditation: Die Stille zulassen und einfach sein. Ohne Wertung. Ohne Erwartung. Ohne Druck. Ohne Ziel. Ohne Ergebnis. Meditation ist nichts anderes als ein Hilfsmittel, um sich von seinen eigenen Gedanken nicht auffressen zu lassen. Ein Zustand des Zen.

Meditation ist kein Hippie-Unsinn

Wenn dir jemand ein tolles Kompliment macht oder sich zufällig für dich entscheidet oder dich zum Beispiel beim Autofahren in die Spur lässt, dann vermute ich mal, dass du diesen Umstand gerne akzeptierst und nicht weiter darüber nachdenkst, richtig? Du hast zwar nichts dazu beigetragen, um diese schöne Geste zu verdienen, aber hey, dieser Mensch sieht vielleicht etwas in dir und ist höflich und nett. Wenn du jedoch aus heiterem Himmel beleidigt oder zu hart kritisiert wirst, dir jemand beim Autofahren den Weg abschneidet oder dir vor der Nase den letzten freien Parkplatz wegschnappt, dann vermute ich, dass dieses Verhalten für dich völlig inakzeptabel ist. Eine kleine Aktion wie diese reicht schon aus, um dir die gute Stimmung zu ruinieren.

Gefühle von Frust, Ärger, Wut und Rache steigen in dir auf, und du schimpfst lautstark vor dich hin, obwohl dich im Auto niemand hören kann. Wenn dir also ohne dein Zutun etwas Gutes widerfährt, nimmst du es stillschweigend zur Kenntnis und lebst dein Leben weiter. Passiert dir in der gleichen Situation das Gegenteil, nimmst du es persönlich und beginnst zu fluchen. Fühlt sich das nicht irgendwie unausgewogen an?

> »Durch Meditation wirst du feststellen, dass du kein kontinuierlicher Fluss an Gedanken bist. Du bist der Zeuge und Beobachter deiner Gedanken.«
>
> RUSSELL BRAND

In der Meditation lernst du nun, Abstand zu deinen Gedanken zu nehmen. Es geht darum, die Beziehung zwischen dir, deinen Gedanken und deinen Reaktionen zu ändern und zu erkennen, dass du die absolute Kontrolle darüber besitzt, wohin du deine Aufmerksamkeit lenkst. Es geht darum zu verstehen, dass Gefühle keine Fakten sind, keine Beweise, keine unwiderlegbaren Tatsachen. Der weltberühmte österreichische Neurologe und Psychiater Viktor Frankl hat es auf den Punkt gebracht: »Zwischen Reiz und Reaktion liegt ein Raum. In diesem Raum haben wir die Macht, über unsere Reaktion zu entscheiden. In unserer Reaktion liegt unser Wachstum und unsere Freiheit.«

Durch die tägliche Meditation schaffen wir ein Bewusstsein dafür, dass es in unserer eigenen Hand liegt, inwiefern wir dem Autofahrer, der uns den Weg abgeschnitten hat, erlauben, die Kontrolle über unsere Gefühle zu erlangen. Es kann auf eine interessante Art sogar beruhigend sein, in diesen Augenblicken innerlich auf Pause zu drücken, sich an die sieben Atemzüge des Samurai zu erinnern, den aufkommenden Ärger kurz zu beobachten und wieder zu verabschieden. Wir lernen wenig, wenn wir unsere spontanen Reaktionen immer für bare Münze nehmen, aber sehr viel, wenn wir erkennen, dass diese neue Situation lediglich etwas in uns ausgelöst hat, was viel tiefer sitzt. Der Autofahrer, der uns vielleicht den Mittelfinger gezeigt hat, ist uns in Wahrheit nämlich völlig egal. Unser allgemeines Stresslevel ist aber derart hoch, dass Belanglosigkeiten dieser Art oft schon ausreichen, um eine negative Reaktion in uns hervorzurufen.

Wir laufen gedankenversunken durchs Leben, grübeln über die Vergangenheit nach oder machen uns Sorgen um die Zukunft. In der Gegenwart jedoch sind wir nur sehr selten. Wenn man bedenkt, was das bedeutetet, kommt man zu dem schockierenden Ergebnis, dass wir den Großteil unseres Lebens in einem Zustand von Angst verbringen. Aus diesem Grund ist Meditation so hilfreich, weil sie es uns ermöglicht, diese ungesunden und lähmenden Gedanken an uns vorbeiziehen zu lassen. Nur wenn wir uns ganz im Jetzt befinden und uns mit dem gegenwärtigen Augenblick verbinden, erhalten wir Zugang zu dem Bewusstsein, *dass wir sind*. Nicht mehr, nicht weniger. Keine Schuld. Kein Stress. Kein Verlangen. Keine Probleme. All das existiert nur außerhalb des Jetzt.

Vielleicht bist du immer noch skeptisch und glaubst nicht daran, dass Meditation einen positiven Einfluss auf dein Leben haben kann. Das ist okay. Mir ging es ja selbst lange Zeit nicht anders. Mit Glauben hat das ohnehin nichts zu tun. Meditation ist kein Hippie-Unsinn, kein esoterischer Hokuspokus. Du musst dabei keine Wasserfallmusik hören und keine Räucherstäbchen anzünden. Du musst dir keine Yogamatte kaufen und auch nicht damit anfangen, dich vegan zu ernähren oder deinen Rotwein durch Yogitee zu ersetzen. Du musst – und das ist sogar die wichtigste Botschaft von allen – rein gar nichts, aber du kannst, wenn du willst.

Zugegeben, ich weiß noch nicht sehr viel über das Leben. Was ich in den letzten vierzig Jahren jedoch gelernt habe, ist, dass sich das Leben ständig neu formiert. Umstände, Gefühle, Meinungen – alles muss permanent nachjustiert werden, und das ist gut so, denn das bedeutet nur, dass wir in unserer Persönlichkeit wachsen, lernen und reifer werden.

> »*Meditation ist ein lebenslanges Geschenk. Es ist etwas, auf das du jederzeit zurückgreifen kannst.*«
> PAUL MCCARTNEY

Als unser Film »Dieses bescheuerte Herz« im Jahr 2017 kurz vor Weihnachten in die Kinos kam, war ich am Höhepunkt meiner bisherigen Karriere angelangt. Für all die Jahre, die ich vorher dafür gekämpft hatte, wurde ich auf einmal belohnt. Das Durchhalten, das Warten, das Träumen, die schlaflosen Nächte. Plötzlich ergab alles einen Sinn. Der Moment, auf den ich so lange hingefiebert hatte, wurde nun tatsächlich Realität – und anstatt es mit jeder Pore meines Körpers genießen zu können, brach ich zusammen. Ich hatte mich mental und körperlich derart verausgabt, dass meine Energiereserven völlig aufgebraucht waren. Ich weiß nicht warum, aber mein System der automatischen Nachjustierung hatte versagt. Ich stand so unter Strom, dass ich fast ein Jahr lang meine Meditationsroutinen vergessen hatte. Ich dachte schon daran, aber ich machte es einfach nicht. Mein Kopf war zu voll, um gute und vor allem gesunde Entscheidungen zu treffen. Ich konnte nachts nicht mehr schlafen, hatte Schweißausbrüche, Schwindelanfälle, Kopfschmerzen, Panikattacken und das konstant zermürbende Gefühl, nicht mehr atmen zu können. Ich glaubte ernsthaft, jeden Moment würde mein Herz stehenbleiben. Über den roten Teppich der Filmpremiere schaffte ich es nur mit starken Schmerzmitteln. Mein System lief auf Notstrom. Obwohl ich mich zu dem Zeitpunkt schon über ein Jahrzehnt auf dem spirituellen Weg befand, hatte ich kurzfristig die Kontrolle verloren und dabei eine wichtige, wenn auch schmerzhafte Lektion gelernt: Dein Geist kann noch so stark sein, wenn dein Körper nicht mitspielt, wirst du in deinem Leben nicht sehr weit kommen.

Ich erinnerte mich an die Technik der Transzendentalen Meditation, von der mir mein Mentor schon unzählige Male berichtet hatte, meldete mich sogar zu einem Workshop an und fing wieder damit an. Morgens zwanzig Minuten, abends zwanzig Minuten. Das Ergebnis war erstaunlich. Innerhalb eines Tages waren alle Symptome verschwunden. Die Harmonie war wiederhergestellt. Nach nur einem Tag!

Jeder von uns benötigt von Zeit zu Zeit einen Wegweiser, einen Menschen, der uns an die Hand nimmt und durch schwere Zeiten führt. Als ich noch ein Kind war und im Verein Basketball gespielt habe, sagte mal jemand zu mir, als es darum ging, seinem Trainer zuzuhören: »Sogar Michael Jordan, der Beste aller Zeiten, hat einen Coach.« Dieser Satz hat mich schon damals sehr beeindruckt, weil er eine universelle Wahrheit ausdrückt: Niemand ist perfekt. Jeder braucht Hilfe, auch die Besten der Besten. Weißt du, was verrückt ist? Michael Jordan meditiert. Sein Coach von damals, der legendäre Phil Jackson, der mit insgesamt elf gewonnenen Meisterschaften der erfolgreichste Coach der NBA-Geschichte ist, meditiert. Kobe Bryant, der in Michael Jordans Fußstapfen als bester aktiver Basketballspieler der Welt getreten ist, meditiert. Und LeBron James, der diesen Titel wiederum von Kobe Bryant übernommen hat und aktuell vielleicht der weltweit populärste Sportler ist, meditiert ebenfalls.

Es ist kein Zufall, dass die erfolgreichsten Menschen der Welt, Spitzensportler, Rockstars und Topmanager die Transzendentale Meditation als nicht verhandelbare Routine in ihren Tagesablauf integriert haben: Arianna Huffington, Lady Gaga, Stella McCartney, Oprah Winfrey, Gwyneth Paltrow, Jim Carrey, Katy Perry, um nur ein paar Namen zu nennen, die du sicher kennst. Meditation hilft, Stress abzubauen, den Fokus zu verbessern und die Angst zu lindern, die mit Drucksituationen einhergeht, ob auf dem Spielfeld, in der Schule, im Beruf oder zu Hause. Russell Brand fing mit Transzendentaler Meditation an, um seine Drogensucht zu überwinden, Ellen DeGeneres suchte nach einem Weg, um ihre Schlafstörungen loszuwerden, Hugh Jackman ließ seinen Sohn darin unterrichten, da dieser unter starken Angststörungen litt, und Ray Dalio, der den größten Hedgefond der Welt managt, sagte einmal: »Die Transzendentale Meditation ist der einzige Grund für meine vierzigjährige Erfolgsgeschichte.« Aus eigener Erfahrung weiß ich, wovon all diese prominenten Menschen reden, und ich kann dir nur empfehlen, speziell diese Form der Meditation selbst einmal auszuprobieren.

TM (die Abkürzung für Transzendentale Meditation) ist eine supereinfach durchzuführende mentale Technik, die es unserem Geist erlaubt, von der Oberfläche des Alltagsbewusstseins in immer feinere Ebenen des Denkens einzutauchen, bis wir schließlich die feinste Ebene der Gedankenaktivität überschreiten, transzendieren – daher der Name – und in einen Bereich vollkommener Stille und Unbegrenztheit jenseits der Gedanken kommen. Was wir dort erfahren, ist der einfachste und grundlegendste Zustand unseres menschlichen Bewusstseins. Es erfordert keinerlei Anstrengung und erfolgt absolut mühelos.

Die TM-Technik

Du sitzt in einer bequemen aufrechten Position, schließt deine Augen und wiederholst in Stille dein persönliches Mantra. Es ist ganz einfach, und du kannst es überall praktizieren – zu Hause auf dem Sofa, im Bus, im Flugzeug, in der Mittagspause. Du musst an nichts glauben, keiner bestimmten Religion angehören und in keine Sekte eintreten. Transzendentale Meditation ist eine Technik. Nicht mehr und nicht weniger, wobei ich die Zeit, in der ich meditiere, fast schon wie Urlaub empfinde, wie einen magischen Ort des puren Friedens. Zu wissen, dass ich zweimal am Tag meine Augen schließen und auf diese Insel der Stille reisen kann, die in mir existiert, gibt mir enorm viel Kraft.

Jerry Seinfeld ist einer der bekanntesten Comedians der Welt. Vielleicht ist er sogar der witzigste. Mit einem Privatvermögen von knapp einer Milliarde Dollar ist er aber ganz sicher der erfolgreichste. Ich bin mit seiner Sitcom »Seinfeld«, die von 1989 bis 1998 weltweit im Fernsehen lief, aufgewachsen, und auch heute noch liebe ich seinen trockenen Humor. Sein Name steht definitiv auf der Liste von Menschen, mit denen ich gerne mal eine Spritztour unternehmen und einen Kaffee trinken würde. Jerry begann 1972 mit TM, im Alter von achtzehn. In dem Buch *Strength in Stillness* von Bob Roth erzählt er dazu folgende Geschichte: »Ich begann also diese Fernsehserie, in der ich gleichzeitig Hauptdarsteller, Executive Producer und verantwortlicher Autor war. Zusätzlich führte ich alle Castings durch und saß bei zweiundzwanzig bis vierundzwanzig Folgen pro Staffel im

Schneiderraum. Neun Jahre lang! Das ist eine Menge Arbeit, und ich bin ehrlich gesagt nur ein Durchschnittstyp. Also, da ist dieser normale Typ in einer Situation, die alles andere als normal war. Jeden Tag, während die anderen zu Mittag aßen, meditierte ich. So habe ich die neun Jahre überlebt. Diese zwanzig Minuten TM in der Mittagspause haben mich gerettet.«

Wenn ich gefragt werde, wie sich diese Form der Meditation anfühlt, dann kann ich darauf keine richtige Antwort geben, denn es fühlt sich eigentlich nach gar nichts an. Es ist wie ein Licht, das zu mir zurückkehrt. Manchmal stelle ich mir vor, ein Superheld zu sein und dass die Meditation mir hilft, meine innere Sonne, aus der all meine Kräfte entspringen, zum Leuchten zu bringen. Es ist ein wunderschönes Gefühl von grenzenloser Freiheit und das Gegenteil von Hilflosigkeit. Melanie aus dem Seminar hat mir ein paar Wochen später folgende Nachricht geschickt:

Ich habe gelernt, in schwierigen Situationen im Augenblick zu verweilen, im Jetzt zu bleiben, einen Schritt zurückzutreten, meine Gedanken zu beobachten, sie tatsächlich als »Gedanken« zu betiteln und einen Graben zwischen mir selbst und der Stimme in meinem Kopf zu erschaffen. Ab dem Moment, in dem ich verstand, dass ich mich von meinen Gedanken trennen konnte, dass ich nicht meine Gedanken bin, verloren sie auch ihre Macht über mich, und ich fühlte mich endlich frei.

Die Lehrerin und ihre Schüler:
Über die Kunst des Lebens

Ich möchte dir zum Schluss meines Buches gerne noch von einer außergewöhnlichen Lehrerin erzählen. Obwohl sie im Sterben lag, war sie immer noch freundlich, lächelte und hatte beste Laune. Ihre Schüler versammelten sich aufgeregt in ihrem Wohnzimmer, um noch ein letztes Mal mit ihr zu sprechen. »Stellt mir Fragen!«, sagte sie mit sanfter Stimme. »Noch lebe ich, noch kann ich euch dienlich sein. Also, legt los!«

Die Schüler nutzten die Chance und überschütteten sie mit Fragen über die Liebe, die Zukunft und das Leben. Die Lehrerin hörte aufmerksam zu. Dann richtete sie sich auf, schob das Kissen hinter sich gerade und sprach leise, aber deutlich ihre letzten Worte: »Ich bin an jedem Morgen meines Lebens mit einem Lächeln aufgewacht und habe jeden Tag so gelebt, als sei es der erste und der letzte zugleich. Und ich habe alles, was mir dieser Tag anzubieten hatte, ob Sonne, Wolken oder Regen, mit Dankbarkeit entgegengenommen. Ich habe mich auf jede einzelne Unterrichtsstunde mit euch gefreut und war stets überglücklich, in eure schönen Gesichter zu sehen. Jedes unserer Treffen habe ich so gefeiert, als wäre es unser erstes und unser letztes zugleich. Jede eurer Geschichten hat mir eine neue Welt voller Wunder eröffnet. Und jedes Mal, wenn ich an einer Arbeit saß, was immer es war – hier im Haus oder draußen im Garten – habe ich mich ihr mit voller Leidenschaft und bis zur Erschöpfung hingegeben, so als hätte ich danach nie mehr die Möglichkeit, jemals wieder arbeiten zu dürfen. Und ich habe jede Schöpfung Gottes – ob Mensch, Tier, Natur oder einen einfachen Gegenstand wie diesen Tisch hier – voller Bewunderung bestaunt, als würde ich sie niemals wiedersehen. Ich habe mein Leben lang für diesen einen Tag gelebt: Ich musste ihn so leben, als sei er der einzige Tag meines Lebens. Wisst ihr, ich habe mich so sehr danach gesehnt, unserer Schöpferin gegenüberzutreten, dass ich alles dafür getan habe, um würdig für diese Zusammenkunft zu sein. Wie sonst könnte ich ihr in die Augen sehen? Wenn ich zurückblicke, suche ich nach Fehlern, aber ich kann keine finden, weil sie mich alle haben wachsen lassen. Dieses Glück wünsche ich jedem von euch. Und jetzt raus mit euch, feiert ein großes Fest der Liebe, seid dankbar, wild und wunderbar und macht euch bitte nicht so viele Gedanken, sondern tobt und probiert euch aus, meditiert jeden Tag und habt mit jedem Atemzug die schönste Zeit eures Lebens.«

Das war's von mir. Ich hoffe, wir begegnen uns irgendwo wieder. Wenn du mich siehst, komm einfach zu mir und sag hallo. Dann drücken wir kurz auf Pause, nehmen uns in den Arm, lächeln und trinken einen Espresso zusammen. Dieses Leben ist so wunderschön. Denke immer daran: Es gehört dir. Es ist dein Leben, es sind deine Träume. Du musst nicht wie die anderen sein. Du bist hier, um *dich* zu verstehen, und nicht, um von anderen verstanden zu werden. It's all good.

In Liebe,
Dein Lars

Zwanzig Erinnerungen

1. Entscheide dich für Liebe, nicht für Angst.
2. Kümmere dich um deine Träume, sie vermissen dich.
3. Geh niemals im Streit von einem anderen Menschen weg.
4. Sag nur Ja, wenn du es wirklich so meinst.
5. Bemühe dich nicht, Menschen gefallen zu wollen, denen du egal bist.
6. Es ist okay, sich ab und zu verloren zu fühlen.
7. Auch wenn die anderen schneller sind als du, gehe deinen Weg in deinem Tempo.
8. Menschen sind keine Gedankenleser. Wenn dich etwas belastet, rede darüber.
9. Ruf die Menschen, die du liebst, häufiger an und sag einfach: »Hey, ich wollte nur deine Stimme hören.«
10. Hab Geduld! Es wird passieren, wenn es passieren soll.
11. Sei für einen Augenblick dankbar, dass du in Freiheit lebst.
12. Sind deine Worte nicht schöner als die Stille, dann überleg dir gut, ob du sie wirklich laut aussprechen musst.
13. Wenn sie dich auslachen und zu dir sagen: »Das geht aber nicht!«, bleib ganz ruhig und frag sie: »Woher wisst ihr das?«
14. Perfekt ist langweilig! Es ist okay, anders zu sein.
15. Denke immer daran: Es ist nie so schlimm wie in deiner Vorstellung.
16. Verbringe mehr Zeit mit Menschen, die das Beste in dir hervorholen.
17. Niederlagen gehen vorbei, Erfolge bleiben für immer.
18. Glaube nicht alles, was die Stimme in deinem Kopf zu dir sagt, wenn du dich einsam fühlst.
19. Aufgeben ist keine Option!
20. Der beste Zeitpunkt zu beginnen? JETZT!

Danksagung

Danke Mama und Papa. Ihr seid die Größten für mich. Ich liebe euch so sehr. Danke auch Jürgen und Maria, dass ihr es mit ihnen aushaltet :-) Dafür liebe ich euch. Danke Christoph, dass du der beste große Bruder bist, den man sich nur wünschen kann: The Amend Brothers are in the building!

Ich habe es wirklich versucht, aber ich schaffe es nicht, jeden Namen auf dieser Seite zu nennen, der es verdient hätte, deswegen danke ich einfach allen, die mich auf meinem Weg unterstützen. You know who you are. Fühlt euch von Herzen gedrückt.

Danke ...

... Susanne Schlösser für alles, was du für mich machst. Vor allem, dass du stets darauf achtest, dass es mir gut geht. One Love. One Dream. One Team!

... Sabrina Klein, Berti und Rob Parker für die beste Crew ever.

... Tilman Winterling für deine sensationelle Beratung. Anwalt des Jahres!

... Karla Paul für deine Hilfe, als ich sie brauchte und deine täglichen Inspirationen. #hundeliebe

... MC Gringo für den buntesten Sommer meines Lebens. Du bist die pure Energie!

... Simon »7inch« Eichinger für die coolsten Beats. Oldschool so sweet!

... Carina Pyrek für deine unglaublichen Videos und dein schönes Herz. You're a star in my eyes!

... Michel Vincent für unsere täglichen Telefonate. Rockstars forever, Baby!

... Dora Osinde für deine guten Vibes. I like!

... Melanie Koravitsch für deine supertollen Fotos. Much love!

... Prof. Dr. Sven Gottschling für drei Bücher, die meinen Horizont unfassbar erweitert haben. Kaum zu glauben, aber wir haben tatsächlich den Bestseller-Hattrick geschafft.

... Eric D'Urso und Nicole Kloos für unsere Freundschaft.

... Rudolf Schenker für deine Superkräfte. You're my man!

... Steffi Taverna und das gesamte Team bei Kailash für das Vertrauen. Let's do this!

... Daniel Meyer, Debbie & Martin Wyrich für eine unvergessliche Herzensreise, die noch lange nicht zu Ende ist. Wir kämpfen bis zum letzten Tag. Aufgeben ist keine Option!

Literaturverzeichnis

Lars Amend – Magic Monday: 52 Gründe morgens aufzustehen (Fischer, 2015)

Lars Amend – Why Not? Inspirationen für ein Leben ohne Wenn und Aber (GU, 2017)

Alex Banayan – The Third Door. The Wild Quest To Uncover How The World's Most Successful People Launched Their Careers (Currency, 2018)

Marc & Angel Chernoff – Getting Back To Happy (Tarcher Perigee, 2018)

Paulo Coelho – The Alchemist (Harper One, 2014)

Paulo Coelho – Aleph (Diogenes, 2012)

Dan Buettner – The Blue Zones: Lessons for Living Longer From the People Who've Lived the Longest (National Geographic, 2010)

Viktor E. Frankl – …Trotzdem Ja zum Leben sagen (Penguin Verlag, 2018)

Mel Robbins – The 5 Second Rule. Transform Your Life, Work, And Confidence With Everyday Courage (Savio Republic, 2017)

Sven Gottschling mit Lars Amend – Leben bis zuletzt. Was wir für ein gutes Sterben tun können (Fischer, 2016)

Ryan Holiday – Der tägliche Stoiker. 366 nachdenkliche Betrachtungen über Weisheit, Beharrlichkeit und Lebensstil (FBV, 2017)

Michel Vincent mit Lars Amend – Der Verführungscode (Piper, 2014)

Kelly McGonigal – The Upside of Stress. Why Stress Is Good for You, and How to Get Good at It (Avery, 2016)

Richard Reed – Was im Leben wichtig ist. Begegnungen mit außerä gewöhnlichen Menschen und ihre wertvollsten Ratschläge (Heyne Encore, 2018)

Bob Roth – Strength in Stillness. The Power of Transcendental Meditation (Simon & Schuster UK, 2018)

Rudolf Schenker mit Lars Amend – Rock Your Life. Mit Spaß zu Glück und Erfolg (mvg Verlag, 2008)

Arnold Schwarzenegger – Total Recall. Die wahre Geschichte meines Lebens (Heyne, 2014)

Alice Huth (Hg.) – Das große Buch der Achtsamkeit. Die schönsten Texte zum Innehalten (Fischer, 2018)

Daniel Meyer mit Lars Amend – Dieses bescheuerte Herz. Über den Mut zu träumen (Fischer, 2013)

Eckhart Tolle – Jetzt! Die Kraft der Gegenwart (J. Kamphausen Verlag, 2008)

Tsunetomo Yamamoto – Hagakure. Der Weg des Samurai (Piper, 2003)

Freunde, Quellen und Inspirationen für dieses Buch:

Bernhard »MC Gringo« Weber: www.gringodejaneiro.com
Marie Forleo: www.marieforleo.com
Matze Hielscher: www.mitvergnuegen.com/hotelmatze
Dan Buettner: www.bluezones.com
Susanne Schlösser: www.schloesser-consulting.berlin
Carina Pyrek: www.carinapyrek.com
Tilman Winterling: www.tilman-winterling.de
Sabrina Klein: www.instagram.com/sabstyling
Christoph Amend & Jochen Wegner: www.zeit.de/serie/alles-gesagt
Mel Robbins: www.melrobbins.com
Karla Paul: www.buchkolumne.de
Frank Lothar Lange: www.franklotharlange.de
Daniel Aminati: www.danielaminati.de

Michael »Curse« Kurth: www.curse.de
Gary Vee: www.garyvaynerchuk.com
Neil Strauss: www.neilstrauss.com
Saskia Ketz: www.awomensthing.org
Michel Vincent: www.michelvincent.de
Rudolf Schenker: www.the-scorpions.com
Paulo Coelho: www.paulocoelhoblog.com

Lars Amend im Internet:

Homepage: www.lars-amend.de
Instagram: www.instagram.com/larsamend
Facebook: www.facebook.com/ichbinlarsamend
Twitter: www.twitter.com/larsamend
YouTube: www.youtube.com/larsamendcoaching

Der kostenlose MAGIC MONDAY NEWSLETTER für mehr Erfolg,
Glück und Seelenfrieden: www.lars-amend.de

Abdruckgenehmigung

Textpassagen mit freundlicher Genehmigung der Rechtegeber

Seiten 18/19:
Paulo Coelho, aus dem Vorwort des Titels *Rock your Life: Der Gründer
und Gitarrist der Scorpions verrät sein Geheimnis: Mit Spaß zu Glück
und Erfolg* von Rudolf Schenker mit Lars Amend, © 2009 mvg Verlag,
Münchner Verlagsgruppe GmbH

Seiten 107/108:
aus *Leben bis zuletzt: Was wir für ein gutes Sterben tun können* von Prof.
Dr. Sven Gottschling und Lars Amend, © 2018 FISCHER Taschenbuch,
S. FISCHER Verlag GmbH

Von der Nr. 1 Bestseller-Autorin

288 Seiten. ISBN 978-3-424-63107-4

Stefanie Stahl hat einen neuen, wirksamen Ansatz zur Arbeit mit dem »inneren Kind« entwickelt: Er geht von dem verletzten »Schattenkind« aus, in dem unsere negativen Glaubenssätze und die daraus resultierenden belastenden Gefühle abgespeichert sind. Wenn wir Freundschaft mit ihm schließen, lässt sich das »Sonnenkind« befreien – unser lebenszugewandter, freudiger und starker Wesenskern, der glückliche Beziehungen und ein Leben in Fülle erst möglich macht.